学术顾问◎王牧　主编◎赵国玲

犯罪学论丛

FANZUIXUELUNCONG

第九卷

中国检察出版社

前　言

现代犯罪学认为，犯罪的原因是多重维度的，既可以指向犯罪人个体因素，也可以归结为同时代的社会因素，甚至还可以包括犯罪实施的具体场域、被害人的参与互动等情景因素。尽管如此，在解释和分析犯罪原因时，较之于个体因素与情景因素，社会因素更为宏观全面，也因此具有全局性的解释力。换言之，犯罪与社会、犯罪学与社会变迁之间存在着非常紧密的关联。德国著名社会学家乌尔里希·贝克将我们所处的时代描述为“全球风险社会”，之所以将“风险”作为“社会”的定语，是因为这种风险本身就是现代社会内生外化的，是伴随着人类决策及其行为，尤其是技术化急速提升的产物。尽管这些风险发生的可能性较低，但由于其实害后果的严重性，并在全球化作用的放大下，会呈现超越地理疆域、社会文化边界甚至人类代际的风险迁延，这对于整个人类社会而言将会是一场灭顶之灾。正是在社会日益风险化的当下，犯罪学面临着预防和控制风险的时代重任。

有鉴于此，本期论丛以“风险时代的犯罪嬗变与治理”作为第一个主题加以重点关注。一方面，我们选编了三篇应对犯罪的宏观策略的论文，即赵宝成所著的《法定犯时代的犯罪对策——解决犯罪问题的政治之道》，袁振龙撰写的《现代中国的社会风险与化解思路》以及冯卫国的《通过社会自治促进犯罪治理——开放社会中的多元选择》。其中，赵文以“法定犯时代的到来”作为切入，深入探讨了化解犯罪的政治之道，并由此提出了政府在应对法定犯中所负有的责任和作为，主张通过各方多元参与来促进科学决策。袁文则通过列举我国所面临的现代大生产、人口大流动、城市大建设、技术大发展、制度大转型、利益大分配、融资大变革、文明大冲突、信息大爆炸等各种风险，检讨我国当前应对的不足，进而有针对性地提出化解风险的基本思路。冯文更是突出了社会多元参与下的犯罪治理模式，为国家与社会的共治提供若干可行性方案。另一方面，我们同样关注具体犯罪应对和风险控制问题，因而分别收录了林君、刘婷的《"互联网+"时代电信（网络）诈骗犯罪实证解析与综合治理研究》，李娜、田芳芳的《民间金融活动犯罪化：环境因素与孳变机理》，程庆颐、王力欣的《环境污染犯罪调研报告——以天津法院受理的案件为蓝本》，刘飞的《侵权与犯罪的边界——以侵犯知识产权犯罪为视角》与周舟的《逃避、阻碍血液酒精检测行为之法律规制路径研究》。事实上，网络犯罪、金融犯罪、环境犯罪、知识产权犯罪以及危险驾驶犯罪等无一不是当代中国所常见多发的犯罪类型，如何有效地遏制这些犯罪，将直接影响我们治理风险的实际成效。

与社会因素的宏大性相反，情景因素更加关注促成犯罪实施的便利因素，通过减少此类因素，从而人为地干预并阻碍犯罪的实现，达到预防犯罪发生的目的，环境犯罪学便是这种解释维度的典型代表。本期论丛以"环境犯罪学与空间治理"作为第二个主题，以期对环境犯罪学进行理论梳理，并通过具体的环境设计来考察空间治理的可行性。单勇在《空间治理：基于犯罪聚集分布的综合治理政策修正》中提出综合治理的刑事政策应向具体领域延伸和细化，结合城市街面犯罪的特征，重点治理犯罪高发集聚地。马岩与张鸿巍的《通过环境设计防治城市犯罪》不仅梳理了环境犯罪学的内涵与发展脉络，而且就我国犯罪区域特点提出了空间治理的初步方案。金翼翔的《论街区制发展与 CPTED 理论的融合》关注我国当前街区制与开放式社区的政策动向，研判该政策导致犯罪率上升的可能，并为社区治安的维护提供了对策性方案。周俊山、孙永生的《环境设计预防犯罪：北京市大兴村庄社区化管理的经验》则以北京大兴村庄社区化管理作为研究样本，对其管理体制、方式、效果加以分析，总结其中的利弊得失，从而进一步促进各地村庄社区化的推进。张应立的《基于实证的街面侵财犯罪及其预防研究——以宁波市北仑区为例》主要以警务策略为归宿，着重讨论了街面犯罪的实证特点，并对应性地提出了警务改革的方向。

风险社会和网络时代的来临，不仅考验着犯罪学理论，而且也对刑事司法实务提出了切实的挑战——无论是传统的侦查模式，还是检察、审判方式，都有进一步革新、以应对新型犯罪风险的必要。因此，本期论丛分别以“警务模式的当代革新”与“犯罪防控的司法经验”为主题，收录7篇以刑事司法实务为研究对象和导向的论文。其中，在“警务模式的当代革新”中，蔡一军的《大数据时代刑事侦查的方法演进与潜在风险——以美国的实践为借镜的研究》和陈利的《大数据下的目标轨迹分析理论初探》均以大数据网络时代作为背景，为未来侦查模式寻求方向。梁德阔的《美国警务战略创新模式评介》则从域外汲取经验，从警务战略的高度谋划我国警务改革的路径。在“犯罪防控的司法经验”中，既有基于检察领域预防控制犯罪角度的刘敬新的《司法改革背景下的检察大预防格局调整——以直辖市检察院分院为研究视角》和邹建华的《论检察建议在社会治安防控中的适用》，也有立足于审判领域防范司法风险的黄浩、程明的《刑事冤假错案实证研究报告》与赵刚的《略论刑事审判实践视域中的刑事司法政策——基于最高人民法院工作报告的实证研究》。毫无疑问，侦查、检察、审判等刑事司法制度，通过新技术和理念的依托，实现有效的现代转型，将极大地增强我们抗制犯罪风险，乃至社会整体风险的能力。

要之，本期论丛以风险社会的犯罪防控和社会治理为主线，通过“风险时代的犯罪嬗变与治理”为读者呈现风险社会的宏观图景、整体治理思路以及具体风险类型；通过“环境犯罪学与空间治理”阐明通过环境设计、热点监控等方式实现犯罪有效预防的治理思路；通过“警务模式的当代革新”，为我国刑事侦查和警务制度的创新寻找可行的方向；通过“犯罪防控的司法经验”，提炼并归纳我国检察和审判业务中有关犯罪防控的有益的实务做法。应当说，这四大主题均不同程度地回应了当代社会的转型，突出了科学技术手段、社会多元参与、制度协同革新在应对弥散且严重的风险中的作用，期望能够启发或引导读者对当代犯罪学前沿问题的思考和研究。个中纰漏谬误，实属能力所限，万望读者钧鉴。

编　者

2016 年 1 月于北京

目　　录

风险时代的犯罪嬗变与治理

环境犯罪学与空间治理

警务模式的当代革新

犯罪防控的司法经验

风险时代的犯罪嬗变与治理

法定犯时代的犯罪对策
——解决犯罪问题的政治之道

赵宝成*

20世纪末以来，我国犯罪现象逐渐演进到法定犯时代。在法定犯时代，用来对付传统自然犯罪的策略已经难以充分奏效，需要寻找新的、更为有效地解决犯罪问题的政治之道。

一、法定犯时代的到来

人类犯罪史有一条基本变化轨迹：传统农业社会中的犯罪现象以自然犯罪（natural crime）或街头犯罪（street crime）为基本成分，其中侵犯人身的暴力犯罪要多于盗窃等普通侵犯个人财产的犯罪，犯罪史的这个阶段可称作自然犯/本质恶（mala in se, or evil in themselves）时代；以18世纪欧洲工业革命（Industrial revolution）为“分水岭”，人类社会进入工业社会和城市社会以后，尤其是第二次世界大战以来，随着社会结构和经济结构的变迁，犯罪现象结构开始发生明显变化，贪贿犯罪、税收犯罪、法人犯罪、计算机犯罪、环境犯罪等法定犯罪（legal crime）或白领犯罪（white collar crime）逐渐在犯罪现象总量中占居多数，于是，犯罪史由原来的

* 赵宝成，中国政法大学刑事司法学院教授。

自然犯时代过渡到了法定犯/行政犯（mala prohibita, or crimes because they are prohibited）时代。①

犯罪史的法定犯时代，亦可谓犯罪问题的政治化时代。所谓犯罪问题的政治化（politicalization of crime），一方面是指犯罪现象的结构及其变化越发明显地受到政府治理及其制定的公共政策的影响，因而形成以法定犯或行政犯占压倒性多数的犯罪现象结构；另一方面是指犯罪率不断增加，犯罪问题日趋严重，乃至成为政治家以及新闻媒体、公众舆论高度关注的一个热门社会话题和政治话题，就像一位美国犯罪学家所说的那样：（在美国）“犯罪问题已经成为上至总统、市长，下至各级地方官员普遍关注的热门政治话题（a hot polictical issue）。”因而，对于政治家们来说，犯罪对策（crime policy）已成为决策中的一个具有特殊吸引力的领域。②

法定犯时代（或曰犯罪问题政治化时代）的到来，是人类社会发展变迁的必然结果，或者说，是人类社会发展变迁的一种折射。当人类社会发展到工业社会和城市社会之后，尤其到了20世纪中期以后，一方面是社会结构、经济结构以及社会价值观发生了深刻变化，科学技术获得了极大进步；另一方面是社会公共领域大大拓展，政府权力变得无比强大，政府所制定的用来干预、引领社会的公共政策和立法，触角无所不及而又无所不能——社会的方方面面都在政府及其制定的公共政策和立法的干预、引领下发展变化。在这种大的历史背景下，虽然影响犯罪现象变动的传统因素（例如人性因素、贫困等因素）依然在发生作用，但是，具有更为强大影响力的因素已经势不可当地凸显出来。这种新的更为强大的影响因素，一个是政府及其制定的公共政策和立法，另一个是科技发展（包括与科技发展密切相关的工业化、城市化及互联网），二

---

① 参见储槐植：《刑事一体化论要》，北京大学出版社2007年版，第21~24页。另参见［日］大塚仁：《刑法概说（总论）》，冯军译，中国人民大学出版社2003年版，第94页。

② 参见［美］Nancy E. Marion & Willard M. Oliver, The Public Policy of Crime and Criminal Justice. Pearson Education, Inc., 2006, p. 17。

者可谓为引领现代社会犯罪现象的水平和结构发生新变化的“两大推手”。正是在这“两大推手”的引领、推动下，人类犯罪史进入了法定犯时代或以法定犯罪占据主体地位的时代。一个显著的事实是，在现代社会，政府清廉与否和理政能力高下，政府制定的政策和立法是否正确、出台时机及调节社会关系的深度广度是否适当，已经成为影响犯罪现象结构及其变动的最重要、最活跃的因素；从另一角度来看，大量发生的经济犯罪、贪贿犯罪、环境犯罪、科技犯罪等犯罪现象，已经成为经济和社会发展的巨大负能量，甚至成为足以影响国内生产总值（GDP）的一个“特殊产业”，以致政府必须通过政策和立法调整予以化解或削减。

我国社会不可能脱逸于人类历史总进程，我国犯罪现象的变化也不可能完全摆脱人类犯罪史的一般规律。自20世纪后期以来，随着我国由传统的自然经济向市场经济的变化，法定犯时代或犯罪问题政治化时代的迹像在我国已经有所呈现，甚至可以说，我国犯罪现象已经进入了法定犯时代或政治化时代。正如储槐植教授所说的那样：“从社会环境观察，以自然经济为主的社会背景下，犯罪的基本形态为自然犯。市场经济发展，社会关系多元而复杂，相随而来的是社会生存和人类生活的方方面面时时处处都有风险相伴……与此相应，出现了法律上犯罪形态的结构性变化，即犯罪形态在数量变化上形成了由传统自然犯占绝对比重演进为法定犯占绝对优势的局面，量变达到一定程度便引起质变，于是‘自然犯时代’进入‘法定犯时代’。”① 贪腐犯罪严重；市场失灵和政府低效并存，经济犯罪多发；法治政府建设还须更加努力，违法行政以及与之相联系的群体性暴力事件时有发生；等等。这些都是法定犯时代在我国到来的征兆。

二、寻找化解犯罪问题的政治之道

尽管公众的犯罪恐惧感（fear of crime）主要来自以杀人、伤

① 储槐植：《刑事一体化论要》，北京大学出版社2007年版，第22~23页。

害等暴力犯罪以及盗窃抢劫等财产犯罪为成分的自然犯罪或街头犯罪，但是，进入法定犯时代后，对社会安全和政治稳定构成实质性威胁的便不再是传统的自然犯罪，而是与政治（或政策）以及科技发展相联系的腐败犯罪、政府违法、经济犯罪或白领犯罪、环境犯罪、食品药品安全犯罪、转基因技术、生物技术滥用等风险犯罪以及黑社会犯罪恐怖主义犯罪等有组织犯罪。如果说传统自然犯罪的存在尚可起到如迪尔凯姆（Emile Durkheim）所说的那种强化社会道德情感的作用，①那么，法定犯时代的上述种种犯罪形态则只会彻底败坏掉社会道德情感和政治稳定。因此，面对新的犯罪情势和犯罪类型，用来对付传统自然犯罪的策略将不会再像在传统农业社会或自然经济条件下那样奏效。用来对付传统自然犯罪的策略和方法以刑罚压制为主要特征，对于传统暴力犯罪和财产犯罪来说能够起到一定程度的遏制效果，但是对于那些可能因体制缺陷或政策立法失误而发生的贪贿犯罪、渎职犯罪、破坏社会主义市场经济秩序罪、破坏环境资源保护罪等妨害社会管理秩序犯罪来说，则遏制效果大减。单纯地凭借刑罚进行“严打”或者强力“维稳”，都不是解决犯罪问题的最有效的办法。

在法定犯时代，犯罪问题已经由单纯的社会治安问题上升到国家整体安全问题，犯罪治理策略已经由单纯的刑事政策上升到政府治理之策（即国策）。要想有效地解决我国当前以及此后的犯罪问题，必须寻求解决犯罪问题的政治之道亦即良好的政府治理。② 不良治理可能会成为一个犯罪之源，不断地“生产”、“制造”出贪贿犯罪、经济犯罪以及法人犯罪、环境犯罪等犯罪。政府治理不

---

① 迪尔凯姆说：“犯罪的情况，与法律道德的演变关系密切。”“如果社会上没有犯罪，如同旧建筑没有毁坏，就有重建的希望，社会也就没有进化了。如果没有犯罪，一时的集体情感也就会达到历史上从未有过的强烈的程度，就被认为是天经地义的事。”——［法］迪尔凯姆：《社会学研究方法论》，胡伟译，华夏出版社 1988 年版，第 55 页。

② 本文所说的政府，是指广义的政府，即国家立法机关、司法机关、行政机关以及执政党的总体。下同。

良，法定犯罪的病源便不会被根除，即使人们总是试图在政府良治或良法之外寻找一套解决犯罪问题的“专门的技术”或者“妙策良方”，也将事倍功半收效甚微，其预期效果甚至会被不良治理或错误政策抵消殆尽，那些不断追加的用于治理犯罪的社会资源或资本，将成为低效或无效资本。在不良治理或错误政策之下，一方面是新的犯罪被不断地“生产”出来，另一方面是国家和社会又不得不源源不断地追加治理犯罪的资本投入。如此循环往复，所投入的那些资本或资源实际上是在为不良治理或错误政策“埋单”，成为社会资源和财富的巨大损耗和浪费。要想避免上述情形的出现，政府必须通过制定好的政策和立法来实现良治；犯罪治理策略必须成为社会治理（或曰国策）的一个组成部分。政府的良治是最优的犯罪治理之道。

作为政府良治的一个方面，刑事政策和立法也需要作出必要的调整。传统自然犯罪观在刑法中的主导地位，应当让位于法定犯罪观、风险犯罪观、政治犯罪观；传统自然犯罪在刑法体系中的基础性地位或中心位置，应当让位于发生在政治领域、经济领域、科技领域中的种种新型犯罪以及有组织犯罪（主要是黑社会犯罪和恐怖主义犯罪）。

三、政府在解决犯罪问题中的责任和作为

在法定犯时代，犯罪问题的有效解决，主要依赖于政府的责任和作为。政府不仅是社会的组织管理机构，也是社会的服务机构，其职责不仅在于社会管理和控制，还在于为全社会提供共享的公共产品（public goods）。维护社会安宁有序，保持较低的犯罪率，是政府应当为全社会提供必要的公共产品之一。

政府在解决犯罪问题应当做什么和如何做呢？

（一）政府自身建设与科学的顶层设计

政府应当不断加强自身建设，自我完善，其基本目标是建设一个民主、法治、科学、廉洁的政府。政府不仅是政策与法的制定者和执行者，还应当是政策与法的守护者、遵行者。政府应当成为全

社会遵法守法的榜样，坚决杜绝或者尽量减少强征土地、强迫拆迁等违法行政现象以及寻租、腐败现象。政府违法或者腐败，不仅会败坏政府形象和合法性基础，而且会破坏公众对法律的信仰。一旦如此，反抗性的或者敌对性的违法犯罪行为或者暴力抗法行为就会多发。

为了防止腐败犯罪，应当建立服务型政府，政府以为全社会提供公共产品为主要职责，除了为全社会提供国防安全、社会治安、就业教育医疗等公共产品外，政府的“有形之手”应当尽量少干预或者不干预微观经济或企业经营，应当破除垄断尤其是行政垄断，减少行政审批事项。

政府应当遵循民主、法治原则，科学地进行社会顶层设计。政府在进行社会顶层设计时，必须充分估计该顶层设计的价值导向作用、心理后果和社会后果，必须充分考虑该顶层设计的机会成本或曰社会成本与收益，必须充分估计该顶层设计可能引起的社会治安效应。

（二）两个基本工具：刑事政策与公共政策

政府在解决犯罪问题中有两个基本工具，即刑事政策（criminal policy）和公共政策（public policy）。依照民主、法治、科学的原则制定和实施这两方面的政策，对于解决犯罪问题定会收到最佳效果。

“刑事政策是国家或执政党依据犯罪态势对犯罪行为和犯罪人运用刑罚和有关措施以期有效地实现惩罚和预防犯罪目的的方略。”① 它是政府和立法者关于犯罪化与非犯罪化、刑罚化与非刑罚化的权威性态度和基本价值取向，是国家和社会用来对付犯罪的专门性策略和措施。就我国当前来说，进入法定犯时代以后，这种专门性的刑事政策对于遏制犯罪虽然依然有效，但过度依赖刑罚或者试图单一地运用刑事政策来解决犯罪问题，是难以奏效的。在当前我国，适度犯罪化是必要的，但必须避免过度犯罪化（over - criminalization）和对刑罚的过度依赖。醉驾入刑是必要的，但如果

---

① 杨春洗主编：《刑事政策论》，北京大学出版社 1994 年版，第 7 页。

把驾驶机动车时拨打手机或者驾驶机动车闯红灯也入罪入刑，就有些过度了。死刑存废是一个需要结合中国国情、文化以及犯罪形势慎重处理的问题。脱离国情匆忙地废除死刑，后果堪忧。普通盗窃、抢劫、诈骗等普通贪利性犯罪以及其他非暴利性犯罪的死刑理当尽快废除，但无论如何贪贿犯罪不应当先于暴力犯罪废除死刑。理论界有这样一种认识：贪贿犯罪不涉及人的生命安全，其危害性小于暴力犯罪，尤其是危害生命安全的暴力犯罪。这是一种缺乏经验观察而主观臆想出来的错误认识，它迎合了常识性认识，但不符合科学犯罪学知识。实际上，不仅贪贿犯罪造成的物质损害以及政治、伦理损害远大于传统的暴力犯罪和财产犯罪所造成的损害，而且贪贿犯罪造成的生命损害同样远大于普通暴力犯罪所造成的生命损害——它往往是在被害人浑然不觉中给特定或不特定的个人或多数人造成生命损害。国家医药管理局原局长郑筱萸贪贿一案就是明例。施行不久的《刑法修正案（九）》取消了贪贿犯罪定罪量刑的数额标准包括贪贿犯罪死刑适用的数额标准，其结果是造成贪贿犯罪死刑适用标准的模糊化和司法自由裁量权的过度扩张，贪贿犯罪死刑有可能自此被实际搁置。其合理性如何，值得考虑。刑法应当保持适当的界限，对于个人私生活领域不宜过度干预，例如性交易、色情文艺以及婚外性行为，刑法不宜过多干预，但官场中发生的性贿赂或官员“包二奶”、包养情人等现象，与普通公民的私德或私生活方式不良有着质的不同，它不是私德不良，而是官员的官德不良，其危害性较之单纯的贪贿犯罪更加恶劣，因此，有必要将性贿赂入罪或者入刑。对于破坏生态环境犯罪、食品药品安全犯罪以及利用生物技术、转基因技术等科技手段实施的科技犯罪，可能会危及全人类的生命安全和生存状态，刑法必须予以严厉打击。

公共政策是“社会公共权威在特定情境中，为达到一定目标而制定的行动方案或行动准则”。[①] 公共政策的范围很宽泛，“政府

---

① 谢明：《政策分析概论》，中国人民大学出版社 2001 年版，第 25 页。

选择做或者不做的事情就是公共政策”。[①]可以说，政府制定的所有法律法规、政策、决议等，都是公共政策。刑事政策实际上也属于公共政策，只不过较之其他公共政策更具特殊性。刑事政策重在刑罚压制，公共政策重在调节。公共政策虽然不是用来对付犯罪的专门性措施，但好的公共政策能够起到刑事政策所不具备的化解犯罪问题的功能。所谓化解犯罪问题，意即把犯罪问题化解于无形。要想真正有效地解决或者化解犯罪问题，政府必须善于制定和运用好的公共政策。这一点，犯罪学家早已经认识到了。“犯罪学家们已经切实感受到，犯罪学研究应当与社会政策相结合”。[②]

基于化解犯罪问题的目的，政府在制定公共政策时需要注意以下几个方面：

1. 提高社会福利水平，解决民生问题，机会平等比财富分配平等更重要。社会分配直接关系人民群众的生活水平和生存状态。过于贫困或者贫富差距过大会造成生存困难和压力，而生存困难和压力则是越轨和犯罪的重要驱力。相对于物质财富分配平等，机会平等更为重要。当代美国犯罪学家默顿（Robert Merton）的紧张理论（strain theory）提示我们，当价值目标与实现价值目标的手段相互脱节时，或者说，当社会上的一部分人能够轻而易举获得成功，而另一部分人希望成功却缺乏成功的机会和手段的时候，后一部分人就有可能产生生存压力感或者绝望感，进而形成越轨或者犯罪行为发生的紧张或驱力——以违法或者犯罪的方式去实现目标、获取成功。实现机会平等，最为关键的是就业平等、教育平等和医疗平等。哀莫大于心死；一旦心死，道德与法律便失去了它应有的制约力量和导向功能。好的公共政策，应当能够使每个人或者大多数人充满希望地去生活和工作，应当让每一个人或者大多数人都有向上流动的希望和可能。一旦贫富差距过分拉大并且社会阶层固

① Dye, Thomas R, Understanding Public Policy. Englewood Cliffs, N. J. : Prentice - Hall, 1975. p. 1.

② Frank Schmalleger, PH. C. Criminology Today . Prentice - Hall, Inc. , 1996, p. 16.

化，社会安定就会发生问题。

2. 文化重整（集聚社会资本）与国民教育（国民性培育）。文化是民族（国民）的精神和社会的资本，一个健康的民族和社会，必定充满文化自信，在葆有文化传统的同时让文化充满活力。一个民族、一个社会一旦失去其文化自信，自卑媚外，那么，离失败也就不远了。当前一个可怕的现象是，不少中国人似乎正在失却文化自信，具体表现就是丢失中国优良传统，丢掉共产党人全心全意为人民服务的宗旨，而变得越来越功利主义、实用主义、极端个人主义、物质主义、享乐主义。其中，功利主义和实用主义尤为当前中国文化的大敌。如果这些问题任其发展，19 世纪法国社会学家迪尔凯姆所描述的那种社会失范状态（anomie）便势所难免。在社会失范状态下，社会诚信缺失，道德滑坡，社会涣散而缺乏凝聚力，一些人变得自私自利、崇洋而不爱国。因此，当前我国政府的一项重大任务是，通过制定好的文化政策、教育政策实现文化重整，在继承、守护、发扬传统文化以集聚社会资本，进行国民教育以培育国民性格和国民素质。在当前，进行人生观和价值观教育、基本伦理教育和善的教育、美的教育以及爱国主义教育，是国民教育的当务之急。只有通过文化重整和国民教育，才能培养国民的文化自信，摒除功利主义、实用主义、极端个人主义、物质主义和享乐主义。这对于预防和减少犯罪具有重大战略意义。

3. 警惕城市病。城市化是现代化的后果之一，它意味着传统农业社会的社会结构、价值观和生活方式被打破，取而代之的是新型社会结构、新的价值观和新的生活方式。城市化是人类进步的产物。然而，城市化带来的副产品之一是犯罪率上升。城市犯罪率远高于农村犯罪率，是世界各国现代化和城市化进程中的一个普遍现象。“城市乃犯罪之源”几乎成为犯罪学的一个共识。政府在制定公共政策时，必须高度警惕城市病的发生。我国正处于快速现代化和城市化进程之中，警惕并解决城市病问题，往大处说，关乎经济与社会发展，是政府在制定经济与社会发展计划时需要认真考虑的事情；往小处说，关乎环境设计与犯罪的空间预防，是政府在制定城市建设管理规划时应当认真考虑的问题。我国新型城镇化建设事关千千万万农村人口的民生问题，处理得不好，会造成农村人口失业和贫困化、城市流民增多以及犯罪率上升等问题。因此，在新型城镇化过程中，必须充分考虑失地农民的生活及安置问题。此外，中共中央、国务院《关于进一步加强城市规划建设管理工作的若干意见》（以下简称《意见》）要求，未来我国城市将建设街区式住宅，新建住宅区不设围墙，原有封闭式小区也要逐步拆除围墙。从犯罪预防角度来看，《意见》为构想和完善环境设计和空间预防策略提供了新的问题和新的动力。

4. 强化环境安全和食品药品安全保护。保护生态环境，保障全体人民的食品药品安全，是政府应当为全社会提供的两个异常重要的公共产品，与人民群众的生存环境、生存质量、国民素质、健康水平和心智发展密切相关。生态环境犯罪和食品药品安全犯罪，破坏人类最基本的生存条件，直接威胁人类生存安全。破坏生态环境犯罪产生的原因，除了与具体行为人或具体企业经营者因逐利而掠夺性、破坏性地向自然界开发、索取有关外，更可能与各级政府的经济与社会发展政策在制度安排或政策导向上的偏差、失误有关。在经济发展和产业结构布局上急功近利、GDP至上、搞政绩功程或“面子”工程，等等。都是诱发或者制造破坏生态环境犯罪的原因或条件。对于破坏生态环境的犯罪，除了有必要在刑法上保留较严厉的刑罚乃至死刑之外，政府更应该着眼于经济发展与社会发展相协调的原则确定和调整经济发展目标，坚决摒弃经济发展中的功利主义、急功近利心态以及政府官员热衷政绩工程或“面子”工程的心态。政府应当通过对经济发展目标及产业结构的适度调整来防止和减少破坏生态环境犯罪，尤其是空气污染、水污染和土地污染等导致环境公害的犯罪。除了破坏生态环境的犯罪外，食品药品安全犯罪是直接威胁我国广大人民群众生存安全的另一大公害。对于此类犯罪，政府一方面应当施以严厉的刑法压制，另一方面更应当通过农副产品及医药产品的价格政策、农村与农业发展政策、医疗体制改革等公共政策手段来避免或者化解。当前，老百姓看病贵、看病难甚至看不起病的问题，是政府亟待解决的一个公共政策问题。将本应属于公益事业的医药业，完全推给市场是行不通的。从这个角度来看，推进社会福利事业，建立公费医疗制度，也许是化解百姓看病贵、看病难问题和减少医药领域犯罪发生的最终出路。在我国，粮食安全是一个大问题。制造、销售假农药、假种子、坑农害农的案件，在食品中掺入苏丹红等有害物质的坑害消费者的犯罪案件等，近年来多有发生。对此，必须严厉打击。当然，国民饮食，除了能否温饱之外，另一个重要问题是营养结构是否健康合理。尽管还很难证实营养与犯罪行为的发生之间有何内在联系，但有关营养与犯罪研究以及心理学研究，已经证明营养结构可以影响人（尤其是少年儿童）的生理发育、心智水平以及情绪表现。显然，营养结构问题是一个事关国民人口素质的大问题，有必要将其纳入政府决策和国民教育体系之中，有必要对全体国民进行饮食科学方面的培训，甚至有必要把相关内容纳入中小学课堂教学，尤为重要的是，幼儿园以及中小学应当为学生提供营养结构合理的饮食。国民营养教育，应当成为一项育人国策。

5. 犯罪统计：把犯罪情况作为一种特殊国情来考虑。与人口、地理、经济、文化、政治、教育、国际关系等状况一样，特定时期的犯罪情况，实即该时期的一种特殊国情，或者说，是该时期国情的一个特殊组成部分。政府在制定经济社会发展计划时，必须把犯罪情况提到特殊国情的高度来认识和对待。因此，在政府的有关工作报告中适当反映此种特殊国情，是必要的；由政府制定和定期发布权威性的官方犯罪统计报告（类似于“统一犯罪报告”或“犯罪白皮书”），也是必要的。

6. 公共政策的道德代价和机会成本。政府在制定公共政策时，必须充分估计公共决策的道德代价和机会成本。从犯罪预防角度看，必须充分估计公共决策对于社会道德、社会心理及社会治安等方面可能产生的影响。一个基本原则是，制定的应当是“良法”而非“恶法”；这部“良法”，应当有利于守护文化传统、社会资本和人类基本道德情感。

四、余论：权力知识与科学知识相沟通——政府科学决策与犯罪学家的政治参与

政府必须进行科学决策，为此，应当实现政治家的权力知识与科学家（自然科学家和社会科学家）的科学知识相沟通、相结合。犯罪学家、刑事法学家和社会学家掌握关于犯罪现象的科学知识，政府在决策过程中应当主动向这些科学家问策，而科学家也应当积极参与政治，主动向政府提供决策建议或意见。

如此，政府的公共决策方能成为化解犯罪问题的政治良策。

现代中国的社会风险与化解思路

袁振龙*

如果站在世界历史发展的“谱系”中寻找和确定现代中国的方位，我们可以较为清晰地看到，作为当前世界上最大的发展中国家，中国社会正处在“第一次现代化”[①]和“第二次现代化”[②]的交叉点上[③]。与已经进入“第二次现代化”或“反思现代化”阶段的发达国家相比，中国既需要从整体上完成“第一次现代化”的任务，建立起现代经济、政治、文化、社会和生态等各方面制度，还需要在局部解决好各种“现代性”问题，积极主动地推动、适应和把握好“第二次现代化”的机遇，继续完善现代经济、政治、文化、社会、生态等各方面制度。“双重转型”的任务高度重叠在一起，压缩在“当前中国”这个有限的“时空”中，与现实社会存在的各种因素结合在一起，风险如影随形，纷至沓来。吉登斯认为，“生活在高度现代性世界里，便是生活在机遇和风险的世

* 袁振龙，北京市社会科学院首都社会治安综合治理研究所研究员、社会学博士，主要研究领域：犯罪学、社会治安、社会治理等。

① “第一次现代化”是指从农业时代向工业时代，农业经济向工业经济，农业社会向工业社会，农业文明向工业文明转变的过程及其深刻变化，其特点主要是工业化、城市化、福利化、世俗化等。

② “第二次现代化”是指从工业时代向知识时代，工业经济向知识经济，工业社会向知识社会，工业文明向知识文明转变的过程及其深刻变化，其特点主要是网络化、全球化、创新化、个性化和信息化等。

③ 参见杨雪冬等：《风险社会与秩序重建》，社会科学文献出版社 2006 年版，第 6 页。

界中。这个世界的风险与现代制度发展的早期阶段不同，是人为不确定性带来的问题”[①]。因此，现代中国社会面临的“风险”更加复杂多样，各种“风险”转化为“现实威胁”的概率更高，“危险”可能随时出现在身边，成为现代中国人必须面对的一个现实。这一状况考验着中国政府的执政能力，考验着全社会化解风险的智慧，迫切需要理论界对中国社会面临的风险进行深刻的反思，寻求中国社会风险的防范、化解及治理之道。

一、现代中国社会面临的八大主要风险

在综合分析国内外诸多学者对“风险”认识的基础上，我国知名青年学者杨雪冬等将“风险”定义为“个人或群体在未来遇到伤害的可能性以及对这种可能性的判断与认知”[②]。如果把这种“可能性”及对其的“判断与认知”拓展到“现代中国”这个大群体上，我们可以较为清晰地看到，现代中国社会至少面临着现代大生产、人口大流动、城市大建设、技术大发展、制度大转型、利益大分配、融资大变革、文明大冲突、信息大爆炸等形成的各种风险，需要引起我们的关注、警惕和反思。“2014·3·8马航飞机失联事件”、“2014·12·31上海踩踏事件”、“2015·6·1长江沉船事件”、“2015·8·12天津港爆炸事件”、“2015·12·20深圳山体滑坡事件”等事故（件）及“股市暴跌”、“非法集资”、“电信诈骗”等异常情况的发生，无数的生命和财产损失有力地警醒着我们，各种风险离我们其实并不遥远，我们必须绷紧“风险”这根弦，时刻防范风险，努力化解风险，探索风险的现代治理之道。

（一）现代大生产形成的社会风险

改革开放政策让中国迎来了历史上最好的发展机遇，中国已经

---

① ［英］安东尼·吉登斯：《现代性与自我认同》，赵旭东等译，三联书店1998年版，第4页。

② 杨雪冬等：《风险社会与秩序重建》，社会科学文献出版社2006年版，第16页。

作为“制造基地”和“生产工厂”扬名世界。然而，发展机遇同时也意味着重大风险，这主要体现在：首先是总供给和总需求不平衡产生的风险。在社会主义市场经济条件下，我国生产的总供给和总需求主要取决于国际国内两个市场，在世界经济波动、需求变化的情况下，供过于求和供不应求的情况经常发生。当前，我国的钢铁、煤炭、平板玻璃、水泥、电解铝、船舶、光伏、风电、石化等行业已经出现明显的产能过剩，而高品质工农业产品的供给却严重不足等，这给我国经济的稳定运行带来很大的风险。其次是产业结构不合理带来的风险。当前，我国产业结构不断优化，但与发达国家相比，我国的产业结构仍然不合理，比如产业结构与就业人口严重不匹配，第一产业的产值尽管已经下降到 GDP 的 15% 以下，但第一产业的就业人口数量仍然占全国就业人口的 38% 左右，第二产业吸纳就业的能力开始下降，第三产业发展相对滞后，吸纳就业人口的能力有待大幅度提升，高能耗产业、高污染企业数量还比较多，能源紧张，资源短缺特别是不可再生资源日益枯竭，环境、空气、地下水、土壤等被污染。这种状况意味着当前我国资源的配置存在着不合理的情况，蕴含着能源、资源、环境等各方面风险。再次是公平与效率关系失衡带来的风险。公平与效率一直是经济发展面临的一个重要关系。一段时期以来，我们过于强调效率，一定程度上忽视甚至损害了公平，导致个别社会成员“挫败感”、“被剥夺感”、“耻辱感”等较为强烈，可能形成“反社会”的心理甚至采取“反社会”的报复行动，带来了各种社会风险。最后是产品质量监管滞后导致的风险。政府相关部门及其工作人员的配置和工作方式已经不适应中国现代化大生产发展的需要，现有的产品质量标准体系已经不适应大生产的要求，特别是大量新材料的使用，导致部分传统产业缺乏有效的监管，对新兴产业、新兴领域缺乏有效的规制，增加了社会的不确定性风险。

（二）人口大流动形成的社会风险

作为世界上人口最多的发展中国家，改革开放的道路让中国迎来了历史上规模最大的人口流动潮。据国家卫生和计划生育委员会公布，“十二五”时期，我国流动人口年均增长800万人，近两年尽管我国流动人口增速开始放缓，但2014年我国流动人口的数量高达2.53亿人[①]，再加上其他各种形式的流动人口，每年我国人口的流动规模十分惊人。人口的流动既让我们的社会更加充满活力，人力资源的配置更加合理，也让我们的社会面临且不断扩散各种风险。有学者指出，“引发风险的因素既来自自然界，也来自人类本身，而且后者已经成为风险的根本性来源”[②]。在人口大规模流动的情况下，社会风险也随之产生并加速流动起来，进一步增加了现代风险治理的难度。这主要表现在：第一，不同地域、不同文化背景、不同教育程度的人口大量流动与互动，增加了不同文化冲突或不同群体冲突的风险，社会不适有所增加，部分社会成员越轨、违法犯罪等风险明显增加。第二，处于流动状态的大量流动人口面临着信息不对称、安全防范知识不足等因素的制约，缺乏应有的安全意识和安全防范技能，由此导致许多不确定的安全风险。第三，人口的大量流动意味着原有利益格局的调整和社会秩序的重新调适，其中的调整和调适存在许多不确定性，可能对社会的正常运行和社会的安全稳定形成了一定的冲击，带来了诸多不确定性风险。第四，人口的大量流动极大地增加了对航空、铁路、公路、水运等交通方面的需求，对交通各领域的运输能力提出了更高的要求，交通运输各领域在服务保障人口流动过程中存在各种安全风险隐患。第五，一些传染性疾病也由于人口的大面积快速流动有快速传播的风险。

（三）城市大建设形成的社会风险

自从城市出现以来，城乡关系便成为难以回避的一组重要关系，城乡矛盾是经济社会发展面临的主要矛盾之一。改革开放以

---

① 参见陈海波：《〈中国流动人口发展报告（2015）〉发布》，载《光明日报》2015年11月12日。

② 杨雪冬等：《风险社会与秩序重建》，社会科学文献出版社2006年版，第17页。

来，我国城市化进程不断加快，大量的人口进入城市就业生活，城市建设的速度越来越快，中国进入城市快速建设的时代。在这个过程中，大量的社会风险开始聚集并隐藏在城市的各个角落中，随时可能引发城市的各种安全问题。这主要表现在：第一，城市的快速扩张和建设，急剧地改变了城市及其周边地区的地形和结构，可能给城市及其周边的地质、气候、水文、生物等各方面产生不可逆转的环境风险，这些风险可能在今后很长的时期内不断地释放出来，给我们的生产、生活带来不确定的威胁。第二，随着大量建设的开展，由于之前规划的不足、人类的贪婪、新技术新材料的盲目应用及对未来风险的认识不足等因素，城市建设本身存在许多已知或未知的安全风险，对我们未来的工作、学习、生产、生活等形成一定的安全威胁。第三，城市人口的急剧增多，增加了对资源、能源的巨大需求，对城市资源、能源的供给保障能力形成了极大的挑战，其中潜藏着许多已知或未知的安全风险。第四，随着城市规模的不断扩大、城市人口的不断增多，城市运行变成了一个十分复杂的系统，任何一个部门或个人都难以认识并协调其中的复杂关系，其中的某个或多个环节可能成为城市运行的“短板”，以前不明显的风险开始变得凸显出来，如城市垃圾、城市污水的处理，城市的交通系统等，从而给城市的安全运行带来不确定性的风险。第五，由于城市的快速扩张及对自然地貌的急剧改变，以前远离城市的风险开始靠近城市，如以前布局在郊区的化工区周边开始建成居民区。第六，由于农村的大量人口、资源不断向城市聚集，广大农村特别是中西部农村地区的基础设施、公共服务等投入不足，一些农村地区面临着凋敝和衰败的危险，进而对中国未来农业及农产品的安全造成冲击。

（四）技术大发展形成的社会风险

现代科技的发展和广泛应用极大地解放了人类生产力，带给人类数不清的福祉和便利。同时，技术大发展本身给人类也带来许多不确定性的风险。这主要表现在：第一，技术的广泛应用本身存在着不确定性的风险，一项新技术即使实验证明风险可控，也不等于技术广泛应用的风险可控，因为技术广泛应用后面临的不再是实验室给定的环境条件，在改变了的环境条件下，即使是安全的技术也可能变成对我们的巨大威胁，如日本的福岛核电厂在地震、海啸后产生的巨大破坏力。据世界核能协会统计，截止到2016年1月，目前全世界在运转的核反应堆共439座，其中中国有30座；在建核反应堆24座，拟建核反应堆40座[①]，中国的在建核反应堆和拟建核反应堆目前居世界第一位。可以看出，核能技术在中国已经并将继续得到广泛的应用，其风险应得到有效控制，但其释放风险的概率将持续存在。第二，技术本身对我们也是巨大的风险，如转基因技术。技术应用过程中存在的各种安全隐患可能对我们的生产、学习、生活等带来安全威胁，同时，如果新技术应用后的后续处理一旦不当，可能给我们带来难以预料的风险。第三，技术的发展及大量应用，改变了我们的思维方式、学习方式和生活方式，可能对我们的整体素质和综合能力的提升形成某种制约或阻碍，人们变得越来越依赖于各种技术手段的应用，从而对我们未来的全面发展和可持续生存形成潜在的威胁。第四，大量新技术的发明及应用，极大地改变了地球的面貌和气候，我们对这种改变的影响还认识很少，对这种改变对人类的风险还认识有限，但这类风险对人类来说可能是致命性的。第五，技术的大发展及广泛应用，也将我们带入了一个未知的世界，大多数人对技术本身及其风险认识极其有限，我们对技术的控制能力可能不如我们对技术那样自信，对技术及其风险的双重“无知”可能令我们未来某个时候处于恐惧甚至绝望之中。

（五）社会转型形成的风险

随着中国经济社会的深刻转型，中国经济、文化、社会、生态等各领域的制度转型势在必行。然而，无论是哪一方面的制度转型，面临的难度都是很大的，新旧制度的斗争是不可避免的。同

① 参见刘德宾：《全球在运核反应堆439座，中国在建数世界第一》，网址：http://news.sina.com.cn/c/2016-02-13/doc-ifxpmpqt1145577.shtml，最后访问时间：2016年2月13日。

时，我们还必须看到，制度转型既可以帮助我们实现更好的发展，也可能给我们带来新的不确定性风险。这主要表现在：第一，决定制度的是各种思想，制度的转型实际上意味着各种思想观念的斗争和交锋，因此，制度转型不可避免地面临着思想观念的解放、碰撞与斗争，不可避免地出现各种相互对立甚至直接冲突的思想观念，如何整合并吸纳各种思想观念并成为制度转型的共同营养，是一个很大的挑战，因此，制度转型可能伴随着新一轮社会冲突的开始。第二，制度转型本身存在一定的风险。所谓制度转型，就是主动地从现有的制度向新的制度过渡。然而，这个过渡本身也潜藏着各种不确定性风险，如制度不适、制度冲突、制度失败……无论是哪一种风险，都可能对现有的经济社会运行造成冲击和影响，进而影响社会的正常运行和安全稳定。第三，制度转型带来的风险。制度的转型，将带来一系列社会政策的调整，将影响各行各业的发展及广大人民的工作生活，是对原有生产方式和生活方式的冲击，制度转型"试错"的成本十分高昂，由此可能导致制度转型缓慢或制度转型的失败，从而引发支持制度转型的群体不满，或者引起反对制度转型群体的不满。无论"转"与"不转"，不满总是有的，因此，必须认真调查并认真处理好人们的不满情绪。

（六）利益大分配形成的社会风险

中国改革开放的过程，既是生产力极大解放、社会财富大幅增加的过程，也是社会财富重新分配、利益格局重新调整的过程。在这个过程中，由于发展基础、发展区位、发展政策、资本条件、人力资源、资源能源、交通条件、基础设施、周边环境等各方面的差异，我国的地区发展差异明显。同时，由于社会环境的变化和新技术的不断应用，各行各业的发展情况也千差万别。其中无论哪一种差别，最后都无一例外地体现在利益的调整上来。利益的调整往往伴随着各种风险，这主要表现在：第一，现行利益分配原则造成利益分配体系不合理，特别是劳动要素在利益分配中占的比重明显偏低，而一些社会成员通过不合理甚至不合法的手段积累了大量财富，扩大了社会的不公平，导致另一部分社会成员对现行利益分配秩序的高度不满，部分社会成员存在“被剥夺感”。第二，地区发展差距较大导致不同地区之间利益分配差异很大，导致发展落后地区的人才、资源向发达地区转移，大大削弱了发展落后地区的发展潜力，进一步拉大了不同省市、不同地区之间的发展差距，发展过度和发展不足并存，这对国家的统一、国土的安全、民族的团结、环境的保护等都将形成严峻的挑战，带来了新的社会风险。第三，行业利益差距加剧了人们的不公平感。目前，中国收入高的行业与收入低的行业之间的差距已然很大，导致高收入行业，竞争力变低，寄生现象严重，收入低的行业则社会地位低，后继无人，难以为继，最终可能造成各行各业发展的不稳定，进而对社会的安全稳定造成严重威胁。第四，城乡发展差距导致的风险。目前，中国部分农村地区与城市的发展差距已经十分悬殊，截至 2014 年，中国还有 7000 万贫困人口，如何真正缩小城乡发展差距，让更多的农村人口特别是贫困人口分享我国经济发展的成果，是防范社会风险必须解决的一个重要课题。

（七）融资大变革形成的社会风险

随着社会财富的增加，部分社会成员开始有了自己的财富积累，他们迫切希望通过理财投资等方式使自己的财富保值增值，然而，我国传统的银行存款等渠道难以满足社会成员的投资需求。因此，我国的融资方式出现了许多变化，其潜藏的风险应得到社会的高度重视。主要表现在：第一，“民间借贷”、“地下钱庄”、“影子银行”等地下金融的大量存在冲击了现有的金融秩序和融资规则，可能加剧我国金融秩序的混乱与无序，反过来影响和破坏我国经济的健康发展。第二，我国现行的金融发展政策、金融监管方式明显不适应新兴的互联网金融、P2P、民间借贷等大量存在的现实，从而造成政府对部分融资行为的“脱管”和“失管”等现象，非法集资、诈骗等违法犯罪行为的猖獗，进而造成普通投资人的财产损失，引发群体性聚集和群体性上访，影响社会的稳定。第三，我国股票市场的不稳定既影响了实体经济的融资能力，又打击了股民对我国股市的信心，可能对我国经济发展造成致命的打击，也可能引发群体性聚集和群体性上访。第四，现有融资渠道不畅，造成民间借贷、非法集资等的盛行，我国大量民间资本的去向不明确，其投资行为难以完全得到法律的保护，可能对我国经济的健康运行造成重大的威胁。

（八）信息大爆炸形成的社会风险

随着现代通信技术的发展和科学技术的进步，人类社会已经进入了互联互通的信息新时代，各种信息通过各类传统媒体和新媒体等迅速地传播，人类获取信息和知识的自由度比以往任何时代都要大得多，人们进入了一个前所未有的信息大爆炸时代。然而，从风险的角度来看，信息大爆炸也存在诸多风险，这主要表现在：第一，信息的大量快速传播，客观上增加了人们接收信息的负担，人们被大量的信息包围，反而可能错过真正有用的信息，辨别和接收有用信息成为人们面临的共同挑战，人们普遍面临着面对信息手足无措的状态。第二，大量的信息通过互联网迅速传播，对人们辨别信息真假的要求提高了，但现实中，人们对信息真假的辨别力十分有限，人们受虚假信息蒙骗的机会和概率大大增加，随之产生的风险也大大增加。第三，信息传播产生的效应难以预料。随着信息的快速传播，接受信息的受众看到信息后产生的反应是千差万别的，但也存在产生相同的感想和感受，人们往往会将他人的“遭遇”嫁接到自身上来，因此可能对异乡发生的某一事件形成过激反应，甚至采取过激行动，进而对社会的良性运行和安全稳定产生影响。第四，虽然管控信息的技术和能力也在提升，但管控信息面临的风险也很大，很可能使言论的不满汇聚成实际行动的抗议，从而引发更加严重的社会不合作甚至对抗行动，对社会的健康运行形成严重的威胁。第五，信息的快速传播导致集体行动的酝酿更加方便，成功的机会更大。由于现代信息技术的发展，一些对社会心怀不满的人员发动群体行动更加便利，使社会应对此类集体行动的压力随之增加，从而导致社会紧张程度进一步加剧。

上述几个方面只是大致地论述了中国社会面临的主要社会风险，实际中国社会面临的风险远不止这些，比如因为全球化带来的风险，还有因国家利益来自国际和周边国家的风险，等等。本文集中论述上述八大风险只是为了方便读者清醒地认识我们身边可能存在的社会风险，同时，必须指出的是，各类风险还可能叠加、放大、转移，并可能产生更多的次生风险。现实中风险的形成机理十分复杂，风险转化为现实危险的概率也随不同城市、不同地区、不同时期而区别很大。

二、现代中国化解社会风险的不足

风险总是与人类社会相伴而生的，没有不存在风险的社会。特别是近代社会以来，“随着人类成为风险的主要生产者，风险的结构和特征才发生了根本性的变化，产生了现代意义的‘风险’，并出现现代意义上的‘风险社会’雏形”[①]。风险的存在是与人们对风险的判断和认知紧密相关的，因此，风险意识的有无和风险知识的多少在很大程度上决定了人们对风险的判断和认知。德国著名社会学家乌尔里希·贝克指出，“在发达的现代性中，财富的社会生产系统地伴随着风险的社会生产”。[②] 同时，不同社会面对风险的态度和准备是不同的，化解风险的能力也存在明显的差异。总体而言，我国通过法律规范等制度设计较好地防范了各类风险的发生，但与急剧发展变化的社会现实相比，我国化解社会风险的力度还是严重不足。尽管“风险”并不等于现实的“危险”，但从现阶段而言，中国社会整体对风险的认知是普遍不足的，大多数人对身边可能存在的风险是浑然不觉的，社会整体应对风险的准备也是不足的，因此一旦当风险转化为现实的危险时，可能出现处置不当，造成损失过大等问题，危及人民生命财产安全。概括起来，现代中国化解社会风险的不足主要表现在以下方面：

---

① 杨雪冬等：《风险社会与秩序重建》，社会科学文献出版社 2006 年版，第 22～23 页。

② ［德］乌尔里希·贝克：《风险社会》，何博闻译，译林出版社 2004 年版，第 15 页。

（一）发展阶段的限制妨碍了风险意识的培育

正如前所述，当前我国正处在第一次现代化向第二次现代化跃升的过程中，实现中华民族的伟大复兴，追赶发达国家是我们面临的最重要任务，解放和发展生产力是这一阶段最响亮的口号，发展经济、创新创业是全社会最重要的使命。在这样的背景下，整个社会安全防范的意识严重不足，全社会的风险意识普遍不高，大家的关注点主要是利润和金钱，“风险”尚未进入大家的关注中心，风险意识的培育更无从谈起。风险意识的普遍缺乏，意味着我们绝大多数人常常身处危险之中或危险边缘而不自知。这种状况对中国这样一个快速发展的人口大国来说，是十分危险的，我国各类安全事故时常发生，就很好地说明了这一点。即使每年我国各类安全事故都有发生，每一次都付出了巨大的生命和财产代价，但依然未能成功地让全社会培育出足够的风险意识，我们大多数人依然浑然不觉行进在“快速车道”上，全然没有意识到前方的风险正在转化为危险并向我们逼近。

（二）追逐利益的冲动忽视了社会风险的存在

在这个发展至上的阶段，追逐利润似乎是众多企业生存和发展的不二法门，赚钱、赚更多的钱似乎是很多人最大的人生追求，利益成了人们的主要追求，这当然无可厚非。但是如果为了自身的利益或利润，置他人的利益特别是他人的生命安全和财产安全于不顾，置于公共安全利益之上，把自己的利益建立在他人的安全风险之上，就值得社会的反思和反省了。在“利己主义”的价值取向引导下，一些企业和个人开始超越道德的底线和法律的界线，有意无意地掩盖着风险特别是安全隐患方面的风险，同时不断地生产着新的风险，致使社会风险不断地积聚，有转化为现实危险的可能性。现实中，安全风险被许多单位和个人有意无意地忽视甚至忽略，许多单位和个人用于安全生产、风险防范的投入普遍不足，导致社会整体对风险缺乏应有的认识和防范，这进一步误导了人们，让更多的人误认为社会风险并不存在或风险根本不值得关注。

（三）道德自律在一定程度上的缺失放任了社会风险的扩大

道德规范一直是调节人与人、人与社会之间的关系的重要原则和规范，它主要通过善恶评价、内心信念、社会舆论和传统习惯等来维系。但随着经济的发展、人口的流动及其他因素的影响，人们工作生活的时空发生了翻天覆地的变化，原来的熟人社会普遍被新的陌生人社会所取代，传统的道德规范在迅速变化的社会中逐渐失去了应有的制约作用。尽管国家一直试图建立并积极倡导新的道德规范，并持续做了很多的努力，但新的道德规范尚未真正进入人心，并未成为大家共同认同并自愿遵守的行为准则。由于道德自律的缺失，该严格管理的没有严格管理，许多企业该有的安全设施没有，该有的劳动保护措施没有，该有的污水处理设施没有，该启动的大气污染治理设施不开启（或者白天开启晚上关闭，检查时临时开启其他时期关闭），不该贪污受贿的贪污受贿了，不该添加的添加剂擅自添加了，该落实的质量标准落实不够，该施以援手时无人施以援手……一些企业和个人故意放任各种安全隐患的存在，故意放任各种存在安全隐患的商品特别是食品药品流入市场毒害他人，假冒伪劣产品大行其道，危害着人们的身体健康。

（四）知识技能的欠缺降低了应对风险的能力

由于社会对风险的认知有限，因此，当前我们关于风险的知识相当缺乏，无论是从关于风险的认知还是防范风险的知识，我们都有欠缺，关于风险的理论研究也显得极为薄弱，风险知识及风险防范技能的传播也显得不足。更令人担忧的是，我们关于风险防范的各种技能也开发得十分有限。我们曾经遭遇过哪些风险转化为危险的现实案例，这些风险是如何转化为危险的，从这些现实案例中我们吸取了哪些经验和教训，形成了哪些关于风险认知及防范风险的知识？并从实际的应急处置中催生了哪些风险防范、风险应对的技能？国外应对风险形成了哪些理论、知识和技能？全社会对这些知识技能的了解都十分有限。因此，一旦风险转化为现实的危险时，我们就可能手足无措，处置应对失当，结果可能造成生命财产损失的扩大化、风险的蔓延和次生风险的出现。

（五）防范投入的不足削弱了风险应对的能力

对风险防范的投入不足是全方位的，用于风险防范的政策、人力、精力、财力、资源等都是十分有限的。由于我们当前对风险认识不足、研究不足，政府部门对风险的认识也十分有限，相关的风险防范政策严重滞后于风险广泛的社会现实，政府和相关部门现有的人力配置难以对社会风险进行有效的监管，更谈不上对风险进行有效的防范。同时，社会各方面特别是各个社会单位对风险普遍不重视，用于风险防范的人员、设备、资源、资金都相当有限，对风险发生或转化为现实危险的严重性估计不足，导致危险一旦实际发生时，我们应对风险的准备和能力显得不足，从而可能耽误风险危机的高效应对。

三、现代中国进一步化解社会风险的思路与策略

风险的广泛存在，迫使我们努力构建更加安全更加有序的社会。尽管我们对各种风险还认识得十分有限，新的风险还在不断地产生和积聚，但我们必须从现在开始，努力认识和了解我们面对的各种风险，探索完善化解风险的思路与对策，增加风险防范和风险应对的投入，从而努力使风险处在我们可控的范围内，让我们的社会在安全健康的轨道上不断前行，让人们享受到更多经济社会发展带来的福祉。

（一）大力宣传风险防范技能知识，主动培育现代风险意识

只有大家具备应有的风险认知，大家才会有正常的风险意识。只有人人认识到风险的存在，才可能努力防范和减少风险的发生。只有人人具有一定的风险防范和应对技能，一旦我们遇到风险发生时，才能应对得当，减少损失。这有赖于我们共同努力，大力宣传风险防范和风险应对技能，让更多的人形成现代风险意识。首先，把风险教育纳入中小学和大学通识教育体系，使更多的公民从青少

年阶段开始，逐步学会识别我们身边的危险，开始养成风险意识。其次，各基层党委政府在辖区所有社会单位广泛宣传风险防范和风险应对知识，经常性地开展各种应急演练，让更多的人掌握自救、互救知识和急救技能，逐步养成社会单位和公民的风险意识，提升全社会的风险应对能力。最后，广泛通过广播、电视、报刊、网络和各种自媒体，广泛宣传现代风险知识、风险防范和风险应对技能，让更多的人时时处处接受现代风险意识的熏陶，强化风险意识。

（二）积极推进经济社会的协调发展，利益与风险并重

在继续营造良好创业环境、努力扩大就业岗位供给、推进经济向前发展的同时，进一步加强社会建设和社会治理，将风险识别和风险应对纳入社会治理的范畴，将风险防范设备的投入和使用作为所有社会单位必须承担的社会责任，引导各社会单位在追求合理利润的同时，切实控制和防范好各种风险。具体说来：首先，让各企事业单位、新经济组织、新社会组织切实履行好安全隐患排查、风险识别和风险防范等社会责任，让更多的风险隐患在各社会单位范围内得到有效的控制和防范。其次，各企事业单位、新经济组织、新社会组织等在风险隐患排查的基础上，研究制定各自的风险防范、风险应对和应急预案，定期开展演练，进一步提升各社会单位应对社会风险的能力。最后，利用视频监控、现代物联网、云计算、云存储等技术加强对各社会单位风险防范设施使用状况的在线监控，引导和鼓励各高等院校、研究机构、社会组织、新闻媒体等加强对各社会单位履行风险防范责任情况的调查和监督，形成全社会共同重视风险防范的氛围。

（三）全面推进依法治国，强化法治在风险防范中的保障

风险防范和应对是涉及国家经济社会健康发展的重大问题，必须按照中央提出的全面推进依法治国的总要求，在加强道德自律的同时，以全面健全的法制保障全社会切实加强风险防范。首先，全面梳理和完善风险防范的立法工作，进一步完善风险防范法律体

系。当前，我国的风险防范法律还分散在不同的具体法律条文中，整体性的《国家安全法》正在制定过程中，具体的风险防范类法律还需要进一步具体化和操作化。其次，强化风险防范法律体系的执行与实施，强化风险防范法律实施。明确各种风险防范法律的执行机关和单位，明确风险防范法律实施的监管部门，切实强化法律实施的监管手段，改进监管方法，确保相关法律得到有效实施。最后，进一步提高风险防范违法行为的处罚标准，提升风险防范领域违法成本。切实加大各类风险防范违法行为的处罚力度，确保违法行为及时发现，得到及时处置，不让风险防范的违法行为大面积发生。

（四）加强风险理论与风险防范技能的研发，为风险防范提供有力支持

风险理论的完善意味着人们对社会风险认识的深化，风险防范技能则是人类防范社会风险能力的重要支撑，它们在风险社会中具有举足轻重的地位。因此，加强风险理论的研究，不断研发风险防范的技能与设施，是提升全社会风险防范能力的基础性工作。具体说来：首先，建设风险理论研究人才队伍，引导科研人才加强对风险理论的研发。加强政府部门、研究机构与社会单位的合作力度，引导研究人才深入单位和社会，发现和分析社会风险，进一步构建、丰富和完善我国的风险社会理论，从而为我国的风险防范提供更好的理论支持。其次，加强对风险防范的技能与设备的研发力度。切实根据各行各业的风险状况和风险防范的需求，研究开发更多更实用的风险防范技能和风险防范设备，不断地推广使用，为全社会的风险防范提供强有力的技术支持。最后，加强风险理论的研讨与交流，加大风险防范技能与设备的推广应用。创造条件，让风险理论界与实务界有更多的交流与研讨，共同推动风险理论研究的深化，加强风险防范技能和设备的推广应用，让更多的人掌握风险防范技能，熟悉使用风险防范设备。

（五）切实加强风险防范领域的投入，提升全社会风险应对能力

风险应对能力的提升最终依赖于全社会对风险防范投入的增加。这方面的投入主要包括：首先，国家加大对风险领域的投入，包括风险防范政府部门设置和工作人员配置、风险排查和风险防范政策法律的研究制定、风险防范法律政策的贯彻落实与监督检查、执法，风险防范知识的宣传教育，风险防范理论的研究与技能研发投入等。其次，各社会单位要加大对风险防范的投入。主要包括各社会单位加强对员工风险防范的宣传教育培训，劳动安全保护的投入、风险应急演练的经常举行、劳动安全设施的完善和自觉运用等。最后，广大市民也要自觉地投入时间、精力和金钱等学习和了解现代风险社会理论知识，学会排查和识别各种风险隐患，学习和掌握各种风险防范和风险应对的知识和技能，熟练地使用相关的风险应对设备和工具，学习和掌握各种急救知识和技能，更加理性地认识社会和自己，努力让自己生活得更理性、对人更宽容、更有力量、更有尊严。

参考文献：

1. ［英］安东尼·吉登斯：《现代性与自我认同》，赵旭东等译，三联书店1998年版。

2. ［英］安东尼·吉登斯：《现代性的后果》，译林出版社2000年版。

3. ［德］乌尔里希·贝克：《风险社会》，何博闻译，译林出版社2004年版。

4. ［美］谢尔顿里姆斯基·多米尼克·戈尔丁编：《风险的社会理论学说》，北京出版社出版集团、北京出版社2005年版。

5. 杨雪冬等：《风险社会与秩序重建》，社会科学文献出版社2006年版。

6. 颜烨：《安全社会学》，中国社会出版社2007年版。

或“专项整治”行动），从而在短期内取得比较明显的控制犯罪的效果。但是，这种模式的缺陷也是显而易见的：其一，运行成本高。在该模式下，犯罪控制的效果取决于司法资源的投入程度，而包括警察、法庭、监狱在内的刑事司法系统，有着高昂的运行成本。其二，效果有限。犯罪的司法控制主要是事后控制，一旦犯罪发生，其社会危害即已造成，有些后果是无法挽回的。所以这往往是一种被动的对犯罪的反应模式。其三，存在负面作用。如“严打”行动容易产生运动化、形式化等不良倾向；不合理的司法绩效考核制度使司法人员疲于奔命，甚至引发刑讯逼供等违法办案现象；不公正的裁判和司法腐败等动摇公众对法治的信仰和对司法机关的信赖等。

在当今日益开放的社会背景下，上述犯罪治理模式存在的效能不高、效果不佳的问题越来越突出。可以说，开放社会对刑事司法和传统的犯罪治理模式提出了挑战。国外的研究和实践表明，民间社会的发达和积极参与是社会稳定与繁荣的重要保证。如在日本，长期以来保持着较低的犯罪率，对此，国际犯罪学界的一种有影响的解释，就是日本社会中家庭、学校及社区等对犯罪的非正式控制因素起到了很大作用。①我国要走出刑罚量与犯罪量齐头并进、维稳成本与维稳压力同步增长的恶性循环，只有顺应社会变化的潮流，重新设计犯罪治理的思路与模式。在党的十八届三中全会通过的《中共中央关于全面深化改革若干重大问题的决定》（以下简称《深化改革决定》）中，提出全面深化改革的总目标之一是要推进国家治理体系和治理能力现代化。犯罪治理是国家治理体系的重要内容之一，而提高犯罪治理能力现代化，也应是推进国家治理能力现代化的题中应有之义。

① 参见陈晓明：《修复性司法的理论与实践》，法律出版社 2006 年版，第 68～69 页。

二、国家与社会合作共治：走向多元化犯罪治理

对于我国当前犯罪治理面临的困境，储槐植教授多年以前就有敏锐的洞察，他指出，走出困境的路径，在于实现犯罪治理模式从传统的国家本位转向国家和社会双本位。① 依笔者的理解，这一转化也就是从一元化治理模式走向多元化治理模式，而转化的关键在于通过培育和发展社会自治，进而提升社会自身在犯罪治理中的地位和作用。

犯罪的形成原因是十分复杂的，但就宏观而言，犯罪来源于社会，是社会矛盾运动的综合反映，这已经成为犯罪学界公认的一个命题。因此，必须从社会自身去寻找犯罪的成因与治理之策。而在不同的社会结构之下，国家与社会的关系有所不同，犯罪状况、治理模式及社会扮演的角色也存在一定的差异。

在中国古代，统治者为了防控犯罪，对社会采取“分而治之”的严密管控制度。居民被限制在“坊”、“闾”之间，实现闾伍宵禁，通过严格的户籍制度限制人员的流动和迁徙，强制推行什五保甲制度，鼓励宗族、邻里之间的连坐制。这一治理模式虽然有利于统治秩序的稳定，但也导致扼杀民众权利和社会活力的结果。另外，尽管中国古代社会实行严格的中央集权统治，但由于疆域的辽阔和统治力量的有限，对于偏远的乡村社会，不得不容忍和依靠族长、士绅等地方权威来管理公共事务。美国学者费正清把这种国家与基层社会的关系看作是一种合作关系：国家通过里甲、坊厢制度以及保甲制度等半官方、半自治的制度来使国家的统治延伸到基层社会之中。② 费孝通认为，这是一种“双轨政治”，一方面是自上而下的“皇权”，另一方面则是乡村内发的“族权”和“绅权”，

---

① 参见翟中东：《犯罪控制——动态平衡论的见解》，中国政法大学出版社 2004 年版，第 188 页。

② 参见储槐植：《刑事一体化和关系刑法论》，北京大学出版社 1997 年版，第409～410 页。

理结构（citizen centered governance structure），以促进社会协同发展。[①] 公民治理强调公民的自主治理，政府应定位为一种“服务性政府”，加强与公民的合作。公民在公共事务中应扮演积极的主人角色，公民参与权和决定权的提高是解决社会问题的关键；行政人员的角色应转换成帮助公民表达利益并满足其共享利益，而不是试图控制或导航社会。20 世纪 90 年代开始的全球治理变革进一步将公民治理提到了更高的地位，1995 年，全球治理委员会的报告指出“治理是各种公共的或私人的个人和机构管理其共同事务的诸多方式的总和”。这就把公民及其私人机构摆到与政府平等的政治地位上，成为公共治理的直接主体。[②]

犯罪治理是社会治理的重要方面。“多中心治理”与“公民治理”理论，对于犯罪治理亦具有一定启示意义。犯罪治理从一元化治理模式到多元化模式转向，这两种理论提供了具有较强说服力的理论诠释。在二元社会结构下，社会在犯罪治理中具有举足轻重的地位，加强社会自治是完善社会治理、控制犯罪的重要途径。而社会不是一个抽象的概念，社区是社会的主要载体，公民则是社区的真正主人。社会自治的良性运转及其在犯罪治理中发挥作用，有赖于健全而充满活力的社区，特别是具有主体意识与参与能力的社区民众的广泛参与。

在我国，自改革开放以来，适应经济转轨与社会转型的趋势，国家实际上一直在推进社会自治的发展。通过 1982 年《宪法》及后来的一系列法律，村委会和居委会两大基层自治组织的法律地位得以确立，这两大组织在中国基层社会的治理中发挥着积极作用，也成为国家防控犯罪的重要依靠力量。但是，应该看到我国的基层群众自治制度尚存在诸多不足之处，例如，其同党的领导权力及行

---

① 参见埃莉诺·奥斯特罗姆：《公共事物的治理之道：集体行动制度的严谨》，上海译文出版社 2012 年版。

② 参见［美］理查德·C. 博克斯：《公民治理：引领 21 世纪的美国社区》，孙柏英译，中国人民大学出版社 2005 年版，第 10 页。

政管理权力之间的边界不够清晰，民主选举程序不够健全，自治权利的救济路径不畅通等，从而影响自治的水平。正如蔡定剑教授指出，在农村，由于政府的力量强力介入乡村社会，从而导致实践中的乡村关系“行政化”了。在城市，某些地方政府把居民委员会看作是政府行政职能的延伸，从而使其行政职能严重泛化，这也就影响了它的自治地位和实际功能的发展。[①] 此外，随着市场经济的发展与社会开放度的提高，人口流动日益频繁，传统的基层群众自治组织的社会整合功能呈现弱化趋势。而在村委会和居委会两大基层自治组织之外，自发生长出一些新型的社会自治力量，如依托物业小区的业主协会及某些非政府组织等，这些新的自治力量更具有参与公共事务的热情与活力，但因法律地位尚未得到确认，其发展还受到一定限制，在社会治理中的积极能量还没有完全发挥出来。

在新的社会形势下，要走出“只有依靠增加政府责任、增大经济社会的成本，才能维持秩序”的怪圈，更有效地治理社会、控制犯罪，必须进一步推进社会改革，通过改革提高社会自治的水平，构建国家、社会、公民相对分离而良性互动的新型社会结构。我国最高决策层已经深刻地认识到这一问题。中共十五大、十六大、十七大一再强调在基层开展自治活动的原则和政策，提出保证人民群众直接行使民主权利，依法管理自己的事情，是发展社会主义民主的基础性工作。党的十七大还将基层群众自治制度纳入中国特色社会主义政治制度体系，在《深化改革决定》中，明确提出要鼓励社会力量参与，以改进社会治理方式、创新有效预防和化解社会矛盾体制，并阐述了改革的总体理念和部署。如“坚持系统治理，加强党委领导，发挥政府主导作用，鼓励和支持社会各方面参与，实现政府治理和社会自我调节、居民自治良性互动”；“激发社会组织活力。正确处理政府和社会关系，加快实施政社分开，推

① 项继权：《乡村关系行政化的根源与调解对策》，载《北京行政学院学报》2002 年第 4 期。

未经民政部门登记的正式社会组织和非正式组织有800万个。[①] 另外，非政府组织的发展仍受到诸多限制。例如，现有的社会组织法规条例存在立法层次低、内容不完善，社团登记“门槛”过高，社会组织行政色彩过重，独立性受到影响等问题。[②]

中共十八大报告提出“引导社会组织健康有序发展”，“加快形成政社分开、权责明确、依法自治的现代社会组织体制”。中共十八届三中全会进一步对社会组织改革提出了一系列的要求和任务。目前，国家正在出台相关的系列政策、法规和措施，以促进社会组织的发展，如《社会团体登记管理条例》、《基金会管理条例》和《民办非企业单位登记管理暂行条例》3个条例正在加紧修订。可以说，非政府组织的发展迎来空前机遇，其在社会治理中将发挥日益重要的作用。在犯罪治理活动中，非政府组织的参与也有很大空间。如在上海、北京等地的社区矫正工作中，积极吸引非政府组织进入，取得了很好的效果。上海成立了专门的民间社团组织——“新航”社区服务总站，按照“政府主导推动，社团自主运行，社会多方参与”的运作模式参与社区矫正。北京市朝阳区成立了“阳光社区矫正服务中心”，该中心是从事社区矫正社会服务活动的非营利性民间组织，属于公益性社团法人，采取协议形式，承担北京市朝阳区政府委托的社区矫正社会服务职能。

4. 社会志愿者

社会志愿者，亦称义工，是指在不谋求任何物质报酬的情况下，能够主动承担社会责任并且奉献个人的时间及精力的人。在现代社会中，社区、非政府组织和社会志愿者，构成社会自治的基础力量，是拉动社会发展的“三驾马车”。伴随着我国经济发展与社会进步，近年来志愿者运动蓬勃发展，队伍不断壮大，服务领域也

① 参见唐忠新：《社区治理：国家治理的基础性工程》，载《光明日报》2014年4月4日。

② 参见张雪弢：《社会组织发展面临新机遇新挑战》，载《公益时报》2013年3月6日。

不断扩展。根据媒体于2012年5月提供的数据，我国已有近30万支社区志愿者队伍，507.6万名社区志愿者，成为推动社区建设和社区服务的重要力量。[①] 尽管如此，中国的社区志愿服务总体上还处于发展初级阶段，存在相关政策法规滞后、资金来源渠道少、公民参与面不广、服务覆盖面小、专业化服务水平不高等问题和困难。政府应当继续鼓励和扶植社会志愿服务的发展，并促使志愿者在法律援助、民间纠纷调解、罪犯帮教、被害人救助、社区安保等方面发挥更大作用。

需要指出，促进社会走向自治，并不意味着政府的缺位或放任，政府在此进程中仍然扮演着制度框架构建者以及“买单者”的重要角色，应从政策、立法、资金等多方面，全力支持社区自治组织、志愿者等社会力量的发育和发展。在这方面，西方于20世纪80年代末提出的“能促型国家”（the enabling state）理念值得借鉴。这一理念强调，政府在承担社会福利责任时，应当促进各个社会成分能力的成长，强调政府在弱化社会福利直接提供者角色的同时，应通过各种政策支持，逐步建立一种政策框架，这一框架能使得市场、家庭、社区以及公民社会组织等社会主体共同发挥作用，以满足人们的各种需要，促进社会团结和社会包容。

（二）社会自治力量如何介入犯罪治理

1. 公民自发的犯罪防控活动

公民自发的犯罪防控活动，表现形式多种多样，如居民自发的治安巡逻，参与民间纠纷的调解，对犯罪案件的报案、举报，扭送犯罪嫌疑人，正当防卫，对罪犯的帮教，对刑满释放人员的帮扶等。近年来，我国社会中备受关注的民间反扒、网络反腐等现象，也属于此类活动。公民自发的犯罪防控活动，有助于弥补国家司法效能的不足，更有效地预防和打击犯罪。在西方，一些国家也对公民自发的犯罪防控活动持鼓励态度。如20世纪60年代后期的美国

① 参见《“社会管理”应还社会以自治秩序：任剑涛教授访谈录》，载《南方都市报》2011年3月27日。

倡导邻里守望行动，通过促进社区成员的自发参与和互相帮助，提高社区的整体犯罪防卫能力，以减少社区内的犯罪。目前，邻里守望已成为有效和重要的国家打击犯罪的战略之一。

2. 公民通过政府选任参与司法过程

在我国，公民通过政府选任参与司法的途径，主要有人民陪审员制度和人民监督员制度。这两种制度是司法民主化、大众化的具体体现，对于强化司法权的规范运行，提高司法公信力，起着一定的积极作用。中共十八届三中全会明确提出：要“广泛实行人民陪审员、人民监督员制度，拓宽人民群众有序参与司法渠道”。

3. 政府购买法律服务

政府购买服务是民间力量参与社会治理的重要手段。在纠纷解决与犯罪防控方面，很多国家引入了政府购买服务这样社会化、市场化的运作机制。近年来，我国执政党和政府开始关注公共领域的政府购买服务问题。2013 年 9 月 30 日，国务院公布了《关于政府向社会力量购买服务的指导意见》，明确要求在公共服务领域更多利用社会力量，加大政府购买服务力度。党的十八大强调，要加强和创新社会管理，改进政府提供公共服务方式。在实践中，一些地方进行了政府购买法律服务的探索，取得了良好的效果。例如，近年来在深圳兴起的人民调解的“福田模式”，其主要特色就是通过由中标律师事务所派遣专业人员担任调解员，从而体现了调解服务的市场化、契约化、专业化和社会化，在破解传统模式机构设置、人员配置及经费保障等方面面临困境的同时，释放了人民调解制度的活力，有效提高了矛盾纠纷化解的效能，促进了社会公正与社会和谐的实现。

（三）社会自治力量参与犯罪治理的几种制度安排

1. 社区警务

社区警务起源于 20 世纪六七十年代的西方国家，其核心理念是：既然产生犯罪的根源在社会，抑制犯罪的根本力量也应在社会，故强调依托社区控制犯罪，促进社区的安定和生活质量的提高。基于这一理念，社区警务主张：警察应当从被动后发地处置犯罪转向主动先发地预防犯罪；警察不仅是执法者也是社区的服务者，应尽可能用良好的服务与社区居民搞好关系；警务工作要融入社区，通过发动社区力量来搞好对犯罪的防控。西方国家社区警务的主要做法有：指导、协助社区居民实施邻里联防计划，建立社区预防犯罪机制；改革警务巡逻方式，通过恢复徒步巡逻和发展城乡警岗等，增加警民接触机会；加强与公众和社区团体的联系，扩大社会服务，改善警察形象，争取公民对警察工作的支持和配合。

鉴于社区警务在犯罪控制方面取得的良好效果，当前各国纷纷推行，以社区警务为标志的第四次警务革命正在世界范围内兴起。发展社区警务应是我国警务改革的重要方向。

2. 人民调解

在中国传统社会中，民间调解一直是解决民间纷争的重要手段。在新中国成立之前，中国基层社会主要依托家族、行会等组织，借助于族绅、长老等的权威进行民间纠纷的调解。新中国成立之初，在借鉴传统调解文化并对之进行改造基础上，建立了人民调解制度。作为一项具有中国特色的纠纷解决制度，人民调解具有扎根基层、贴近群众、便民利民等特点，被誉为化解矛盾纠纷、维护社会稳定的“东方经验”。

调解天然具有自治特性。在我国，人民调解被定位为人民群众自我教育、自我管理的一种民主自治活动。然而，在实践中，政府指导往往变成政府主导，许多地方领导将调委会视为政府的一个派出机构，工作理念与方法偏离了社会化、自治性要求。同时，从事人民调解工作的人员大都是身兼数职，一些调解员具有的官方身份难以保证其在调解工作中的中立地位，从而影响调解的公信力。在新的时代背景下，要把人民调解制度蕴含的巨大能量充分发挥出来，需要顺势而为，对之进行合理重构。应逐步将人民调解委员会改造成为解决矛盾纠纷的非政府组织，通过政府资助民间调解组织、出资聘用专职的人民调解员等方式，广泛吸收社会资源承担民间纠纷的调处工作，进而建立起一套矛盾与风险分担和化解的社会化机制，从而分担政府的责任，分散政府的压力。

3. 举报与作证

举报与作证是公民参与刑事司法的重要渠道，对于揭露和证明犯罪意义重大。长期以来，针对我国证人出庭作证率偏低的问题，在新修订的《刑事诉讼法》中，系统规定了证人保护、证人补偿等制度。但是，举报制度的立法仍然滞后于实践需要，不仅规定过于笼统，而且配套措施不健全，不能保证举报工作有序、有效地开展，举报人的积极性和合法权益也得不到充分保护，打击报复举报人的恶性事件屡屡发生。

鉴于举报制度对惩治犯罪尤其是腐败犯罪的巨大作用，我国《刑事诉讼法》应增设举报受理及处理的程序有关程序，明确举报人的法律地位及权利义务，明确举报材料的国家秘密属性，从源头上杜绝举报材料被泄密的可能性，并规定举报泄密责任制度、举报人保护程序等，以规范举报制度的良性运作，有效保障举报人的相关权利。应完善举报奖励制度，制定统一的举报奖励标准和办法，同时加大举报奖励力度，以提高公民举报的积极性。应进一步加强对举报人的保护，可借鉴我国香港特区的做法，建立对举报人的预防性保护制度，采取严密的保护性措施，如身份保密、转移住所、变更身份、贴身护卫等。对于一些人身安全受到严重威胁的举报人或关键证人，可实行 24 小时不间断的贴身保护，以防患于未然。对于举报人因举报行为而受到的物质损失及精神损害，应建立适当的国家补偿制度，应将举报人保护所需经费列入国家财政预算，奠定举报人保护的物质基础。

4. 独立人士巡视羁押场所

在国外，很多国家都建立了监狱（国外的监狱包括未决犯监狱）巡视制度，由专门机构的人员，经常性地进入监狱，对监狱的执法情况进行监督检查。如在英国，每个监狱都设有一个独立监管委员会，该委员会由社会上 12～20 个业外人士组成，他们来自各行各业，每天至少有 1 名成员去视察监狱。他们在监狱进出自由，任何犯人都可以要求见委员会的成员并投诉。在我国香港特区，具有独立地位的太平绅士亦定期探访监狱，巡查有关设施和服务，并接受囚犯的投诉。

在我国，一直有人大代表、政协委员巡视监狱、看守所等羁押场所的制度，有的监狱也从社会上聘请执法监督员以监督监狱工作。但这些做法没有上升到制度化层面，不可能经常性地开展，甚至有的流于形式。为更好地保障服刑人的权利，可以借鉴国外及我国香港特区的做法，建立完备的羁押场所巡视制度，尤其注意的是，在官方机构巡视之外，可建立制度化的民间人士巡视措施，增强社会力量对监管工作的监督，更有效地保护被羁押人的权利。

5. 未成年人刑事案件的合适成年人参与

合适成年人参与制度是当今许多国家刑事司法中的一项重要制度。其主要内容是指警察在讯问未成年犯罪嫌疑人时，须有适当的成年人到场，以制止警察的不当审讯行为，维护涉案未成年人的权利。随着 2012 年《刑事诉讼法》修订案的通过，合适成年人参与制度在我国正式确立，纳入未成年人刑事诉讼程序之中。

在合适成年人的担任者方面，《刑事诉讼法》只是做了原则性规定，各地有不同的做法。北京海淀区采取了政府购买服务方式，吸收专业社会工作者担任合适成年人的做法。2013 年 6 月，海淀区有关单位与北京超越社工事务所合作，在海淀看守所设立了全国首家“驻所青少年司法社工站”，由事务所派出社工进驻海淀看守所，当未成年人在预审阶段提出要求时，办案员通过与驻所社工联系，由社工及时为未成年人提供联系亲属、抚慰情绪、情感支撑、社会调查等服务，社工与案件当事人建立信任关系，有助于引导他们正视错误，提升帮教效果，同时有助于终结办案人员因时间紧迫而临时找人来充当“合适成年人”的局面。这一模式取得良好成效，值得各地借鉴。

6. 人民陪审员和人民监督员制度

在我国，司法公信力缺失是近年来突出的社会问题。一个重要原因就在于公民参与司法不足。一方面，公民参与的不足使司法活动缺乏必要的监督和制约，司法腐败借机而生。另一方面，即使司法裁判的结果是公正的，但由于公民参与不够，不了解审判的现实运作情况，也可能对裁判产生怀疑甚至误解，乃至发生各种上访、缠诉事件。为此，扩大公民有序参与司法势在必行。我国现有的人民陪审员制度和人民监督员制度，是具有中国特色的司法民主化路径，但这两种制度在设计上都存在一定缺陷，需要进一步改革和完善。

人民陪审员制度的主要问题，一是选任制度不科学，即人民陪审员不是随机遴选的，而是由基层人民法院确定人选，提请同级人民代表大会常务委员会任命。在这种选任模式下，不少法院倾向于选任一些学历较高、社会地方较高的体制内公职人员，如教师、记者甚至政府官员，普通民众得到选任的机会较少，导致人民陪审员的中立性不够，同时由于选任的人员往往相对固定，任期比较长，容易在当地形成熟人关系，难以保证其公正行使职权。这样选任的许多陪审员，参与陪审的积极性不高，常年不参与陪审，即使参加，也只是“陪而不审”、“审而不议”。针对这些问题，近年来，河南、陕西等地的法院借鉴国外的做法，进行了人民陪审团制度的试点探索，取得了一定的效果。应当在总结各地试点经验的基础上，改造现行的人民陪审员制度，逐步建立起具有中国特色的陪审团制度，让更多的公民有机会直接参与审判，促进司法的民主化、大众化。尤其是在涉及死刑的刑事案件中，引入陪审团制度，由陪审团来裁决是否判处死刑，以及判处死刑立即执行还是缓期执行，这可以分担法官的压力和风险，缓解目前在死缓适用上由于实体标准难以把握而引发的公众疑虑，还有可能起到限制死刑适用的功效。

现行的人民监督员制度，在选任、管理上同样存在缺陷。目前人民监督员主要由检察机关选任，由检察机关所在地的机关、团体、企事业单位和基层组织来推荐，被推荐的人民监督员大多是机关工作人员或社会团体和企事业单位中的在职领导，具有公务员身份、管理者身份和人大代表、政协委员等多重身份，层次较高而群众性不足，导致人民监督员组成结构不合理，难以充分体现民意。另外，人民监督员的管理由检察机关自行负责，在一定程度上影响监督的效力和效果。为使人民监督员更具独立性、公正性，应面向社会公开统一选任人民监督员，不应由检察机关选聘，而应由同级人大常委会或上一级人大常委会相关部门担负选任工作。

7. 罪犯矫正

罪犯矫正包括社区矫正和监狱矫正两大方面。

对于社区矫正而言，社区是其赖以生存和发展的源泉和基础；社区矫正的实质，并不只是让犯罪人“在社区内被矫正”，而应是“由社区来矫正”，即强调社区力量在罪犯矫正与犯罪控制中的作用。因此，社区矫正工作与社区建设是互动的关系，社区的建设水平制约着社区矫正的发展程度。应当继续挖掘社区矫正的社会资源，如在社区矫正裁决前举行听证会，邀请社区代表参加；建立罪犯帮教基金会，聘任热心公益的企业家及其他杰出人士担任理事，鼓励他们在资金支持、矫正对象安置等方面有所贡献；还可通过政府出资购买矫正服务的形式，吸引民间组织进入社区矫正领域，如前述北京、上海等地的做法。为了进一步规范和促进社会矫正发展，《刑法修正案（八）》规定了刑事禁止令制度，但该制度在执行中面临司法资源不足、难以有效监管的问题。解决困境的路径之一，就是继续寻求社会支持，通过建立合同管理制度，以增强监管有效性。合同管理制度是指禁止令执行机构通过合同的形式就部分工作委托给社区人员，并约定双方权利义务的一种责任落实方式。“禁止令的执行机关应该与社区之间形成规范化管理，即责任具体到人。”① 合同管理制可实现责任具体到人的要求，促进禁止令的具体落实，是一种高效地吸收社会资源服务于社区矫正工作的途径。

对于监狱矫正而言，充分利用社会资源，促进教育改造力量社会化势在必行。监狱应采取各种鼓励措施，吸引社会各界力量，尤其是各类专业人士入监参加罪犯帮教工作，使他们在罪犯心理咨

① 张秀兰、徐晓新：《社区：微观组织建设与社会管理——后单位制时代的社会政策视角》，载《清华大学学报》（哲学社会科学版）2012 年第 1 期。

询、法律援助、技术教育、就业指导等方面，都能发挥积极作用。由于志愿帮助人员不代表官方，而以“中立人士”的角色开展工作，他们更容易同罪犯实现沟通，并帮助其解决各种生活问题和心理问题，力争使罪犯在服刑期间的社会化损失减至最小程度。同时，各类专业人士的介入，还可以弥补监狱干警专业背景单一的缺陷，提高改造的科学化程度。监狱还应加强与社会教育机构的协调，依靠社会力量对罪犯进行文化技术培训、职业教育以及学历教育。此外，应加强同社会上各类企业的合作，鼓励企业参与对罪犯的职业培训，并争取企业招聘刑满释放人员。

8. 出狱人保护

罪犯刑满释放后能否顺利回归社会，在很大程度上取决于社会的宽容和接纳。社区自治力量没有公权力色彩和强制因素，完全以仁爱互助之心参与出狱人保护，对于促进出狱人的社会融合发挥着特殊作用。在国外及我国港澳特区和台湾地区，活跃着大量民间性的出狱人保护组织，如英国的“罪犯关心与重新定居全国协会”、加拿大的“犯罪人援助和释放后关心协会”及“约翰霍华德协会”、我国香港特区的善导会等。这些组织向出狱人提供生活救济、房屋居住、职业训练、心理辅导等各种服务。在我国大陆地区，虽然工、青、团、妇等群众组织及企事业单位等也参与出狱人帮教，但缺乏境外那样来自民间的专门性的出狱人保护组织。有必要扶植和鼓励民间力量参与出狱人保护工作。

“互联网+”时代电信（网络）诈骗犯罪实证解析与综合治理研究

林　君　刘　婷*

犯罪是社会冲突和矛盾的“晴雨表”，在这些极端的社会冲突现象背后都透露出一些社会管理的失范问题，电信、网络诈骗犯罪活动的增多就是一个典型事例。为了严厉打击当前日益突出的电信诈骗犯罪，维护人民群众财产安全，2008 年以来公安部多次部署全国性的打击电信诈骗犯罪专项行动，但据全国人大代表、格力电器副总裁陈伟才的调查数据显示，在全国公安机关投入大量人力、物力的情况下，电信诈骗犯罪还是呈现高发态势，2013 年全国电信诈骗发案 30 万起，损失 100 亿元，同比上升 77% 和 25%[①]；2014 年全国电信诈骗发案 40 万起，损失 107 亿元，同比上升 33% 和 7%。[②] 从这个意义上讲电信诈骗犯罪已成为当前危害社会治安的突出问题。

针对这一社会问题，国内学者分别从立法、行业管理漏洞以及互联网技术发展对电信诈骗犯罪的影响等方面进行了深入探讨和研究。如胡向阳在《电信诈骗犯罪防控对策研究》（2010）一文中指

---

* 林君，温州市公安局副大队长，高级工程师；刘婷，温州医科大学讲师，温州市“551”人才。

① 参见林其玲：《电信诈骗金额缘何达百亿?》，载 http：//www. bjnews. com. cn/finance/2014/03/20/309779. html。

② 参见谷岳飞：《“电信诈骗”107 亿　代表建议“运营商应担责”》，载 http：//epaper. bjnews. com. cn/html/2015 －03/14/content_ 566349. htm? div = －1。

出立法滞后和电信、银行部门监管不力是导致电信诈骗高发的主要原因。程琳在《加快信息网络法治建设维护网络社会安全秩序》（2013）一文中认为，要尽快研究制定信息网络安全法，构建科学的信息网络法制体系框架，维护网络社会安全秩序①；叶俊在《深度警银合作：电信诈骗犯罪的有效阻击点》（2009）一文中指出，警方与银行、电信部门的深度合作才是应对电信诈骗的治本之策。陈增明在《信息化背景下财产诈骗犯罪的实证分析——基于法经济学与社会学的双重视角》（2015）中发现移动通信、互联网信息技术与诈骗犯罪之间具有显著的正相关性，互联网普及率每提高1%，财产诈骗犯罪率将上升1.37%②。但是，诚如张小虎教授在《当代中国社会结构与犯罪》一书中所指出的"当前中国犯罪学研究中基于犯罪统计的实证研究较为薄弱"③。目前，国内有关电信、网络诈骗犯罪的研究多集中于现象、立法及防控方面的定性研究，定量实证研究比较少。鉴于此，本文以某省近十年电信诈骗犯罪为例，通过数据挖掘与建模④，结合执法实践，对这一犯罪现象进行实证研究，以期为有效抑制电信诈骗犯罪持续增长问题有所裨益。

一、电信诈骗犯罪基本情况

电信诈骗犯罪有多么严重，我们先来看一组数据，2008～2014年，某省公安机关共受理电信诈骗案件（刑事）19.9万起，占诈骗案件（刑事）的59.0%，损失51.8亿元。

（一）发案情况方面

1. 诈骗案件快速增长，财产损失惊人

电信诈骗案件呈现逐年快速增长态势，尤其是跨境电信诈骗向

---

① 参见程琳：《加快信息网络法治建设维护网络社会安全秩序》，载《中国人民公安大学学报（社会科学版）》2013年第1期。

② 参见陈增明、陈锦然、刘欣然：《信息化背景下财产诈骗犯罪的实证分析——基于法经济学与社会学的双重视角》，载《东南学术》2015年第1期。

③ 张小虎：《当代中国社会结构与犯罪》，北京群众出版社2009年版。

④ 参见司守奎、孙玺菁：《数学建模算法与应用》，国防工业出版社2011年版。

内地渗透加剧后，内地不法分子开始纷纷仿效台湾地区、东南亚籍人员的犯罪手法，发案猛增，财产损失惊人。2008年，某省电信诈骗发案不足万起，案件比重1.6%，损失2.2亿元，损失份额比重5.0%；2010年，案件突破2万起；2012年，案件突破3万起；2014年猛增至5万起，案件比重达8.9%，损失超12亿元，损失份额比重激增至19.2%①。目前，电信诈骗案件在损失总额上已成为仅次于盗窃犯罪的突出犯罪类型，位居侵财犯罪第二位，但个案平均损失是盗窃案件的5.2倍，位居侵财犯罪第一位。

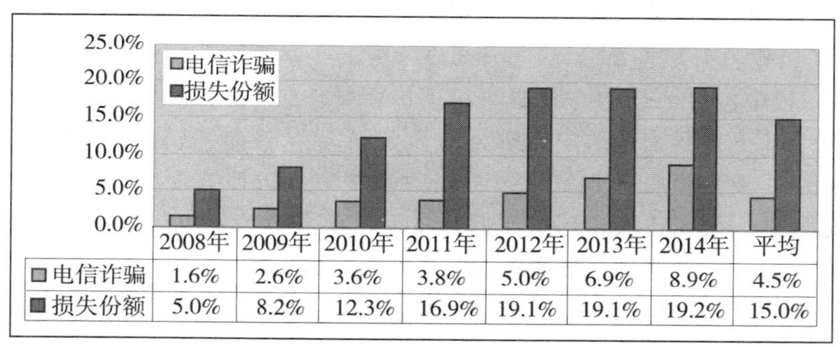

	2008年	2009年	2010年	2011年	2012年	2013年	2014年	平均
电信诈骗	1.6%	2.6%	3.6%	3.8%	5.0%	6.9%	8.9%	4.5%
损失份额	5.0%	8.2%	12.3%	16.9%	19.1%	19.1%	19.2%	15.0%

图1 电信诈骗、损失占比情况

2. 诈骗手段不断翻新，令人防不胜防

2009年，公安部通报当前活跃在社会上的电信诈骗形式近30种，有中奖诈骗、冒充熟人诈骗、招工诈骗、退税诈骗等②。但是近年来电信诈骗明显转向网络诈骗，传统诈骗手段大多呈下降趋势，利用或冒充QQ，淘宝（支付宝）、微信等新兴互联网工具进行诈骗的案件上升明显，并在2014年年初全面超越传统电信诈骗手段，成为电信诈骗犯罪的新动向。

（1）传统诈骗手段大多呈下降趋势：中奖诈骗2008年占比为

---

① 案件比重是指某类案件占全部案件的比值，如电信诈骗案件比重＝电信诈骗发案/刑事发案；同理，电信诈骗损失份额比重＝电信诈骗损失/全部损失。

② 参见唐佳蕾：《公安部通报打击电信诈骗犯罪专项行动阶段成果发布会》，载http：//www.china.com.cn/zhibo/2009－08/31/content_18431741.htm。

11.4%，2014 年降至 4.7%，平均占比 5.3%；冒充熟人诈骗 2008 年占比为 10.9%，2014 年为 11.3%，基本持平；招工诈骗 2008 年占比为 7.4%，2014 年大幅降至 0.6%；退税诈骗 2008 年占比为 4.8%，2014 年大幅降至 0.9%。

(2) 新兴诈骗手段上升势头明显：利用或冒用淘宝（支付宝）诈骗 2008 年占比为 3.2%，2014 年大幅升至 27.1%，平均占比 13.1%；QQ 诈骗 2008 年占比为 8.4%，2014 年升至 25.9%，平均占比 21.7%；网银诈骗 2008 年占比为 0.2%，2014 年升至 4.7%，平均占比 3.5%；微信出现后，近两年来利用微信进行诈骗的案件每年都将近翻一番。

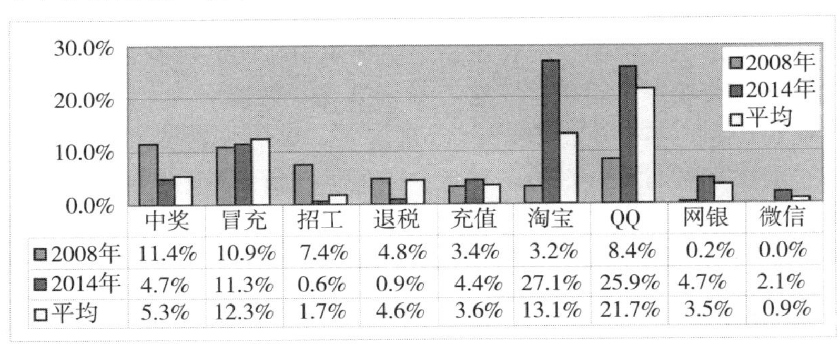

	中奖	冒充	招工	退税	充值	淘宝	QQ	网银	微信
2008年	11.4%	10.9%	7.4%	4.8%	3.4%	3.2%	8.4%	0.2%	0.0%
2014年	4.7%	11.3%	0.6%	0.9%	4.4%	27.1%	25.9%	4.7%	2.1%
平均	5.3%	12.3%	1.7%	4.6%	3.6%	13.1%	21.7%	3.5%	0.9%

图 2 主要诈骗手段占比情况

3. 损失与案件比稳定，呈现正态分布

电信诈骗案件被诈骗金额主要集中在 0.3 万～3 万元，占全部电信诈骗案件的 62.5%，其次是 3 万～10 万元，占比 12.5%。如果计入治安类电信诈骗案件，损失金额与案件关系稳定并呈正态分布。0.3 万～1 万元的案件平均占比 38.1%；1 万～3 万元的案件平均占比 24.4%；3 万～10 万元的案件平均占比 12.5%；10 万～50 万元的案件平均占比 3.4%；50 万～100 万元的案件平均占比 0.3%；100 万元以上的案件平均占比 0.3%。

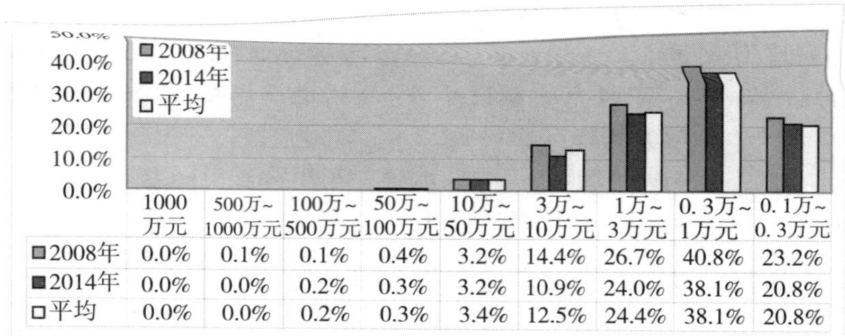

	1000万元	500万~1000万元	100万~500万元	50万~100万元	10万~50万元	3万~10万元	1万~3万元	0. 3万~1万元	0. 1万~0. 3万元
2008年	0.0%	0.1%	0.1%	0.4%	3.2%	14.4%	26.7%	40.8%	23.2%
2014年	0.0%	0.0%	0.2%	0.3%	3.2%	10.9%	24.0%	38.1%	20.8%
平均	0.0%	0.0%	0.2%	0.3%	3.4%	12.5%	24.4%	38.1%	20.8%

图 3　电信诈骗损失金额分布

4. 诈骗转款渠道畅通，国有银行成为重灾区

电信诈骗案件的一级转款渠道主要集中在四大国有银行，这与国有银行市场占有率高有一定关系，呈现“两降一升一平”，其中农业银行占比最高，最高时占比高达 33. 7%；同时支付宝等互联网金融工具参与支付行为增多后，阵地也在快速沦陷。银行等传统金融机构和支付宝等新兴互联网金融工具应对资金转账强化监管，增加灵活便捷的止损措施。受害人通过农行转账 2008 年占比为 30. 2%，2014 年降至 19. 0%；通过建行转账 2008 年占比为 15. 5%，2014 年降至 10. 5%；通过中行转账 2008 年占比为 1. 6%，2014 年升至 3. 2%；通过工行转账 2008 年占比为 16. 2%，2014 年占比为 15. 3%，基本持平。

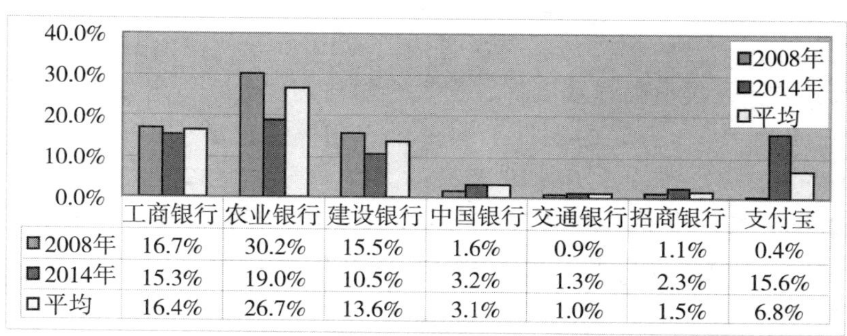

	工商银行	农业银行	建设银行	中国银行	交通银行	招商银行	支付宝
2008年	16.7%	30.2%	15.5%	1.6%	0.9%	1.1%	0.4%
2014年	15.3%	19.0%	10.5%	3.2%	1.3%	2.3%	15.6%
平均	16.4%	26.7%	13.6%	3.1%	1.0%	1.5%	6.8%

图 4　银行分布情况

5. 受害者没有选择性，但女性正成为"香饽饽"

电信诈骗案件受害人性别构成呈现出两个神奇的线性关系，男性呈现线性下降，女性呈现线性上升，并在2014年超过男性受害者数量，女性受害者在快速增多应引起重视。男性2008年占比为63.5%，2014年占比为48.8%，平均占比54.0%；女性2008年占比为35.9%，2014年占比为51.1%，平均占比45.8%。

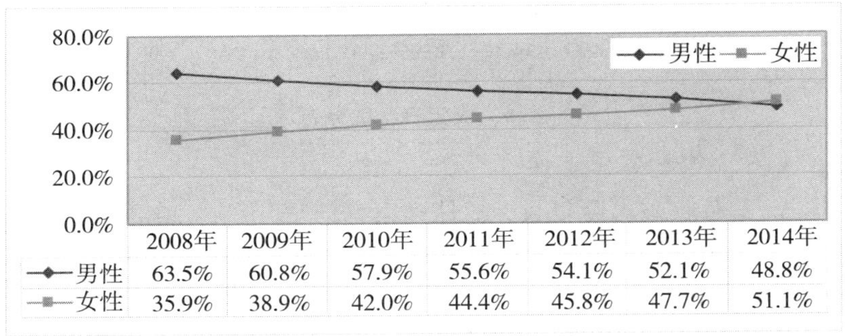

	2008年	2009年	2010年	2011年	2012年	2013年	2014年
男性	63.5%	60.8%	57.9%	55.6%	54.1%	52.1%	48.8%
女性	35.9%	38.9%	42.0%	44.4%	45.8%	47.7%	51.1%

图5 受害人性别构成年度变化

6. 受害者没有高龄化，青少年宣教有待提高

受害者的年龄没有出现高龄化特征，这完全出乎我们的意料之外，这几年还呈低龄化趋势，受害者平均年龄为32.3岁。"18~36周岁"人员是电信（网络）诈骗案件的主要受害者并大幅上升；"36~46周岁"、"46~60周岁"和"60周岁以上"等三类受害者群体在大幅下降，表明在全社会大力宣传下中老年人防范意识开始显著提高。"18~36周岁"人员2008年占比为62.7%，2014年大幅升至72.7%，平均占比65.2%；"36~46周岁"人员2008年占比为21.1%，2014年降至15.4%；"46~60周岁"人员2008年占比为12.0%，2014年降至7.6%；"60周岁以上"人员2008年占比为3.9%，2014年降至1.8%。

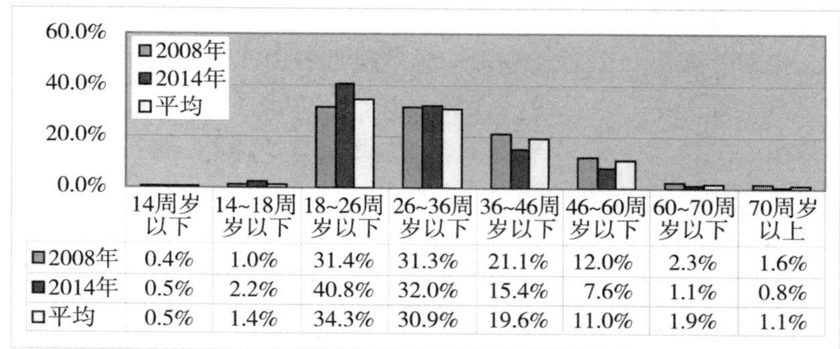

	14周岁以下	14~18周岁以下	18~26周岁以下	26~36周岁以下	36~46周岁以下	46~60周岁以下	60~70周岁以下	70周岁以上
2008年	0.4%	1.0%	31.4%	31.3%	21.1%	12.0%	2.3%	1.6%
2014年	0.5%	2.2%	40.8%	32.0%	15.4%	7.6%	1.1%	0.8%
平均	0.5%	1.4%	34.3%	30.9%	19.6%	11.0%	1.9%	1.1%

图 6　受害者年龄分布

（二）侦查破案方面

1. 案件侦破难度很大，总体破案率低

统计显示电信诈骗案件侦查破案难度很大，近年破案率还呈下降趋势。2008 年，电信诈骗案件的破案率为 5.8%，远低于同时期的盗窃（36.4%）和诈骗（15.5%）；2014 年，破案率更是降至历史低点 3.3%，远低于同时期的盗窃（18.7%）和诈骗（9.6%）。

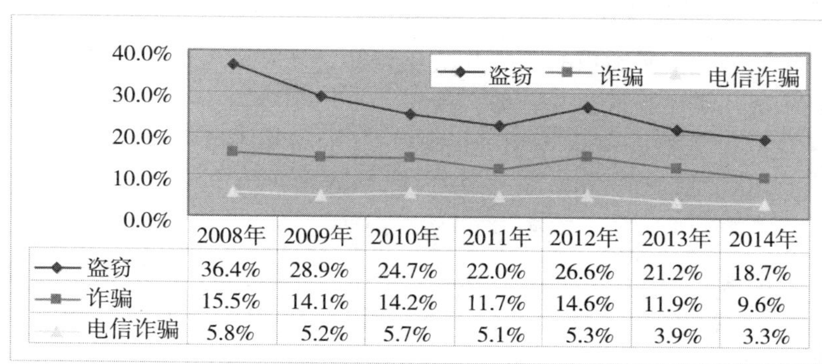

	2008年	2009年	2010年	2011年	2012年	2013年	2014年
盗窃	36.4%	28.9%	24.7%	22.0%	26.6%	21.2%	18.7%
诈骗	15.5%	14.1%	14.2%	11.7%	14.6%	11.9%	9.6%
电信诈骗	5.8%	5.2%	5.7%	5.1%	5.3%	3.9%	3.3%

图 7　几类案件破案率年份走势

2. 专业队伍建设不足，打击难以为继

电信诈骗犯罪作为技术型犯罪，作案人员或犯罪团伙能娴熟运用网络电话、短信群发、改号软件、网银转账等技术，分工明确、手法隐蔽。但是，从我们已破的案件分析，案件侦办主力队伍建设

严重滞后，打击能力明显不足。目前，派出所成了侦破（“低、小、散”）电信诈骗案件的主力军，破获71.9%的案件，其次才是刑侦等专业打击力量，破获24.4%的（“高、大、上”）案件，网警（技侦）等网络警察专业技术力量没有发挥出应有的作用，作为主侦单位破获的案件是非常少的。

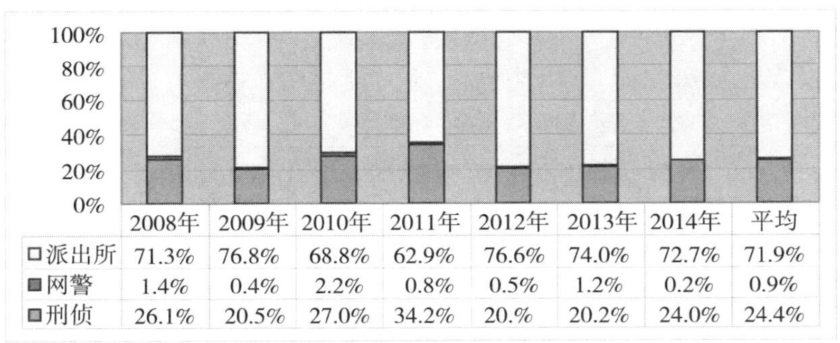

	2008年	2009年	2010年	2011年	2012年	2013年	2014年	平均
□派出所	71.3%	76.8%	68.8%	62.9%	76.6%	74.0%	72.7%	71.9%
■网警	1.4%	0.4%	2.2%	0.8%	0.5%	1.2%	0.2%	0.9%
■刑侦	26.1%	20.5%	27.0%	34.2%	20.%	20.2%	24.0%	24.4%

图8　各警种破案百分比堆积柱状

3. 案件呈现团伙特征，高危地区显著

电信诈骗组织严密，大案、要案团伙作案特征十分显著。2014年，团伙案件破案绝对数和相对数均有上升，尤其是5人以上团伙案件同比大幅上升了55.1%（这与串并案、打击强化有关）。通过对抓获人员的籍贯进行分析，呈现出典型的地区性特征。

4. 破案依赖传统手段，技术与协作少

电信诈骗犯罪具有同时多发性和跨区域性，侵害对象量大面广，从大要案侦查经验来看，侦查部门往往要发送大量协查通报、派出专案组到各地调查取证和借助网警等技术力量进行突破。但是，我们对破案手段进行分析后发现大量的电信诈骗案件的破案手段仍以传统手段居多，技术侦查和异地协作侦查运用较少，这也影响了电信诈骗案件的整体破案成效。传统手段破获了43.5%的案件，走势平稳；信息手段破获了16.2%的案件，运用成效呈下降趋势；技术手段破获了13.0%的案件，运用成效呈上升趋势；外地协破了9.6%的案件，基本平稳。

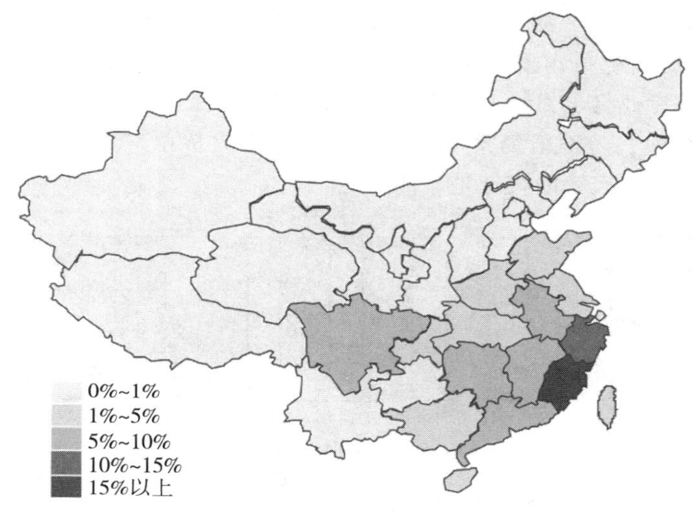

图 9　电信诈骗犯罪高危人员分布

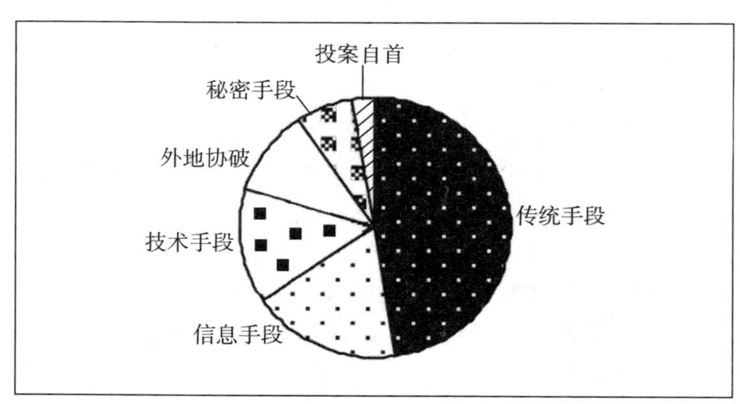

图 10　电信诈骗案件主要破案手段构成

5. 犯罪向第三地转移，亟须两岸合作

在执法实践中，侦破仅涉及台湾地区（港、澳）人员的电信诈骗案件在减少并越来越困难，但侦破涉东南亚籍、非洲籍人员并牵涉台湾地区人员的电信诈骗案件在增加，跨境电信诈骗犯罪向第三地转移现象明显。[①] 2008 年，侦破涉台湾地区（港、澳）人员电信诈骗案件占该类案件的 2.2%；2014 年大幅降至 0.2%。2008 年，侦破的电信诈骗案件中未发现涉及东南亚籍、非洲籍人员，但 2010 年侦破的案件中开始出现涉及东南亚籍人员，如马来西亚、菲律宾籍等；2013 年侦破的案件中开始出现涉及非洲籍人员，如尼日利亚、加纳籍等。这些涉外案件都有一个共同特点，犯罪成员中均有我国台湾地区人员的身影。因此，中国和港澳台地区要强化执法合作的广度与深度，提升跨第三地电信诈骗犯罪的打击合作。

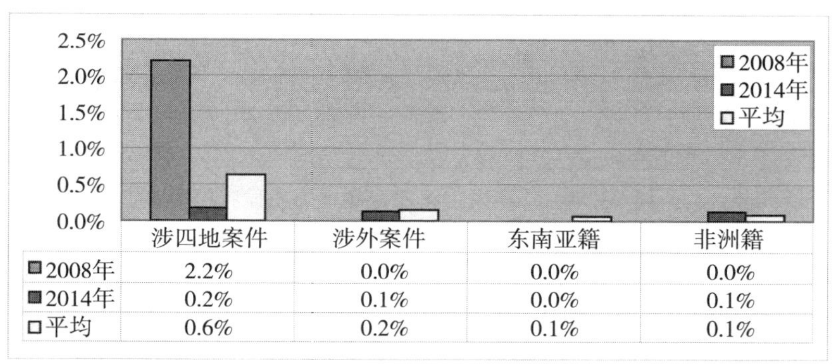

	涉四地案件	涉外案件	东南亚籍	非洲籍
2008年	2.2%	0.0%	0.0%	0.0%
2014年	0.2%	0.1%	0.0%	0.1%
平均	0.6%	0.2%	0.1%	0.1%

图 11 中国和港澳台地区及外国籍人员分布

6. 破案率呈指数衰减，需把握黄金期

电信诈骗犯罪破案与发案时间间隔呈现典型的对数函数特点，时间间隔越久，破案的概率越低，因此需要把握破案的黄金时期。如图 12 所示（左下角深色面积图），破案时间间隔超 1 年的，破案概率小于 2.0%；时间间隔超 1 年半的，破案概率小于 1.0%；时间间隔超 2 年的，破案概率小于 0.5%；超过 3 年未破的案件，破案概率小于 0.25%，恐将难以侦破。（相对浅色的面积图）破案高峰是案发后 1 年内，占全部破案数的 80.3%；前 3 个月是破案

① 参见李超峰:《跨国电信诈骗犯罪惩治与防范》，载《社会科学家》2014 年第 3 期。

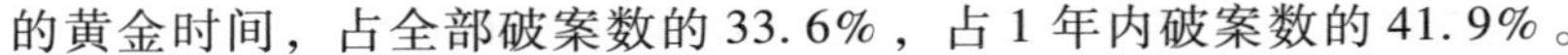

的黄金时间，占全部破案数的33.6%，占1年内破案数的41.9%。

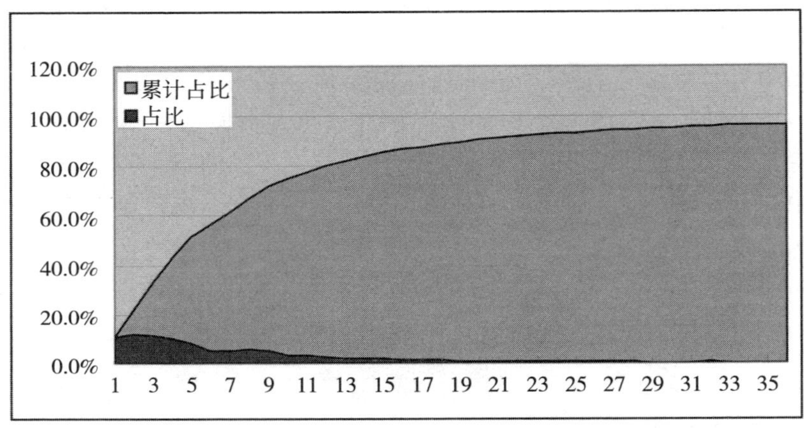

图12　电信诈骗犯罪罪破案周期面积

二、电信诈骗犯罪现象的数学解读

通过以上分析，可以看出电信诈骗犯罪与其他犯罪类型存在显著差异性。为了更深入剖析电信诈骗犯罪现状，我们将引入秩和检验、主因子分析和时间序列分析等方法对电信诈骗案件的发破案差异性水平、诈骗手段主体构成和各因素对发案的影响等进行分析，以新的视角探讨电信诈骗犯罪主体特征和犯罪规律。①

（一）打击成效之发破案“秩和检验”分析

经秩和检验②分析，我们得到如下一组系数：

① 参见周玉敏、邓维斌：《SPSS16.0与统计数据分析》，西南财经大学出版社2009年版。

② 秩和检验是一种非参数检验法，通过建立假设和确定检验水准，求差值、编秩，用样本秩来代替样本值，推断多参数样本是否存在显著性差异。

表1 "电信诈骗"发案与破案秩和检验系数

Test Statistics (a)					
	Z	Asymp. Sig. (2 - tailed)		Z	Asymp. Sig. (2 - tailed)
1. 案件占比			4. 办理单位		
发案与破案	-10.938	0.000	刑侦	-10.345	0.000
2. 诈骗手段			网警	-2.619	0.009
网络购物	-2.519	0.012	派出所	-10.405	0.000
招工	-1.222	0.222	5. 银行分布		
征婚	-1.934	0.053	工商银行	-7.323	0.000
中奖	-5.781	0.000	农业银行	-7.870	0.000
钓鱼	-4.341	0.000	建设银行	-5.387	0.000
QQ	-2.839	0.005	中国银行	-7.036	0.000
网银	-3.277	0.001	交通银行	-0.770	0.441
淘宝	-4.829	0.000	招商银行	-1.564	0.118
微信	-4.212	0.000	中信银行	-0.578	0.563
冒充	-9.054	0.000	浦发银行	-4.507	0.000
退税	-5.525	0.000	民生银行	-2.693	0.007
社保	-2.164	0.030	光大银行	-2.108	0.035
涉毒	-6.410	0.000	广东发展银行	-3.227	0.001
家人出事	-1.801	0.072	兴业银行	-2.668	0.008
低息贷款	-7.685	0.000	华夏银行	-6.446	0.000
幸运用户	-7.673	0.000	上海银行	-5.340	0.000
3. 案件价值			北京银行	-6.467	0.000
100万元以上	-5.308	0.000	深圳发展银行	-3.894	0.000
50万元以上	-6.314	0.000	恒丰银行	-6.064	0.000

续表

Test Statistics（a）					
	Z	Asymp. Sig.（2 - tailed）		Z	Asymp. Sig.（2 - tailed）
10 万元以上	-8.825	0.000	浙商银行	-4.264	0.000
3 万元以上	-6.211	0.000	商业银行	-4.014	0.000
1 万元以上	-0.400	0.689	支付宝	-4.684	0.000
0.3 万元以上	-5.499	0.000			

由表 1 可知：发案与破案数据：（1）在“1. 案件占比”上的秩和检验结果为 0.000，小于 0.05，存在显著性差异；（2）在“2. 诈骗手段”上的秩和检验结果除“招工”、“出事”、“征婚”三种诈骗手段外均小于 0.05，存在显著性差异。（3）在“3. 案件价值”上的秩和检验结果除“1 万元以上”的案件外均小于 0.05，存在显著性差异。（4）在“4. 办理单位”上的秩和检验结果均小于 0.05，存在显著性差异。（5）在“5. 银行分布”上的秩和检验结果除“交通银行”、“中信银行”外均小于 0.05，存在显著性差异。

秩和检验的结论：（1）发案与破案在诈骗手段、办理单位和案件损失价值等多个指标上存在显著性差异，表明电信诈骗犯罪发案有其特殊性，破案有难度。（2）我们的破案没有做到“打即所发、控发同步”①，即打击的数量与发案不匹配，打击的精准性不够，没有锁定正在犯罪、连续犯罪、团伙性、系列性、职业性犯罪，我们发现犯罪、经营犯罪和打击犯罪的能力不足。

---

① “打即所发、控发同步”的核心思想是“发什么案件就打防什么，群众关注什么我们就做什么”：一是打击的数量规模与发案相匹配；二是打击准星锁定正在犯罪、连续犯罪、团伙性、系列性、职业性犯罪；三是提升公安机关“发现犯罪、经营犯罪、打击犯罪”的能力，形成“全警抓数量、专业抓质量”的刑事犯罪打击格局。

(二)防控重点之诈骗手段"主因子"分析

对各种诈骗手段进行主因子分析①后，得到如下一组系数：

表2 方差贡献分析表与因子载荷矩阵

因子	Initial Eigenvalues			Extraction Sums of Squared Loadings			因子载荷矩阵			
	特征值	方差贡献率(%)	方差贡献率(%)	特征值	方差贡献率(%)	方差贡献率(%)			1	2	3
1	9.95	58.53	58.53	9.95	58.53	58.53	1	网络购物	0.937	-0.040	0.208
2	1.92	11.28	69.81	1.92	11.28	69.81	2	招工	-0.556	-0.190	0.483
3	1.35	7.97	77.78	1.35	7.97	77.78	3	征婚	0.383	0.744	-0.252
4	0.98	5.77	83.54				4	中奖	0.829	-0.129	0.119
5	0.85	4.99	88.53				5	钓鱼	0.880	0.176	-0.021
6	0.51	3.00	91.54				6	QQ	0.978	0.112	0.029
7	0.44	2.59	94.13				7	网银	0.965	0.079	-0.152
8	0.29	1.71	95.84				8	淘宝	0.937	-0.232	0.171
9	0.19	1.14	96.98				9	微信	0.939	-0.279	0.103
10	0.16	0.92	97.90				10	冒充	0.898	0.317	0.081
11	0.13	0.74	98.64				11	退税	-0.251	0.621	0.410
12	0.09	0.56	99.20				12	社保	0.508	0.268	-0.552
13	0.06	0.37	99.57				13	消费	0.782	-0.245	0.430
14	0.03	0.18	99.75				14	家人出事	0.010	0.682	0.504
15	0.02	0.13	99.88				15	低息贷款	-0.430	0.026	0.125
16	0.01	0.07	99.95				16	幸运用户	0.821	-0.211	-0.048
17	0.01	0.05	100				17	网络充值	0.953	-0.003	0.015

由表2可知：特征值超过1的因子有3个，累计方差贡献率达

① 因子分析是属于多元分析中处理降维的一种统计方法，其基本思想是以最少的信息丢失把众多的观测变量浓缩为少数几个因子，概括和解释具有错综复杂关系的观测事实，揭示出事物之间最本质的联系。

到 77.78%，信息损失为 22.22%。对照因子载荷矩阵，因子 1 在网络购物、中奖、钓鱼、QQ、网银、淘宝、微信、冒充、幸运用户、网络充值等诈骗手段上有较大载荷，方差贡献率达 58.53%，反映出这些手段是电信诈骗犯罪的主要手段；因子 2 在征婚、退税、家人出事等诈骗手段上有一定载荷，方差贡献率为 11.28%，反映出这些是电信诈骗犯罪另一些常用手段；因子 3 没有特别显著的载荷因子。

电信诈骗手段“主因子”分析表明：(1) 部分传统诈骗手段，如网络招工、社保、低息贷款等诈骗技巧正在被犯罪分子摒弃或是群众防御能力的增强后发案在减少，已成为非主流电信诈骗案件。(2) 就现阶段而言，QQ、网银、微信、淘宝、网络购物等 14 种诈骗手段是电信诈骗犯罪分子常用手段或正在兴起的手段，其中相关性最高的是利用 QQ 诈骗（0.978），其他依次是网银转账（0.965）、网络充值（0.953）、微信（0.939）、淘宝（0.939）等诈骗手段。结合发案手段占比分析，我们知道网银、微信的平均占比是较低的，但相关系数这么高，说明利用这些手段作案上升幅度很快，应重视这些案件的防范和打击工作。

（三）管理难点之各因素“时间序列”分析

面对这样的困境，我们不禁要问，明年会发生多少案件，会有多大损失？为解答这个问题，我们对电信诈骗案件和涉案财物进行时间序列分析[①]，并预测 2015 年发案和损失情况。

1. 发案之时间序列分析

从图 13 可以看出 2008 年以来电信诈骗发案曲线（①线）呈现明显的总体向上和周期性变化两个特征，无离群点和缺失值。样本均值为 2374.5，样本标准差为 1221.7。通过分析样本自相关系数和偏相关系数后发现，样本自相关系数并不呈负指数收敛到零，其衰减速度比较慢，不是平稳时间序列；偏相关系数在 1 阶滞后

① 时间序列分析（time series analysis）是一种动态数据处理的统计方法，根据按时间顺序排列的数列，运用数理统计方法加以处理，拟合并预测未来事物的发展。

期、11阶滞后期比较大，说明该时间序列具有周期性，不是平稳时间序列。

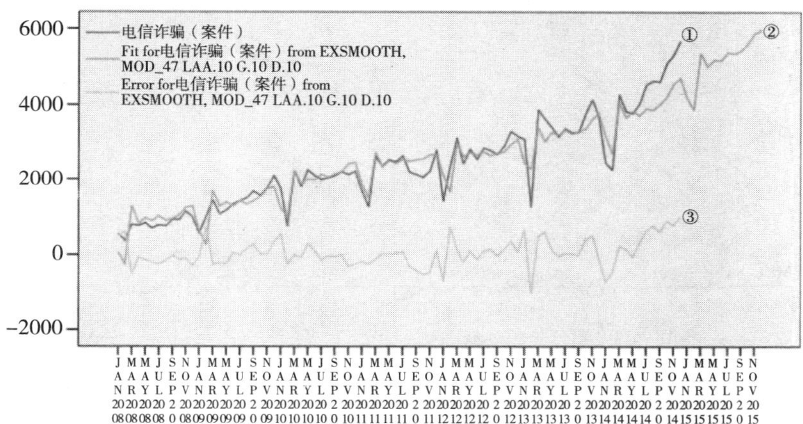

图13 发案之时间序列及预测分析

经拟合和预测（②线），可以看出拟合和预测的总体效果是比较好，预测数据与观察数据有一定偏离，但不是很明显。产生偏离的主要原因是2014年网络诈骗大量兴起，对预测精确度产生了一定影响。从这个角度讲，2015年电信（网络）诈骗案件可能还会出现新一轮的爆发性增长。如表3所示，2008～2014年预测数据与实际数的相对误差为2.2%，还是比较小的。因此，我们大胆预测2015年可能的发案数是6.24万起，这是基本可信的。

表3 电信诈骗案件时间序列分析结果

类型＼年份	2008	2009	2010	2011	2012	2013	2014	2015	合计
实际数	0.94	1.65	2.35	2.70	3.25	4.00	5.05		19.94
预测数	1.02	1.57	2.37	2.89	3.18	3.84	4.64	6.24	19.51
相对误差	7.9%	5.0%	0.9%	7.1%	2.2%	4.1%	8.0%		2.2%

2. 涉案金额之时间序列分析

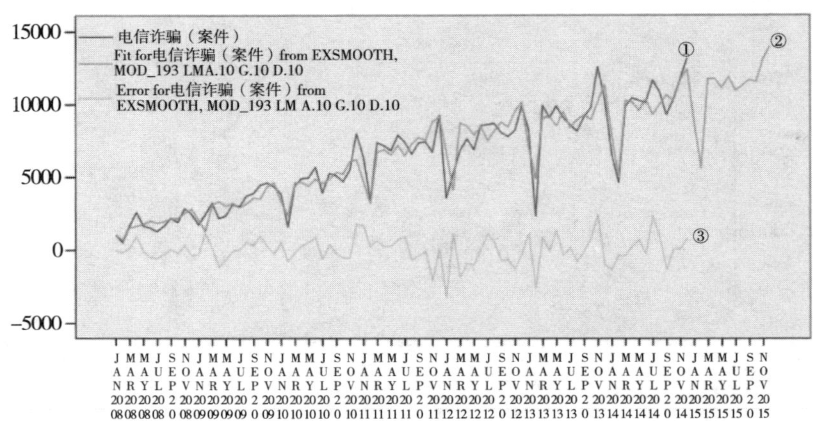

图 14　涉案金额之时间序列及预测分析

从图 14 可以看出 2008 年以来电信诈骗损失曲线（①线）与发案曲线走势相似，但仍有较大不同，2014 年的数据没有像发案曲线一起异常凸起，呈现更加明显的周期性变化和总体向上趋势特征，无离群点和缺失值。样本均值为 6167.6，样本标准差为 3205.3。通过分析样本自相关系数和偏相关系数后发现，系数特征与发案基本一致，样本自相关系数并不呈负指数收敛到零，其衰减速度比较慢，不是平稳时间序列；偏相关系数在 1 阶滞后期、11 阶滞后期比较大，说明该时间序列具有周期性，不是平稳时间序列。

经拟合和预测（②线），可以看出电信诈骗案件财物损失的拟合和预测效果优于发案拟合和预测。如表 4 所示，2008 ~ 2014 年预测数与实际数的误差仅为 0.1%；在所有年份中，只有 2012 年财物损失相对误差超过 5%，其余年份大多在 1% ~ 2% 之间，结果相当好。因此，我们大胆预测 2015 年财物损失在 13.34 亿元左右，这是比较可信的。

表4 电信诈骗损失时间序列分析结果

年份 类型	2008	2009	2010	2011	2012	2013	2014	2015	合计
实际数	2.14	3.92	5.79	8.37	8.99	10.71	11.88		51.80
预测数	2.22	3.83	5.64	8.21	9.70	10.52	11.75	13.34	65.21
相对误差	3.8%	2.4%	2.5%	1.9%	7.9%	1.7%	1.1%		0.1%

三、电信诈骗犯罪治理的新思维

通过对电信诈骗犯罪特征的剖析和犯罪规律的探索，笔者认为，它在今后一段时间内还会处于高位运行。因此，有必要用动态、发展的思维重新审视现有防范、侦查策略，本文将从三个方面提出综合治理对策。

（一）建立"科学警务"模式，挤压电信诈骗犯罪的生存空间

原国务委员、公安部部长孟建柱也曾说过，电信诈骗是老百姓深恶痛绝的新型犯罪，许多受害群众几十年的积蓄被骗一空。可以想见，电信诈骗这种直指人心的犯罪手法，既骗人又骗钱，后果十分严重。因此，在当前电信诈骗犯罪高峰时期，我们推进"信息警务"，更需强力推进"实证警务"，通过对大数据的挖掘分析，制定打击与防控策略，从而全面挤压电信诈骗犯罪分子的生存空间。

一是针对电信诈骗犯罪主体的防控与打击策略。对犯罪主体进行打击与防控是公安机关打击违法犯罪活动的基本警务策略，但是在特定时期选择特定主体进行打击和防范并不是一件轻松的事情。本文通过分析刻画了电信诈骗犯罪主体的基本肖像，籍贯分布：呈现典型高危特征；犯罪手段：从电信诈骗开始转向网络诈骗，传统诈骗手段使用呈现下降，利用新兴互联网工具进行诈骗呈出上升；受害者选择：没有明显性别倾向，但女性受害者在增多，没有明显年龄倾向，但青少年受害者在增多，这为公安机关打防电信诈骗犯

罪提供了重要参考。

二是针对电信诈骗犯罪常量的防控与打击策略。我们知道，社会治安平稳时期各类案件的占比、破案情况会呈现相对稳定状态或出现某种规律，我们将这个特点定义为犯罪常量。2013 年国家统计局公布的数据显示，全国刑事案件破案率为 40.1%；从案件占比来看，杀人案件占比 0.2%，呈现下降趋势；盗窃案件占比 68.3%，基本平稳；诈骗案件占比 10.3%，大幅上升。其他常量，如犯罪打击主体力量构成、破案手段运用也有失正常水平，公安机关应重视打击力量、破案手段等建设，全面强化打防工作。

三是针对电信诈骗犯罪周期的防控和打击策略。电信诈骗破案率周期的结论告诉我们：破案高峰是案发后 1 年内，占全部破案数的 80.3%；前 3 个月是破案的黄金期，占全部破案数的 33.6%，占 1 年内破案数的 41.9%。因此，案件打击的重点在案件发生后的 3 个月内，如果案件得不到侦破，那么将会产生累积效应，犯罪人员持续犯罪将会推高犯罪高峰。同时，随着监控录像、话单资料和网络电子物证的消亡，破案率将大幅降低。发破案时间间隔超 1 年的，破案概率小于 2.0%；时间间隔超 2 年的，破案概率小于 0.5%；超过 3 年未破的案件，破案概率小于 0.25%，恐将难以侦破。因此，我们要重新审视发破案周期的重要价值。

（二）深化“警银合作”机制，斩断电信诈骗犯罪的经济链条

有学者认为电信诈骗犯罪飙升缘于近年来经济的波动，我国电信诈骗犯罪高发始于 2008 年，恰巧是金融风暴对我国实体经济产生了实质影响，而国内特有的高存款率（2008 年我国储蓄率为 51.3%）为电信诈骗犯罪提供了成功条件，电信诈骗的高收益使组织规模不断壮大，组织运作不断精进。[①] 但是，我们认为不管怎样变化，电信诈骗犯罪总是高度依赖银行服务，侵害对象也都是银行客户（含部分新兴互联网金融客户），没有金融体系的支撑就没有电信

---

① 参见叶俊、周治国：《深度警银合作：电信诈骗犯罪的有效阻击点》，载《上海公安高等专科学校学报》2009 年 19 卷第 6 期。

诈骗这样的经济犯罪类型。因此，治本之策还是通过阻击犯罪的必经环节，斩断其犯罪经济链，达到打防电信诈骗犯罪的目的。

一要强力整治可疑账户，净化银行卡使用环境。统计数据表明电信诈骗犯罪87.6%案件都涉及银行账户。因此，银行等金融部门要加大自身监控管理，规范办理银行账户、银行卡行为，落实银行账户实名制。尽量减少批量办理银行卡、开设银行账户的行为，杜绝犯罪分子利用他人身份证开立账户或批量开卡。为解决银行卡发放泛滥和被犯罪分子利用的问题，对一人多卡中的僵尸账户设定"迟滞期"和"重新激活"两项机制，"迟滞期"期间账户为"只进不出"，无法自由转账或取款，需持卡人到银行办理相关手续激活后重新启用。[①] 对公安机关通报的作案账号，金融部门要尽快取消该账号的转账、取款、汇兑功能，从资金流上阻断犯罪分子的获利渠道。

二要快速冻结涉案账号，防止被骗资金流失。电信诈骗犯罪的目的是骗取钱财，只要快速及时地封堵其账号，电信诈骗最终目标就难以得逞。公安机关在接到群众电信诈骗报案后，如发现事主被骗时间不长，有止损可能的，应立即指导受害人将相关情况告知银行工作人员，银行要积极采取相关减损措施，进行止付、冻结甚至冲正。近年来，某省公安在打防电信诈骗犯罪工作中引入止损技战法，在接警环节就启动紧急止损措施，成功为群众挽回损失，成功案例平均止住20%～50%的损失，成绩相当不错。而对于嫌疑人已将钱款进行层层转账分散的，银行应提供查询便利，查清资金流向，当查到相关账户内尚有资金未被取走的则简化手续、马上冻结，为办案争取时间（在办案实践中，一些银行连跨市查询权限都受限制，导致查询难、控赃难，依托资金冲正业务追回被骗资金的更是没有可能，银监会等管理部门应加紧出台相应措施）。

三要实施靶向防范机制，保护群众免遭损失。电信诈骗作为非

---

① 参见胡向阳、刘祥伟、彭魏：《电信诈骗犯罪防控对策研究》，载《中国人民公安大学学报》（社会科学版）2010年第5期。

触性案件，无论犯罪分子如何狡猾，手法如何翻新，最后都要落到一个点上，就是要受害人的银行卡账号和密码，因为他们要的是钱，所以实施重点人、重点事、重点地点防范就显得很有必要。通过在ATM旁粘贴防骗小常识或安装语音提示系统，可防止受骗群众通过ATM转账给可疑账户（某市公安局通过开发ATM语音提示系统就取得了很好成效）；提高网点临柜人员、安保人员防范劝阻意识，关注非合理转账情形；改进网银转账流程，增设“汇款事由”和“到账时间”栏，如出现“安全账户”、“公检法”等事由的，则自动阻止汇款或迟滞划账，为冻结资金争取时间。确立大宗货币转账和连续多笔小额转账必须使用电子密码器、U盾等工具，并遵循“实名制，不申请不办理”的原则，通过多种途径实现靶向防范后，最大限度地保护群众免遭损失。

（三）提升“技术阻断”能力，优化电信诈骗犯罪的治理模式

电信诈骗犯案过程使用大量的高科技设备和产品，如VoIP语音呼叫技术、伪基站短信群发技术、网银技术等。犯罪分子不断地升级他们的矛（使用大量先进技术）实施诈骗，公安机关、电信运营商和银行等部门更应加紧升级我们的盾，推动电信诈骗技术防御工作。①

一是依托电信运营商升级关口局设备，解决“任意显”问题。电话号码任意显是IP电话的安全漏洞，离了运营商是不可能实现的。② 因此，想解决任意显、短信诈骗问题，通信部门就要承担起应有责任，花大力气、下苦功夫，加强对网络电话、国际语音来电接转、手机短信、互联网信息、境外网络语音接入等业务的监管。通过技术手段，发现非法改号、伪基站等；通过技术升级，推进“400”实名登记、“IP电话”抹去非法主叫、增设网络特殊主叫标

---

① 参见缪林：《从侦破“南京市5·19特大VoIP电信诈骗案”看侦办电信诈骗案件》，载《信息网络安全》2009年第11期。

② 参见老杳：《“号码任意显”是谁的错?》，载《中国计算机用户》2008年第4期。

识等，全面堵截网络诈骗电话和虚假短信息。

二是依托社会力量构建涉案电话库，解决通信链问题。在目前还没有解决“任意显”问题的情况下，可借鉴“360手机卫士”的电话验证模式，将用户反馈的诈骗电话、短信号码进行汇总，并与公安机关接报的诈骗号码进行碰撞，形成防诈骗“电话号码池”，并提供给电信运营商和向社会公众公开发布。电信运营商根据公安机关提供的“涉嫌诈骗电话号码”建设阻断系统，进行通信拦截或友情提醒，谨防群众再次上当受骗。

三是依托银行部门构建涉案账户库，解决资金流问题。公安机关通过警情、案件系统，收集、归并电信诈骗案件中涉及的各类银行卡账户、卡号，并提供给银行部门。银行等部门对公安机关提供的涉嫌诈骗的账户进行分级分色管理（“红、黄、蓝”），并对银行转账支付系统进行升级，红色账户一律阻止转账汇款；黄色账户一律延迟到账，柜台实名提取；蓝色账户柜台实名提取，使受害人有充足时间报警冻结账户。对在分级分色管理账户中的资金，经公安机关查证属实的，适用账户冲正，减少烦琐手续，使受害人的资金能及时追回。

四是依托公安机关构建高危人员库，解决防控面问题。由公安机关牵头，会同检、法、司部门对有电信诈骗前科、有作案嫌疑以及该类犯罪比较突出的地缘性犯罪人员建立诈骗高危人员库，纳入公安部七类重点人员动态管控。对该类人员的基本信息、手机号码以及生活流、工作流和资金流①等三大信息流进行采集、跟踪、研判，实现打击与防控的目的。

五是依托两岸金融机构的技术协作，解决合作难问题。统计数据显示大量涉台电信诈骗案件是受害人直接将款项汇入犯罪分子非

① 生活流即犯罪分子的生活异动轨迹；工作流是犯罪分子预谋、实施犯罪过程中留下的活动轨迹；资金流是犯罪分子的收支动态，包括收入异动、支出异常等。

法持有的大陆银行账户并在台湾地区内金融机构被取款。[①] 因此，两岸金融机构应建立信息共享渠道，加强技术合作，互通有无，解决资金流最后100米的拦截问题。

四、总结与展望

在“互联网+”时代，电信诈骗犯罪分子用到了金融、通信和互联网技术，传播速度快、覆盖范围广、社会危害大，远远超过了传统犯罪，造成的严重后果也远远超出了我们的想象。当前，电信诈骗案件的发案、破案情况、未来趋势和滋生出来的犯罪活动“产业链”，已成为老百姓防诈骗的最大隐忧。显然，电信诈骗犯罪防治工作已不能简单地套用公安四宝“打、防、管、控”来处理，它是一个复杂的系统工程，涉及公检法司、银监会及各大银行、通管局及各大电信运营商、淘宝、QQ、微信及各类新兴互联网公司等多个部门、各个层面。因此，只有全社会都行动起来，各司其职，形成合力，铲除犯罪的土壤，扎好信任的篱笆，才有可能有效预防和减少电信诈骗犯罪的发生，才有可能最大限度地减少群众的财产损失。

---

① 参见李忠安：《打击台湾跨境电信诈骗犯罪应注重两岸技防合作》，载 http://www.smtzb.org.cn/tznews.asp?id=9254。

民间金融活动犯罪化：环境因素与孳变机理

李　娜　田芳芳*

金融犯罪是刑事法研究的热点。学者们发展了金融犯罪的内涵和类型、入罪条件、构成要件、刑罚配置等基础法理，在历次刑法扩充与修正中针对金融犯罪罪名的设置、罪名与罪名之间的衔接、具体个案定罪量刑的疑难问题等也有大量的探讨。[①] 在金融与经济、社会深度结合趋势下，金融犯罪不单纯是金融领域的失范现象，其直接损害表现为侵蚀民众正当财富，而更深层次的害处在于损耗经济增长效益，诱发社会信用危机，并成为系列社会群体事件的导火索。[②] 本文关注了近年来高发于民间社会的集资类金融犯罪，力图从特征、环境、机理等方面对其进行基础性分析，以探寻合理的治理策略。

一、业内金融犯罪和民间金融犯罪界分

根据近年来的司法实践，可以依据金融犯罪的实施主体以及发

---

* 李娜，宁波大学法学院副教授、法学博士，主要研究犯罪学、刑法学；田芳芳，宁波大学法学院硕士研究生。

① 参见高艳东：《金融诈骗罪研究》，人民法院出版社 2003 年版；李娜：《金融安全的法律保护》，武汉大学出版社 2009 年版；白建军：《金融犯罪研究》，法律出版社 2010 年版；李永升：《金融犯罪研究》等。

② 参见翟敏：《浙江民间借贷的发展和规范问题研究》，载《中国市场》2009 年第 4 期。

生的领域为标准，将金融犯罪划分为两大类：

一是业内金融犯罪，即肇始于金融机构内部人员非法行为的犯罪，表现形式多为金融从业人员利用手中职权和掌握的资源，借外部监管和机构内部控制的漏洞实施犯罪行为，而且不乏内外勾结共同作案，较典型的实例包括2005年中国银行哈尔滨河松街支行分理处主任高某携巨款潜逃案，2010年山东省齐鲁银行巨额金融票据诈骗案，这类犯罪反映了金融活动的专业性以及蕴含着白领犯罪的特性。

二是民间金融犯罪，即活跃于民间地下金融组织的民间融资诈骗型案件，其典型特征是采取项目筹款和高息回报相结合的方式，“滚雪球”吸收民间游资，用款人早期能够按期还款付息，随着融资规模扩大，无一例外地会出现利息负担畸高、投资回报萎缩、挥霍借款等困境，导致还款资金链断裂，集资人逃遁或债权人失控事发[①]，典型的案件如发生在浙江地区的连锁性集资诈骗案件，2009年，丽水市杜某某集资诈骗金额7亿元，温州的高某某和郑某某集资诈骗1亿多元；2010年，绍兴的赵某某非法集资2.7亿元，台州的王某某非法集资4.7亿元，温州的陈某某非法集资5亿元，杭州的孙某某集资诈骗1466万元，丽水的吕某某集资诈骗2.6亿元；2011年，丽水某集团季某某、季某某、季某某非法集资达55亿元；2012年，温州施某某涉嫌非法集资7亿元、非法承兑汇票5亿元，温州某大型民营企业涉嫌非法集资22亿元。而引起全国关注的东阳吴某集资诈骗案则更为曲折。不难看出，当前金融犯罪已走出专门的金融机构，更多在民间场合（社区、企事业单位）孳生，越来越多的人群（包括加害者和受害者）被卷入其中，这种“草根”犯罪案件的犯罪波及人数、资金数额、损失情况更烈于前者，对于地方性金融稳定的冲击更为剧烈。

从民间非正式金融犯罪的行为方式与手段、犯罪发生的时点与

① 参见彭冰：《非法集资活动规制研究》，载《中国法学》2008年第4期。

区域等因素上看，民间金融犯罪算不上是“新型金融犯罪”。[①] 但通观金融犯罪的研究，无论是现状分析、理论对接还是机理解剖和路径设计，大多数是笼统的讨论原因、罪行、治理等，为此，有必要专门围绕民间性金融活动孳生的犯罪进行研究。

二、民间性金融发展环境

（一）“民间”范围的界定

首先我们需要界定民间金融活动中的“民间”所指范围。这里所指的“民间”与西方社会理论所提及的市民社会、市场经济、政治国家“三分法”有相似的渊源：

第一，在社群性质上，指的是那些数量庞大、分散成长的，不具备官方团体身份的微型社会主体，它们虽小，但并不是原子化分布，具备着某种社会网络关联性，如乡土联系、血缘联系、产业链关联等，他们的社会交往渠道、话语和价值倾向是世俗性的。

第二，在经济版图上，他们主要从事的是传统家计型、流通型经济，在事关国计民生的战略性资源、关键性产业等方面涉足较少，对各类经济资源的汲取渠道较为有限，主要是在民营经济体系内循环。

自改革开放以来，我国的民间经济活跃程度和经济体量日益可观，目前民营经济已能和国有经济、境外投资经济三足鼎立，民间蕴藏的产业资本和生活财富规模处于万亿元的数量级，而且还处在不断膨胀之中。

（二）民间非正式金融的提出及界定

就金融活动而言，大量的金融需求源于民间，很多重要的金融工具雏形也出自民间，如宋代时四川地区通行的交子。但随着金融的发展，在工具、技术上日益正规化，产生了一些先进的金融产品和复杂的金融规则，如信托、期货杠杆。

---

① 参见吴平：《类罪名否定论》，载《法治研究》2013 年第 1 期。

经济学家指出，在金融发展过程中出现了正式金融和非正式金融的分野，两者都与民间资本、财富存在密切互动，相比之下，非正式金融更为神秘。关于什么是非正式金融则众说纷纭。国外研究者 Prabhu 、Besley 等使用“路边市场”来形象地描述这一现象，并在印度等发展中国家找到了具体的例子。在中国，有研究者观察到主要存在于农村地区由农民间自发形成的资金借贷活动，通常是通过亲戚、友情和其他人际关系作为桥梁而开展，原因是正式金融机构在经营范围限定下无法提供这类服务。① 史晋川则发现，中国众多民营经济组织是民间金融的主要参与者，它们不同程度地存在旺盛而又彼此差异的微观融资需求，与正规金融之间存在信息、谈判地位、交易价格等方面的隔阂，而非正式金融以特殊的血缘业缘纽带、合约、价格、风险结构等优势迎合了民营经济者的需求。②有的研究者对上述现象加以归纳，将非正式金融界定为“不通过依法设立的金融机构来融通资金的融资活动和用超出现有法律规范的方式来融通资金的融资活动的总和”。

即使在全球化视野下，非正式的民间金融行为都具有明显的优势与不可或缺性：由于地域优势而具备较低的交易成本，由于规制程度低而具有较大幅度的创新自由。更关键的是，由于规模和产品的错位性，民间非正式金融可以补充正规金融的不足，而且在微观融资需求与金融服务供应匹配性矛盾下，民间金融必然会存在。在我国，属于市场经济活跃的长三角、珠三角、厦漳泉地区，规模庞大的实体经济尤其是民营经济成分就长期得到民间金融的输血。③

（三）民间非正式金融发展中的路径依赖

以上论述说明了民间金融在我国可望获得正常的成长，但从成

---

① 参见张胜林、李英民、王银光：《交易成本与自发激励：对传统农业区民间借贷的调查》，载《金融研究》2002 年第 2 期。

② 参见史晋川、严谷军：《经济发展中的金融深化——以浙江民营金融发展为例》，载《浙江大学学报》（人文社会科学版）2001 年第 12 期。

③ 参见潘煜双：《中小企业集群融资与民间资本对接运作模式研究——以浙江为例》，载《嘉兴学院学报》2012 年第 4 期。

长历程上，我们也发现，我国的非正式民间金融在某些方面存在严重的路径依赖：

首先，在独立性方面，我国的民间金融表现羸弱。从历史上看，民间金融对政府的依赖性非常强，一旦脱离了特权护持，再强盛的金融帝国也会坍塌。如19世纪后期盛极一时的山西晋商票号，其兴旺缘于当时清廷允许其代理国库官银的收支上解，而当1905年后成立户部银行，这些票号便成明日黄花。近些年，呼声较高的农村金融互助会类型的组织，在成立之初得到一定的政策支持，后来由于政府担心民间互助资金流入“钱生钱”的投机性利益链条中，以及对行为人道德风险的警惕，政策旋即收紧，之后这种金融活动趋于萧条。缺乏独立的地位意味着非正式民间金融往往潜行于实体性经济活动之下，或者曲线式借助某种窗口生存壮大，历史较为悠久的典当业和近期纷纷成立的投资咨询管理机构即是这种情况。

其次，在接受监管方面，我国的民间金融处境尴尬。对非正式金融活动的监管在世界范围内都是难题。它的组织方式不固定、规模时大时小、活动的不规律、低度契约约束性、运作不透明性等阻挠了金融准入审查和现场性金融稽核。我国的金融监管从总体上看是制度性规制优位于行为性监管，过往不少金融管理规章中都或多或少地体现对非正式金融限制和取缔的倾向，这实际上反映了监管部门对这类特殊金融资源的无奈式回应，即便是近期所释放的民间金融资本有序发展的利好政策形势下，受惠的也仅仅是民间金融中的少数标志性力量，更多的民间非正式金融仍处于无准入、不受控的状态之中。

最后，在抗风险方面，我国的民间金融缺乏可逆性。民间非正式金融的活动初衷是解决民间性经济主体亟须解决的资金融通问题，既发挥闲置资金的周转效率，又助力于实体经济，在这一过程中，既存在平稳的信用，民间金融资金的有效增值，也存在不小的风险性，主要表现是民间非正式金融的债权质量良莠不齐，可动用的代偿性措施乏力，一旦民间非正式金融所投射的微观实体经济份额出现运行困难时，民间金融的坏账损失率就会居高不下。而比实际风险更危险的是民间金融行为者的道德性风险①。在债权人债务人关系体系中，信息传播大体上是不利于债权人的，民间非正式金融在这一点上要好于正式金融，出于特定的经济纽带，不少民间融资的债务人属于被动违约，但也不排除一些“钓鱼”式的债务人采取主动违约的方式来“解套”。

上述路径依赖表明我国民间非正式金融的自维持机制较为脆弱。换言之，民间非正式金融携带着具体和敏感的风险元素，一旦这些风险因素与特定的外部环境叠加起来，民间非正式金融的健康发展路径就可能被阻断，从而滑向恶性发展的渊薮。

三、民间非正式金融孳生为犯罪的机理分析

关于民间非正式金融活动如何堕为犯罪，已有的法学研究或采取较为含糊的描述，或将其作为定论提出，导致此间的路径极不清晰。根据笔者在浙江地区的考察和思考，结合相关学科的研究成果，可以大致以图像方式比较形象地绘出犯罪路径，并依次展开图示中所包含的逻辑线索：

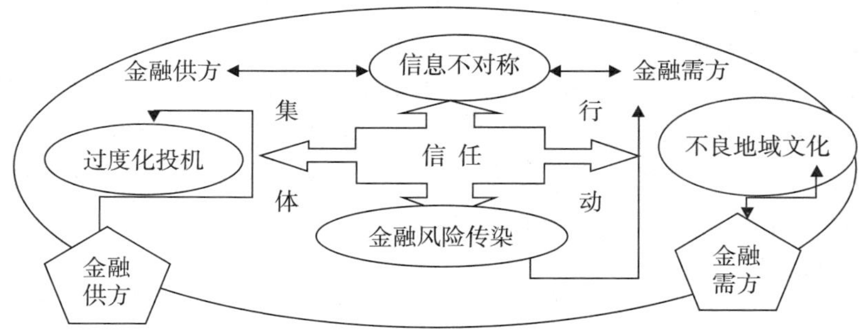

① 参见中国人民银行广州分行课题组：《从民间借贷到民营金融：产业组织与交易规则》，载《金融研究》2002年第10期。

（一）信息问题是民间非正式金融孳变为犯罪的前提

我们看到，在民间金融活跃地区，存在两大群体，一个是因工商业原始积累、土地征用、炒作不动产、证券、海外劳务等方式聚焦起来的巨量资金正在盲目寻找增值、保值方向，据温州金融业人士估计，温州一地可调动的民间资本即达到6000亿～8000亿元；另一个是处于资金“瓶颈”的民营企业实业、市场投机者在急迫购买信用，近年来一些地方出现的“贷款荒”即证明了这一点。在金融供方（出资者）和金融需方（用资者）之间天然存在信息墙和传播噪音，即便在本乡本土的民间金融市场上也是如此。在东阳吴某案件中，本地“金主”们对吴某集团的商贸、洗业、广告、酒店、电脑网络、装饰材料、婚庆服务、物流连锁等暴涨式的发展势头所叹服，认为年纪轻轻的吴某有商业天赋或背后有“厉害”的背景。而实际上，本色集团的所有业务均是进入门槛较低、竞争性较强的普通服务业。在其他一些案件中，集资人所操控的空壳公司中不少都顶着外资、高科技、房地产等耀眼光环，使一些中小出资人产生信任错觉。虽然在不少商业合作中也存在信息不对称，但其和民间金融中的信息状况有较大的不同，其机理在于民间资金或信用这类特殊的商品，长期在较为狭窄而又不被法律完全认可的市场环境下存在，使这些信息带有某种地下化特征，而且流传的渠道比较隐秘、印证的机会概率也比较小。正是这种“晦式”信息会引发后文所述的连锁性行动。需要指出的是，文中所揭示的民间金融活动信息不对称并没有预设这些信息带有“犯罪意图”的这一立场，只是实事求是地考察出这些信息很难被金融活动中的某一方所掌握。

（二）投机的底线模糊使民间非正式金融的风险增加

金融活动在发挥融通资金、创造投资机会的同时，也会带来投机的盛行。从射幸原理来看，投机并不是一无是处的，它强调的是把握住损失和利润之间的微小间隙和急速转换。随着现代金融业的发展，专门瞄准风险开展金融作业，如不良资产经营、对赌型股权交易、期货等慢慢成熟，成为成功投机的典范。但投机的本质是最大限度地追求利润，而且在追求利润的过程中将资金安全和止损放在非优先考虑的位次，使得投机属于低概率成功事件。在民间性金融中，从出资人角度看，存在专注于追求高额利息，而不仔细审查用资人的经济实力、经营项目、信用状况、担保状况的现象。从用资人角度看，存在不核算引资成本、不匡算资产负债适宜比例、不预提应还账款准备等现象。出现这些现象，一方面固然与民间信用关系不像正式金融活动那样具备资格审查、风险评估、信用分级的能力和程序；另一方面也是最重要的原因，在于出资人和用资人都有较强的投机倾向，而且不少出资人和用资人都往往只做了短期化的信用交易打算，故而在民间非正式金融中，风险二字很少在资金圈子中被提及，在融资链条前段的交易成功完成后，无论是出资人还是用资人都会变得越来越不理性，用资人融得资金变得非常轻易，而出资人只惦记“分红”、“收息”等事项，对用资人是不是在经营、在经营什么已毫无警惕。在几起集资诈骗案件中，被“套牢”的不乏一些资深的“金主”，他们出于获利目的反复向用资人提供借贷，或者大力追捧、追加借贷。而案件中的“主角”——用资人，他们的资金链似乎从来没有饱和过，而是像海绵一样反复汲取，即便在经营状况没有走下坡路时，其资产债务比也是非常惊人的。正是这种跃进式的投机经营风格使得民间金融借贷活动缺乏某种“刹车”机制，容易把风险锁定在资金链内部，一旦出现内外部危机，投机就会立即失灵，使得用资人的窘境原形毕露，在退无可退的境况下，以违约为表现形式的金融犯罪势难避免。

（三）金融风险的传染使民间非正式金融极度缺乏犯罪免疫力

金融风险有内外部之分，近年来影响我国民间金融性犯罪活动的主要是外部金融风险，或者说是系统性风险。自 1997 年亚洲金融危机以来，以外向型为支柱的沿海地区民营经济时常受到影响，如 2011 年的美国“9・11”恐怖事件、21 世纪初的拉美国家经济衰退、2007 年席卷美国欧洲的金融风暴，以及我国宏观经济速度和结构的调整，加上国际性的能源、原材料价格上涨，人民币受迫性升值，劳动力成本攀升，环境、公共卫生事件爆发，周边发展中国家的后发优势冲击，使我国民营内外贸易经济受到了巨大的冲击，过去引以为傲的资源红利、人口红利越来越被摊薄。这些实体经济的“拦路虎”效应很快传导到金融虚拟经济当中，在广东、浙江等地，出现了一批民营企业主“跑路”的现象，使很多出资人发现他们的资金投到了摇摇欲坠的空中楼阁里，这种担忧资金链断裂的恐慌氛围很容易蔓延，使出资人和用资人之间的信用平衡被打破[①]。一旦出资人收紧资金链条，用资人就将面临着“硬着陆”的局面，再严整的产业链条也无法及时导出现金流，何况是处在不佳经营时期的民营经济。与大环境相呼应的还有一些个案性风险，如政府机关对民间非法金融活动的运动式整治，部分不务实业的用资人过快违约等，这些事件极可能成为大面积民间非正式金融活动瘫痪的导火索，而在这种混乱中毫无例外地交织着金融犯罪。

（四）不良地域文化成为民间非正式金融孳变为犯罪的“温床”

考察各地民间借贷链条，发现出资人和用资人具有较强的地缘、业缘、亲缘关系，说明了地域性金融社会网络的兴旺，但并不意味着这一网络中存在高水平的信任机制。其原因在于，在民间金融这种影子银行关系中，出资用资双方本是“同在一条船上”的关系，如同经济学中合约理论的解释，按照正式与非正式契约行事，在履约中应将对方当事人利益实现放在已方利益同等的位置上；在履约存在障碍时，双方有警示、协同的义务。这需要资金交易的双方有较强的互信。[②] 而在一些民间集资的高发地区，出资用资双方没有充分展现出这种默契和相关行动，一些出资人对实体经济看不上眼，而且要价畸高，一些用资人在占用资金后没有勤勉经营，而是热衷于炒作风险，追逐泡沫，而且趾高气扬，大肆浑霍。

① 参见程蕾：《民营经济的融资困境及其策略选择》，载《当代财经》2001年第3期。

② 参见卢燕平：《社会资本与我国金融发展研究》，法律出版社2010年版。

这与一些地方在改革开放先富起来后出现的抛弃艰苦创业、诚实经营传统，不愿意从事实体经济，炫富攀比，假冒伪劣现象抬头等不良地域文化有密切的关联；也与一些地方依靠资源要素迅速崛起，尚未做好产业承接和资金利用规划有关，如陕西省的榆林地区，而在一些经济欠发达地区，也存在热衷于炒资金致富的现象，如媒体披露的江苏省泗洪县。一旦这种地域文化侵入民间金融活动，则这个地方非常容易沦陷为金融债务的重灾区，错综复杂而又基础脆弱的金融利益网破裂之时就是金融犯罪的高发之始。

四、对于民间非正式金融引发犯罪的进一步思考

根据近年来较有影响力的风险社会理论，我国所处的市场经济体制建设的关键时期和金融体制改革完善的进展阶段，对来自金融活动的操作性风险及其极端表现形式——金融犯罪的抵御性较弱，即便是非金融专业背景的社会化人员、非熟练人员犯罪也屡屡考验着我们的金融犯罪防控网。当前，民间非正式金融引发的犯罪手法成功率相当高，这说明了两方面问题：一是刑法理论对这类犯罪的研究不够深入，如传统金融犯罪理论能够解释犯罪人群、作案手法、犯罪成功的原因、犯罪危害等方面，但未能解释“为什么不同的民间金融活跃地区会出现不同的金融犯罪流行态势”，“为什么在某些民间金融区块内的不同地区会出现犯罪发案率、犯罪成功性、犯罪遏制效果的较明显差异”等问题。二是说明单纯的刑事打击手段在应对民间性金融犯罪上显得较为单薄，需要反思现有金融法制和刑事政策，转换规制思路、立足于社会问题应由社会化方式解决的立场[①]，探讨多元犯罪治理的应对措施、策略与实践，如硬法与软法相结合、法律控制与社会控制协同、刑事法手段与其他法律部门相配合，等等。

---

① 参见高晋康：《民间金融法制化的界限与路径选择》，载《中国法学》2008 年第 4 期。

侵权与犯罪的边界

——以侵犯知识产权犯罪为视角

刘　飞*

我国对不同程度的侵犯知识产权行为设计了两种法律规则，即某些侵犯知识产权的行为是民事侵权而另一些是刑事犯罪，体现在知识产权的立法设计上，既对知识产权进行民法保护①，以规制知识产权的一般侵权行为，同时又对知识产权进行刑法保护，以规制知识产权的严重侵权行为，在刑法分则第三章第七节规定了相应侵犯知识产权犯罪②。对不同种类的知识产权我国立法有不同的立法取向，严重侵犯商标权和著作权的行为构成刑事犯罪，但刑法及附属刑法、单行刑法的立法衔接上还存在问题。对专利权的侵权行为，我国刑法没有相应罪名规定，没有在刑法层面进行立法规制。目前在我国法律规则中对专利侵权行为仅采取了民事处罚原则，即侵犯专利权行为人只承担相应的民事责任。从受害人角度，权利人只能要求侵权人承担停止侵害、消除影响，赔偿损失等民事责任，其中停止侵权行为和赔偿损失是司法实践中最重要的制裁手段。对知识产权以民法保护和刑法保护，其目的和功能既有趋同性，又体

---

* 刘飞，天津科技大学法政学院副教授，吉林大学刑法学博士，主要研究方向为金融犯罪与金融刑法。

① 参见《中华人民共和国民法通则》第95条、第96条、第97条、第118条；参见《中华人民共和国侵权责任法》第2条。

② 参见《中华人民共和国刑法》第213～219条。

现了不同的价值追求。考察知识产权侵权和犯罪边界，有利于知识产权立法上的协调和衔接，保护知识产权权利人的合法权益和维护市场经济秩序。

一、目的与功能的实现

“法律的目的和功能，这是两个相互关联的主题。法律应当努力达到的目的之时，也将同时告诉我们法律的合理功能。如果规则与现实行为漠不相关，法律的功能就被扭曲了。”① 知识产权保护的目的与功能的实现，是知识产权立法选择的前提。民法保护知识产权主要目的是为了保护民事主体的合法权益，明确侵权责任，预防并制裁侵权行为；刑法保护知识产权的目的主要是为了惩罚犯罪和保护人民。二者在保护权利人的合法权益目标上是趋同的，其主要的区别在于对于侵犯知识产权行为制裁和惩罚的手段不同，同时在价值目标上的追求不尽一致。知识产权保护在总的方向上应当追求个人利益和社会公共利益的平衡，激励创新和社会进步的平衡。知识产权保护需要法益的保护功能、社会保护的功能实现，同时也需要体现人权保障功能的内容和要求。有学者曾指出，如果两种法律制度存在合理的功能性原因，这是否意味着一种方法对于处理某些类型的违法行为具有明显的优势，而另一种对于处理其他类型的违法行为具有优势呢？或者对现有的侵权法和刑法做一些修改，我们是否可以有一个将所有的违法行为都作为侵权或者都作为犯罪来处理的法律制度呢?② 即能否以一种规则完全取代另一种规则。但是以我国目前日益显著增长的侵犯知识产权发案率来看，如果一律将知识产权侵权行为以民事法律规范来规制，则难以满足知识产权保护的立法需要。到目前为止，我国在知识产权立法上既发挥着民

① ［美］本杰明·N. 卡多佐：《法律的成长——法律科学的悖论》，董炯、彭冰译，中国法制出版社2002年版，第63页。

② 参见［美］大卫·D. 弗里德曼：《经济学语境下的法律规则》，杨欣欣译，法律出版社2004年版，第341页。

法保护知识产权的功能，同时也发挥了刑法保护知识产权的功能，以不同的制裁手段对侵犯知识产权行为进行法律规制。

（一）规范功能

规范功能是一切法所共同具有的。民法、刑法等部门法都具有对人们的行为进行指引、预测、评价、教育、惩戒等作用。由此，民法在规范功能方面，与宪法、刑法、行政法等主要部门法的规范功能基本趋同。在知识产权领域，民法对知识产权侵权行为的规范功能体现在民法通则、侵权责任法、知识产权单行法中，设定了相应的民事规范；知识产权刑事立法体现为刑法典、附属刑法、单行刑法，用以规定侵犯知识产权犯罪的行为模式，即在社会生活中哪些侵犯知识产权行为是被国家宣布为犯罪的，进而规定如何惩罚。知识产权民事法律和刑事法律均体现了对民事侵权行为与刑事犯罪行为的规范功能。

（二）社会功能

除了规范功能外，法还有社会保护功能。民法通过其自身运行从而对整个社会产生积极的影响和作用。民法的社会功能主要可以概括为平等地确认和保障私权，从而构建并维护社会的基础秩序，以促进人的自我解放[①]。我国加入的《与贸易有关的知识产权协议》在引言部分即确认了知识产权是私权，我国《民法通则》规定知识产权是一项民事权利，在法律层面上，知识产权的私权属性应当是无可争议的。民法通过平等地确认和保障私权，树立了私权神圣的观念，使知识产权权利人得以享有权利的资格，并以民法保障其民事权利的实现。知识产权侵权行为不仅侵犯了权利人的财产权，同时侵犯社会公共利益，刑法规制知识产权侵权行为，不仅保护个人权益，还保护社会公共利益。这是发动刑罚权以刑法介入知识产权保护的正当性基础。另外，刑法的功能是多元的，刑法同样

① 参见屈茂辉、粟瑜：《论民法的社会功能》，载《湖南师范大学社会科学学报》2006 年第 5 期。

具有规制司法、保障人权的功能。

现代社会，制定刑法追求刑法能在社会生活中发挥一定积极的作用。刑法保护知识产权是由刑法具有天然的严厉性和终极的调控性所决定的，知识产权的刑法保护与其他部门法的保护相比具有其自身的特点。一是刑法具有严厉性。在知识产权保护上，刑法保护与其他部门法相比，其手段具有严厉性，能够最大限度地实现社会公平、正义的基本价值。知识产权人所创造的成果是智力成果，权利人往往需付出长期艰苦的智力创造活动，其创造的智力成果具有无形性、可复制性等特征，很容易被他人非法复制或者使用。侵权人由于侵犯他人的知识产权获取最大利润，产生了不公平竞争现象，破坏市场经济秩序，也使权利人遭受了极大经济损失，知识产权管理制度亦受到严重侵犯。为了公正地保护权利人的合法权益，必须有强有力的法律手段惩治严重的侵犯知识产权行为。刑法的这一特质也决定了知识产权刑事立法保护知识产权的必要性。只有使侵权人能够从立法上预测到自己的侵权行为将会受到刑事惩罚，才能使其产生一定的畏惧感，达到刑法对社会一般人的威慑作用。在各种法律手段中最能有效地遏制侵权行为的就是刑事惩罚。二是刑法具有终极调控性。知识产权作为一种无形财产权，往往比传统财产具有更大的经济价值。正因如此，侵犯知识产权的行为对财产秩序的影响是巨大的，也威胁市场运行的基本秩序。刑法作为调整社会秩序的最后手段，当单纯采用其他法律手段还不能有效制止侵犯知识产权行为发生时，刑法的最后屏障作用自然就显现出来。通过运用调整、保护社会关系的终极法律调控手段，用剥夺、限制犯罪人的自由刑及财产刑来惩罚犯罪人，对社会一般人产生威慑和教育作用，最终达到控制和预防知识产权犯罪。

二、归责

立法设定知识产权侵权和犯罪有不同的归责原则和责任承担方式：

（一）民事责任

2010 年 7 月 1 日起施行的《侵权责任法》第二章规定了责任构成和责任方式。对于侵权行为，其归责原则主要为过错责任原则，即行为人因过错侵害他人民事权益，应当承担侵权责任；但根据法律规定推定行为人有过错，行为人不能证明自己没有过错的，应当承担侵权责任；行为人损害他人民事权益，不论行为人有无过错，法律规定应当承担侵权责任的，依照其规定。承担侵权责任的方式主要有：停止侵害；排除妨碍；消除危险；返还财产；恢复原状；赔偿损失；赔礼道歉；消除影响、恢复名誉。对于知识产权侵权行为，主要的责任方式为停止侵害、赔偿损失、消除影响。为了制止侵权人的侵犯知识产权行为，权利人要采取相应的措施而支出大量的人力和物力，因此，根据《侵权责任法》第 23 条规定，因防止、制止他人民事权益被侵害而使自己受到损害的，由侵权人承担责任。实践中，侵犯知识产权责任认定比较复杂。在知识产权领域，随着科学技术的发展和进步，侵犯知识产权责任认定不断出现新问题。例如，网络服务提供商对网络环境下版权侵权的责任问题。我国于 2006 年 6 月出台的《信息网络传播权保护条例》（以下简称《条例》）第 22 条和第 23 条分别对提供信息存储空间和搜索链接服务的网络服务提供商提供了避风港，但对网络服务提供商有关用户或者第三方网站的侵权主观认识做了限定。《条例》第 22 条第 3 项规定网络服务提供者为服务对象提供信息存储空间免责条件之一是“不知道也没有合理的理由应当知道服务对象提供的作品、表演、录音录像制品侵权的”，第 23 条但书规定网络服务提供者为服务对象提供搜索或者链接服务时“明知或者应知所链接的作品、表演、录音录像制品侵权的，应当承担共同侵权责任”。因此，提供信息存储空间和搜索链接服务的网络服务提供商如果对用户或者第三方的侵权主观上具有过错，就不再享受避风港庇护，而需对用户或者第三方的直接侵权承担共同侵权责任①。但是对于以下两项判断法律没有做出明文规定：一是判断网络服务提供者“不知道也没有合理理由应当知道”用户进行侵权活动；二是判断网络服务提供者“明知”或者“应知”所链接的作品、表演、录音录像制品侵权。

（二）刑事责任

刑事责任的本质是刑事法律关系，一个人犯了罪，从犯罪的时候开始，就与国家发生刑事法律关系：犯罪人有义务接受国家司法机关对其依法进行的侦查、起诉、审判和制裁；犯罪人也有权要求司法机关必须依照法律的规定来调查、确定和实现其应负的刑事责任，并保护自己的合法权益不受非法侵犯。与此相对应，国家司法机关则有权对犯罪人进行侦查、起诉、审判和制裁，同时也有义务使这种刑事追究活动严格依法进行，并保护犯罪人的一切合法权益。所以，刑事责任实质上也就是犯罪人与代表国家的司法机关之间的权利义务关系。而刑罚则是这种权利义务关系的客体：国家司法机关有权对犯罪人适用刑罚，而犯罪人则有义务承受刑罚。② 决定刑事责任的法律事实根据是犯罪构成和犯罪行为，即需要什么样的法律事实才能决定行为人的刑事责任有无。根据我国《刑法》规定，负刑事责任的心理基础是故意和过失。我国《刑法》规定的侵犯知识产权犯罪的主观心理态度仅为故意，即我国只对故意心理态度支配下的侵犯知识产权行为进行刑事处罚。刑事责任由刑罚和《刑法》第 37 条规定的非刑罚处罚措施来实现。③

---

① 参见江波、张金平：《网络服务提供商的知道标准判断问题研究——重新认识“红旗标准”》，载《法律适用》2009 年第 12 期。

② 参见高铭暄：《刑法肄言》，法律出版社 2004 年版，第 439～440 页。

③ 参见《刑法》第 37 条“对于犯罪情节轻微不需要判处刑罚的，可以免予刑事处罚，但是可以根据案件的不同情况，予以训诫或者责令具结悔过、赔礼道歉、赔偿损失，或者由主管部门予以行政处罚或者行政处分”。

三、侵权与犯罪的界分标准

按照我国刑法理论，在知识产权的民事侵权和知识产权的刑事犯罪之间有一个明显的界限，即社会危害性的程度，一般的社会危害性程度可能构成民事侵权，严重的社会危害性程度可能构成犯罪，社会危害性程度大小是衡量侵权与犯罪界限的一个重要因素，进而影响侵权与犯罪的判断标准。

（一）社会危害性的考量

社会危害性是犯罪的本质特征，社会危害性大小体现了刑法所保护的社会关系受破坏的程度。侵犯知识产权不仅侵犯了财产关系，同时也侵犯了维护市场经济秩序的知识产权制度，如专利制度、商标制度等。知识产权制度是维护经济秩序和公共利益的重要保障。社会危害性的评价标准是衡量行为是否构成犯罪以及犯罪之轻重的重要尺度，它是刑事立法的起点。社会危害性的评价标准，由立法者通过立法的形式加以确定。从起源上讲，社会危害性的评价标准，既是立法者主观认知客观的结果，也是立法者对社会上客观存在的犯罪现象进行主观评价的结果，是认知过程与评价过程的统一①。对于立法者评价主体而言，评价的对象包括与犯罪行为的实际情况相联系的并与该行为有关的一切主客观要素，如侵权行为人的主观心理活动、行为的手段、方法、时间、地点、行为强度、行为结果等。以上评价的内容是客观存在的。而评价标准正是以与该行为相似的大量行为为基础抽象出来的，它受到各种具体评价对象的制约和影响。立法者将抽象出来的并以法律形式固定下来的社会危害性标准具有一定的稳定性。反之，存在于社会一般人中的评价标准相对而言却是一个变动不居的状态，会随着主客观因素的变化而变化，因而，立法者评价标准与社会一般人评价标准之间始终存在矛盾和冲突，一般来说，因为社会绝大多数人都是在同一外部

① 参见曲新久：《社会危害性的评价标准》，载《法学》1993 年第 5 期。

环境下用社会普遍共同接受的标准评价行为对象，如果社会一般人普遍认识到社会危害性已经达到了严重程度，那么形成共同的评价标准也制约和决定着立法者评价标准，在一定历史条件下，它可能以立法的形式确定下来。严重侵犯知识产权的行为则被立法者固定下来成为刑法规范的一部分。

知识产权犯罪是法定犯，与自然犯相比明显区别是，自然犯是以违反伦理道德为特征的传统型犯罪。由于法定犯同伦理道德的联系不是那么紧密，而体现较强的目的性需求，如果行政管理的目标发生变化，对社会危害性的评价标准也会随之变化。因而，包括知识产权犯罪在内的法定犯的社会危害性就常常处于变动之中。从现代刑法来看，造成重大经济损失的专利侵权行为、商标侵权行为等，既侵犯了权利人的知识产权，同时又侵犯了知识产权管理制度，扰乱了市场经济秩序，如果社会危害性达到了严重程度，这时已不再是民事法律上的侵权行为，而进入了刑法立法的领域，刑法的介入成为必然。当然将某种行为对象纳入刑法规制不仅要考量其社会危害性的程度，而且也要考量刑事处罚性的当罚与否。

（二）侵权与犯罪判定标准的考量

由上述可知，侵权是一般违法行为，具有一般的社会危害性；犯罪行为具有严重的社会危害性。具有严重社会危害性的行为，由立法者确定与社会危害性程度相适应的定罪标准，以确定犯罪成立，因此，定罪标准决定了刑罚干预的范围。判断知识产权侵权的严重程度，主要以违法所得、非法经营数额大小来判定，以立法或者司法解释确定构成犯罪的数额标准，将超过该标准的确定为犯罪，而将低于该标准的确定为民事侵权行为。

侵犯知识产权罪在归类上可划入经济犯罪，属于刑法上的法定犯。经济犯罪一般以涉案金额的大小确定定罪标准。对知识产权侵权行为进行刑事制裁，主要基于两点原因：一是知识产权犯罪数量的增长，因此要加大打击的力度，这是来自内部的立法需求；二是我国加入世界贸易组织后，不断被要求提高知识产权保护的水平，降低侵犯知识产权犯罪的门槛，这是来自外部的压力。迫于外部的压力，知识产权入罪标准呈下降趋势。出于内在的刑法保护需求和外部压力下如何确定侵权和犯罪的界限标准，是当前立法的一个难题。在立法领域，刑罚权不能过度干预社会经济生活，在司法领域，又要节约司法资源，提高刑罚效益，符合刑法谦抑性的要求。在打击知识产权侵权的立法对策中，设定了一般违法到严重违法的阶梯式立法，这符合刑法的最后性、必要性和谦抑性原则。但是，如果定罪的门槛过高，会导致大量的严重危害社会的侵犯知识产权行为被排除在刑法惩罚之外。

四、立法选择

（一）刑法应当规制严重侵犯知识产权行为

我国刑法仅对侵犯商标权和侵犯著作权行为设置了相应的罪名，对严重侵犯专利权行为排除了刑事立法。在专利权领域，对于专利侵权行为，是否追究刑事责任，存在两种不同的观点。一种观点认为不追究刑事责任。其理论依据在于：商标权和著作权的客体是昭示于众的，对上述两种权利的侵犯，不仅损害了权利人的利益，而且也欺骗了公众，使广大公众的权益受到损害，在此种情况下，对侵权行为应实行刑事制裁。而专利侵权行为却不同，从直接意义上说，侵权人并没有欺骗公众，不应予以刑事制裁。因此当侵权行为发生时，只有受侵害的专利权人、受让人、独占被许可人以及经其授权的代理人才有向法院提起诉讼的权利[①]。目前，英美法系的大多数国家没有把侵犯专利权的行为进行刑事制裁；另一种观点则认为侵犯专利权的行为应当追究刑事责任。立法者不能仅关注侵权行为对专利制度和公共利益的侵害。对于专利权人来说，其无形财产权的保护是至关重要的，其无形财产权的保护与传统的财产权不应当在立法上另眼相待，在专利权被侵害时，专利权人往往造成巨大的经济损失，对于专利侵权行为不进行刑法上的保护，不保

---

① 参见孙万怀：《在制度和秩序的边际——刑事政策的一般理论》，北京大学出版社 2008 年版，第 285 页。

护专利权人的合法权益，有违法律的目的和功能的实现。目前大陆法系的一些国家的立法中进行了专利侵权刑事制裁的规定。如瑞典、日本、德国、瑞士等国家。

知识产权的民法保护和刑法保护，是一个协调统一的法律规则体系。“应当通过塑造规则本身来适应现实需要。这种精神在很多领域中显示出越来越强大的力量，关注规则与其效力之间、此规则的合理性与彼规则的益处之间的关系。”① 知识产权刑法保护与民法保护相比各有优势，其共同特点是具有规范性、稳定性、效力的终极性等优点。两种保护在知识产权规则体系中各司其职，相互配合，共同维护知识产权法律秩序。

（二）知识产权民事立法与刑事立法的衔接

我国知识产权立法体系主要由以下三部分组成：一是民事法律中关于知识产权的权属性质及民事责任的规定；二是知识产权单行法中关于权利义务、行政处罚、知识产权救济的规定；三是刑事立法对构成侵犯知识产权犯罪和刑罚规定。知识产权的刑事立法和知识产权单行法有相互依附的关系，体现为以下两个方面：

1. 在刑法典中，我国侵犯知识产权罪具体罪名的罪状部分大多数采取空白罪状的立法模式。具体侵犯知识产权行为需要援引相应的知识产权单行法及司法解释才能够进一步明确。

2. 在知识产权的单行立法中，关于构成侵犯知识产权犯罪行为采取的是依附性的立法方式。只在知识产权单行法中作出原则性、概括性的规定，不规定具体的罪状和法定刑等罪刑具体内容。如我国《著作权法》第 48 条规定的“构成犯罪的，依法追究刑事责任”，至于如何追究刑事责任，要依附于刑法典第三章第七节规定的侵犯知识产权犯罪相应的具体罪名来完成。这种依附式的知识产权立法有以下特点：一是指引了该行为在刑法典中应当以犯罪进行定罪处罚，追究刑事责任；二是并没有指明对该行为应当适用刑

---

① ［美］本杰明·N. 卡多佐：《法律的成长——法律科学的悖论》，董炯、彭冰译，中国法制出版社 2002 年版，第 65 页。

法典中何条何款。

由于知识产权犯罪的复杂化及不稳定的特征，统一规定在刑法典中会影响刑法典的稳定性，所以我国知识产权单行法对侵犯知识产权犯罪行为采取了依附式的立法方式。知识产权立法随着科学技术的发展，其保护范围不断扩大，立法需要也随之发生变化，以附属刑法来规定具有严重社会危害性的侵权行为是不得已的立法选择。但是由此会产生新的问题，这种立法模式往往依赖于大量的司法解释，这对认定侵权和犯罪增加了难度。仅有刑法典中具体罪名的规定，行为的认定依赖于单行法及相应的司法解释，如果司法解释规定不明，那么会形成无法适用或形同虚设的刑法规定，对于司法实践和打击侵犯知识产权犯罪意义不大，那么该罪名仅具有在立法上宣示性和警示性的意义，也从实质上破坏了罪行法定原则。应当使知识产权单行法中的刑法规范与刑法典中侵犯知识产权犯罪的立法规定相协调和衔接，保持立法上的一致性，才能更有力地惩治和打击知识产权的侵权和犯罪行为。

环境污染犯罪调研报告

——以天津法院受理的案件为蓝本

程庆颐　王力欣*

党的十八大以来，环境问题和环境治理工作受到中央和各级党委政府的高度关注，对环境污染违法犯罪活动的打击、整治也被各级司法机关摆到非常重要的位置。在这一背景下，天津市部分法院相继受理了一批环境污染刑事案件。环境污染犯罪是一种新类型犯罪，我们对此类案件的认识和把握总体上仍处于探索阶段。各级人民法院对于此类案件的事实认定、证据把握、定罪量刑上还有待进一步统一和规范。为分析环境污染犯罪案件审判的基本情况，笔者以2011年至2014年，天津全市法院审理的环境污染类刑事案件为蓝本进行了调研，以期发现问题，总结经验。

一、2011～2014年全市环境污染刑事案件基本情况分析

2011～2014年上半年，全市法院一审受理环境污染类刑事案件43件，审结38件，处理犯罪嫌疑人71人。其中37案69人被处以刑罚，1案2人被检察机关撤回起诉。

在作出判决的案件中，判处的最高刑为有期徒刑6年，最低刑为拘役3个月。其中，被判处3年以上有期徒刑的7人，占10.1%；判处1～3年有期徒刑的4人，占5.8%；判处1年以下（含1年）有期徒刑的34人，占49.4%；判处拘役的7人，占

---

* 程庆颐，天津市高级人民法院法官；王力欣，天津市高级人民法院法官。

10.1%；判处缓刑的17人，占24.6%。

罚金判决率为100%，最高100万元，最低3000元。绝大多数被告人判处的罚金数额在3万元以下，判处的罚金总额约240万元。

此外，环境污染刑事案件的一审服判率较高，上诉率仅为2.7%，远低于全市刑事一审案件9%的上诉率，无抗诉案件。

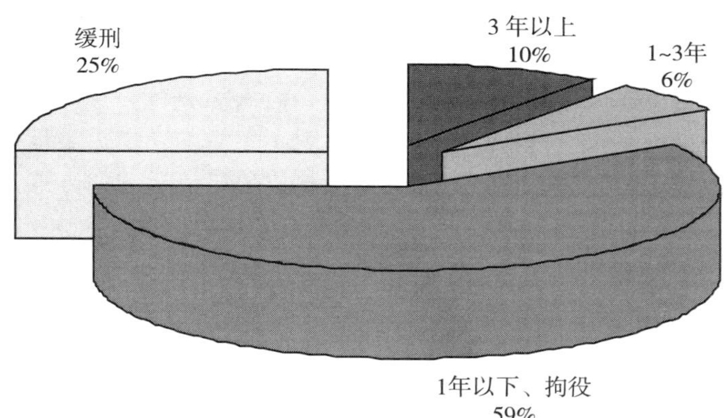

图1　一审判决结果示意

经分析，上述案件呈现出以下特点：

（一）案发时间异常集中

近年法院受理的43件环境污染案件，集中案发于2013年9~12月，而2011年、2012年和2013年上半年，案发数量则为零，2014年新破获的案件仅2件。

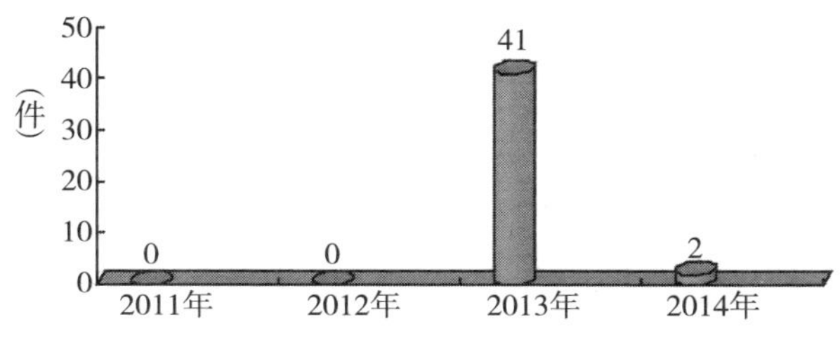

图2　案发时间示意

这种案发异常集中的状况客观反映出环境污染案件查处的总体情况：在党的十八大提出环境整治之前，环境污染犯罪行为显然没有得到应有的重视，一些案件也反映出行为人从事环境污染犯罪活动多年未受到查处。党的十八大后，随着国家和市委、市政府对此项工作的重视程度提高，部分地区司法机关加大了打击力度，因此在2013年9月至年底，环境污染案件呈现爆发性增长。而进入2014年，单纯从法院受理的案件数字看，出现明显衰减迹象。虽然反映出集中打击收到了良好的效果，污染环境行为得到了一定程度的遏制，但案件下降幅度与公众对现实生活中环境污染情况的感受不相符。这在一定程度上反映出各地方仍以搞运动的方式对待环境污染问题，缺乏长期规划和持久耐力，应当引起党委、政府和司法机关的高度重视。

（二）区域分布不均衡

已经审结的38件案件集中于全市8个区县，其中：静海13件，津南8件，西青5件，北辰5件，大港4件，汉沽、宝坻、蓟县各1件，而且，这些案件几乎发生在农村地区，其余地区尤其是市区没有案件发生，呈现出“分布不均、集中农村”的特点。环境污染案件的这种分布特征，一方面，是由不同地区经济发展、经济类型的不同特点决定的；但另一方面，其他地方是否就没有环境污染犯罪行为，还有待观察。

（三）打掉的“苍蝇”多，“老虎”少

在判决有罪的37起案件中，被打掉的无一例外都是农村的个体经营者、小作坊，其中从事电镀、酸洗、油类清洗业务的小作坊占95%以上，尚未发现具备一定规模的公司、企业被查处，也没有造成特别严重社会影响的案件。这一方面反映了我市环境污染犯罪的一般态势，另一方面也提示我们，环境治理工作还需进一步深入。

（四）犯罪手段简单

37起案件涉及的罪名均为污染环境罪，犯罪手段集中表现为两种：一是流窜他地，非法倾倒危险废物，共4起，占10.8%，其中1起为跨省倾倒；二是非法就地排放有害废物，共32起。污染物全部为液体形式的废水、废酸、废油，污染对象以水体和土壤为主，未出现污染大气案件。在这些案件中，大部分犯罪分子明目张胆地排放污染物，毫不避讳，个别人则采取私设暗管的方式，将污染物排放到周边环境或地下。

（五）行为人身份以农民、男性为主，文化素质较差

37起案件71人中，农民有47人，实为农民身份的个体经营者11人，无业人员5人，公司企业人员7人，农民比例占81.7%；男性70人，占98.6%，女性仅1人。其中，仅具有初中文化水平的46人，小学文化水平的20人，文盲1人，占总人数的93%；具有高中及其相当学历的仅4人。

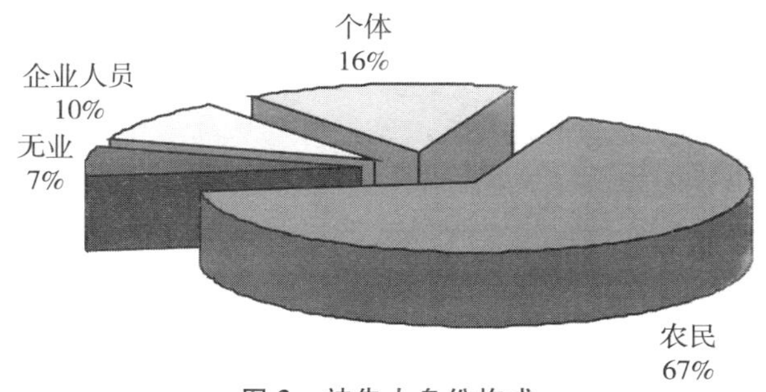

图3　被告人身份构成

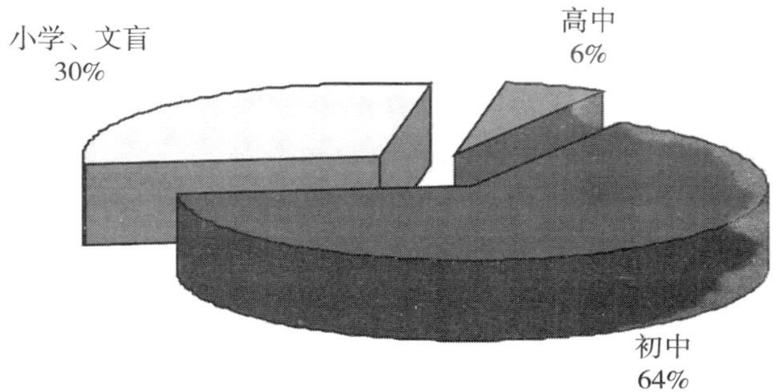

图4　被告人文化程度示意

二、环境污染刑事司法存在的主要问题

（一）对打击环境污染刑事犯罪重要意义的认识有待进一步提高

从目前已经处理的37件案件的特点来看，本市大部分地区尚无案件查处；被查处的对象以农村小作坊为主，没有一定规模的公司、企业受到追究；查处工作能否持续尚存疑问。这些现象暴露出我们对打击环境污染刑事犯罪重要意义的认识还存在较大的提升空间，查处工作需要进一步深入推动。

（二）制度机制层面的保障需要进一步加强

一方面，环境污染违法犯罪的治理在一定程度上会影响地方政府的经济利益，这种利益纠葛必然影响作为政府职能部门的行政执法和公安机关的查处工作。目前，我们尚缺乏一个有效的机制割断地方政府与公司、企业的关系，提高地方政府尤其是基层政府打击环境污染犯罪的主动性、积极性，同时打消执法活动的后顾之忧。

另一方面，如何走出一阵风式的执法模式，赋予环境执法活动可持续性，也需要机制的保障。

再者，行政执法与司法的衔接机制也明显存在不足，监管不力，以罚代刑的情况时有出现，各打击环保犯罪职能部门之间，不同地区之间沟通协调不畅的情况亟待解决。

（三）打击环境污染犯罪执法行为的规范性需进一步加强

据天津市环保局发布的《2013年天津市环境公报》称，2013年环保部门共向司法机关移送涉嫌犯罪案件46件，最终通过司法程序认定构成犯罪的13件，仅占移送案件数的28.26%。问题主要是行政执法机关与司法机关在法律适用、证据标准等问题上认识不一造成的。这种局面的存在，严重影响了环境执法活动的效率和对环境犯罪行为的打击。

从目前处理的污染环境犯罪案件看，绝大多数案件都是经过环境执法机关前期的行政执法获取证据，再移交司法机关立案处理

的。然而，由于行政执法与刑事司法活动对取证工作的要求、理念存在较大差异，相当一部分移送案件中的证据难以满足刑事证明的要求。主要表现在：

1. 行政执法的取证程序不够严谨，造成证据来源、形式的合法性存在较多瑕疵，难以与公安机关依照刑事侦查程序获取的证据规格相比，审判机关在采信证据时处于两难境地。如案件中污染物检材的提取，一般仅有取样说明，而按照刑事诉讼的证据标准，则需要有现场勘查笔录，提取笔录，扣押、移送清单等一系列证据来证明。

2. 取证不全面，证据链欠严谨：一是多数只有现行行为的取证，既往行为取证困难。二是缺乏危害后果的证据，不利于对犯罪行为作出全面评价。三是不重视证明行为与危害后果之间因果关系证据的收集，导致整个犯罪行为认定出现困难。四是认定犯罪数量、重量的证据不确实，靠推定认定犯罪事实。比如在部分案件中，危险废物的排放量基本是靠证人证言、被告人供述等确定性不强的言词证据来认定，或者依靠装载量、装载次数、持续时间等来推算，缺少更为准确的客观证据。尽管这是此类案件的特殊性决定的，但仍会使案件存在被质疑的风险，事实上，被告人、辩护人对起诉的排污量提出辩解和质疑的占75%。同时，这种情况也会影响对犯罪行为的打击力度，部分案件不得不因此降格处理。

3. 有资质的鉴定机构缺位，鉴定困难。环境污染案件中许多问题需有资质的鉴定机构出具鉴定意见才能定案，如污染物的种类、含量、生产工艺，污染物对环境造成的影响和损失等。有司法鉴定资质的环境专业鉴定机构缺位，是目前全国普遍存在的问题，对于环境污染刑事案件的认定影响巨大。

（四）打击力度还需进一步加大

通过调研，目前对环境污染犯罪的处置存在以下问题：

1. 忽视对涉案公司、企业的打击。根据刑法规定，单位实施污染环境犯罪行为的，应当对单位判处罚金并对单位直接负责的主管人员和其他责任人员处以刑罚。然而在一些案件中，单位的主要负责人直接组织或者指使他人实施环境污染犯罪活动，明显属于单位犯罪行为，应追究单位的刑事责任，但仅就直接实施行为的个人追究了责任，致使单位逃脱处罚。

2. 轻刑比例过高。在全部 71 名罪犯中，被判处 1 年以下有期徒刑、拘役和缓刑等较轻缓刑罚的比例高达 84.1%。当然，这种状况是由多种原因造成的，如绝大部分案件都是农村小作坊实施，其实际造成的损害远不及大企业，加之取证环节存在的问题，难以证明行为人实施了更长时间、更为严重的环境污染行为，甚至连基本损失都难以确定，造成审判机关难以处以更高刑罚。

此外，不同法院之间还存在量刑不均衡的问题，有的法院处罚较严，有的法院则相对较轻。

3. 财产刑的适用力度不够。表现在判处罚金的数额偏低，并且仅有极个别案件判决收缴了行为人的犯罪工具，大部分案件从侦查开始，就没有对这一问题予以关注，丧失了从物质上剥夺行为人再犯能力的条件。

（五）附带民事诉讼存在隐忧

尽管本次调研尚未发现就环境污染提起附带民事诉讼的案件，但鉴于此类犯罪行为的特点，一旦发生大面积污染，势必伤及不特定多数人的财产利益，对于这样的案件，附带民事诉讼能否受理，如何处理将对审判工作形成巨大挑战。

（六）审判队伍专业化建设亟待加强

环境污染刑事审判专业性强，审理难度大，需要一支专业化的审判队伍，但从目前的现状看，无论培训还是队伍建设都难以满足需要。

三、加强环境污染刑事审判工作的几点建议

1. 进一步增强全市法院对从严打击环境污染犯罪重要意义的认识，将打击环境污染犯罪行为纳入促进美丽天津“一号工程”和全市经济社会健康发展的大局中去谋划和推动。

2. 将环境污染犯罪行为作为打击重点，长期保持从严惩处的高压态势，加大财产刑适用力度，从经济上剥夺行为人的再犯能力。同时，依法加大对与环境污染犯罪相关的渎职犯罪，贪污、贿赂犯罪，窝藏、包庇，妨害公务，妨害作证，帮助毁灭、伪造证据等上、下游犯罪活动的打击力度。

3. 加强机制建设，增强与检察、公安和环境执法行政机关的沟通协调，不断提高环境污染刑事案件的侦查、起诉和审判水平，促进环境污染违法犯罪活动打击治理工作持续有效开展。

探索建立环境问题专家人才库，吸收社会环境专家进入人民陪审员队伍，弥补审判队伍专业化的不足。

4. 加大环境污染案件审判的司法公开力度，采取灵活多样的方式，震慑违法犯罪分子，树立群众环保理念。

5. 加强审判队伍的专业化建设，探索在环境污染犯罪多发地区法院设立环境污染类案件专业合议庭，实现专业化审判。

逃避、阻碍血液酒精检测行为之法律规制路径研究*

周 舟**

早在《刑法修正案（八）（草案）》审议之时，我国就有学者指出："如果对醉酒驾驶入罪，无疑会增加醉酒驾驶者在面临交通警察的盘查时加速逃逸的可能性，这增加了酒驾者发生严重交通事故的危险性、可能性。"① 而在危险驾驶罪增设之后，酒后驾驶抗拒、逃避检查，交通肇事后逃逸的现象也确实逐渐增多，网络上甚至出现了专门为醉酒驾驶行为支招逃避刑事追究的"醉驾肇事逃逸攻略"。② 应当看到，在醉驾案件中，犯罪嫌疑人是否醉酒驾驶是个难以证明的问题，需要从犯罪嫌疑人身上提取血液酒精含量。然而，犯罪嫌疑人为了逃避侦查，可能实施妨碍诉讼的行为，比如逃跑、在查获后检测前再次饮酒等，导致难于检测。③ 在此情况下，如果无法获得肇事者的血液酒精含量值来证明醉酒驾驶，能否依据其他证据认定驾驶者实施了醉酒驾驶行为，则成为司法实践中

---

* 本文受到了2015年度上海市晨光计划项目（15CG63）资助。

** 周舟，法学博士，上海政法学院刑事司法学院讲师、反恐研究中心副主任。

① 周详：《民生法治观下"危险驾驶"刑事立法的风险评估》，载《法学》2011年第2期。

② 参见最高人民法院刑事审判一至五庭主办：《刑事审判参考（办理危险驾驶类犯罪专集）》（总第94集），法律出版社2014年版，第58页。

③ 参见谢小剑：《刑事诉讼证明妨碍行为的法律规制问题研究——以〈关于公安机关办理醉酒驾驶机动车犯罪案件的指导意见〉为切入点》，载《政治与法律》2012年第7期。

遇到的难题。[①] 倘若上述问题的结论是否定的，如何有效规制逃避、阻碍血液酒精检测从而规避刑事责任的行为，则成为当前摆在我们面前亟须解决的迫切问题。在本文中，笔者拟在具体分析我国关于逃避、阻碍血液酒精检测行为法律规制的不足以及酒后驾驶刑事案件证据规则的基础上，提出完善我国关于逃避、阻碍血液酒精检测行为法律规制的立法建议。

一、逃避、阻碍血液酒精检测行为法律规制之立法现状

根据我国《刑法》第133条之一的规定，“醉酒驾驶型”危险驾驶罪的构成要件是“醉酒驾驶机动车”，而根据“两高”、公安部2013年12月18日颁布的《关于办理醉酒驾驶机动车刑事案件适用法律若干问题的意见》（以下简称《意见》）第1条前半段的规定，成立“醉酒驾驶”的最低标准是《车辆驾驶人员血液、呼气酒精含量阈值与检验》这一国家标准所规定的“血液中的酒精含量大于或等于80mg/100ml”。此外，根据我国《刑法》第133条和最高人民法院《关于审理交通肇事刑事案件具体应用法律若干问题的解释》（以下简称《解释》）第2条第2款第1项的规定，交通肇事罪的一个定罪情节是“酒后驾驶机动车辆”。尽管上述《意见》和《解释》均未针对交通肇事罪中“酒后驾驶”的成立标准作出明确规定，且上述国家标准还规定了血液与呼气酒精含量的换算比例，但笔者认为，根据“举轻以明重”的基本原理，既然尚未造成严重实害结果的危害性相对较轻的危险驾驶罪都要以行为人血液中的酒精含量作为判断是否“醉酒驾驶”的依据，那么，已经造成严重实害结果的危害性相对较大的交通肇事罪同样应以准确性、可靠性和权威性更高的血液中的酒精含量作为判断是否“酒后驾驶”的依据，亦即血液中的酒精含量大于或等于20mg/100ml的，属于交通肇事罪定罪情节中的“酒后驾驶”。据此，从

① 参见李云、张会杰：《醉酒驾驶犯罪之证明》，载《国家检察官学院学报》2011年第5期。

实体法角度分析，要对酒后驾驶行为人以危险驾驶罪或交通肇事罪（适用“酒后驾驶”这一定罪情节的情形）论处，其前提条件就应当是准确测量出行为人血液内的酒精含量数值。

然而，由于人体内的酒精会因挥发、分解、消化、排泄而逐渐减少直至消失，实践中一些酒后驾驶者为了逃避承担刑事责任，往往会实施各种逃避、阻碍酒后驾驶刑事案件调查取证的行为，如在酒后驾驶肇事后逃逸或找人“顶包”、拒绝停车接受血液酒精检测、停车后拒不打开车窗或车门接受酒精检测、在进行酒精检测前再次饮酒等。这些行为导致司法实务部门难以检测到行为人实施驾驶行为时血液中的酒精含量数值，从而也就无法证明行为人实施了酒后驾驶或醉酒驾驶行为。与此同时，出于期待可能性角度的考虑，我国《刑法》第307条第2款规定的帮助毁灭、伪造证据罪客观上仅能表现为帮助他人毁灭、伪造证据的行为，隐灭自己犯罪证据的行为并不具有可罚性。因此，除了酒后驾驶者在肇事后找人“顶包”并指使他人作伪证以及以暴力、威胁方法阻碍公安机关依法对其进行酒精检测的情形，可以分别以妨害作证罪和妨害公务罪论处以外，对于上述绝大多数逃避、阻碍酒后驾驶刑事案件调查取证的行为，公安机关既没有可以采取相应处理措施的法律依据，刑法中也无相应罪名可以适用。

由此可见，在实践中，如果酒后驾驶者实施逃避、阻碍酒后驾驶刑事案件调查取证的行为，一方面有可能逃避受到危险驾驶罪或交通肇事罪的刑罚处罚，另一方面逃避、阻碍行为本身又不构成刑法中的其他任何犯罪。据此，对于酒后驾驶者而言，实施逃避、阻碍酒后驾驶刑事案件调查取证的行为，给其自身带来的“利益”显然要远远大于实施这些行为所存在的“风险”。那么，在“趋利”心理的促使之下，酒后驾驶者找人“顶包”以及其他逃避、阻碍酒精检测行为的频频发生，也就成为实践中一种难以避免的现象。对此，笔者认为，我国现行《刑法》未针对酒后驾驶者实施逃避、阻碍酒精检测的行为作出相应规定，既不利于预防和惩治酒后驾驶犯罪行为，甚至还有可能纵容酒后驾驶者在肇事后或者被查处时脱逃以及实施其他阻碍酒精检测的行为，因而有必要对于上述行为的法律规制问题加以专门探讨。

二、逃避、阻碍血液酒精检测行为法律规制之司法现状

对于酒后驾驶者逃避、阻碍酒精检测既可以逃避危险驾驶罪或交通肇事罪的刑事责任，又没有其他相关罪名可以适用的问题，目前我国司法实践通常是从刑事案件证据规则的角度来寻求解决之道。所谓刑事案件的证据规则，是指在刑事诉讼过程中收集、运用、审查、判断证据认定案情时必须遵守的准则。[①] 证据规则决定一个事实认定者在解决事实问题时可以使用什么材料，大多数的证据规则都是关于什么应被接受为证据的问题。[②] 在酒后驾驶刑事案件中，运用证据规则防止酒后驾驶者通过逃避、阻碍血液酒精检测而逃避刑事责任的主要观点为：即使因为驾驶者逃避、阻碍血液酒精检测而无法准确获知其实施驾驶行为时血液中酒精含量的有无及多少，如果根据其他间接证据能够证明驾驶者在驾驶时处于酒后或醉酒状态，就可以认定“酒后驾驶”的定罪情节或者“醉酒驾驶型”危险驾驶罪。这一观点在酒后驾驶刑事案件中的具体运用主要体现为：在无任何酒精检测结果、仅有呼气酒精检测结果以及酒精检测前又饮酒等三种情形中，可以根据相关间接证据认定行为人具有“酒后驾驶”的定罪情节或者构成“醉酒驾驶型”危险驾驶罪。在此，笔者将针对上述三种情形分别加以分析。

（一）无任何酒精检测结果的情形

有观点认为，虽然在绝大多数情况下，应当要求检察机关提供有关血液酒精含量的鉴定意见，但同时应当保留一定的例外。司法

① 参见房保国：《刑事证据规则实证研究》，中国人民大学出版社 2010 年版，第 23 页。

② 参见［美］乔恩·R. 华尔兹：《刑事证据大全》，中国人民公安大学出版社 1993 年版，第 156 页。转引自刘艳红：《醉驾型危险驾驶罪刑事证据规则研究——基于刑事一体化的尝试性构建》，载《法律科学》2014 年第 2 期。

实践中，根据间接证据定案的情况不在少数，只要间接证据达到确实、充分的证明程度，能够排除合理怀疑的，仍可据此认定为醉酒驾驶。[①] 其中，间接证据主要包括能够证实行为人在驾驶前曾经饮酒或者肇事时呈现醉态的证人证言、被害人陈述；证实行为人饮酒、驾驶的饭店监控录像、道路监控录像等视听资料；专业人员的鉴定意见；侦查实验；等等。如果相关证据能够形成完整的证据链，即可推定行为人实施了“醉酒驾驶”或“酒后驾驶”。应当说，上述司法实践中的法律推定行为与类推具有本质的差异，其仍然是在遵循罪刑法定原则的基础上作出的，因而并不违背罪刑法定的原则。[②] 根据上述观点，如果行为人酒后在道路上驾驶机动车，因逃逸而无法及时检验其驾驶时呼气和血液中的酒精含量，但根据其他间接证据能够认定其当时处于“醉酒驾驶”或者“酒后驾驶”的状态，可以认定其行为构成“醉酒驾驶型”危险驾驶罪或者属于交通肇事罪的定罪情节。

事实上，目前我国司法实践中对于无任何酒精检测结果的案件能否以危险驾驶罪认定，尚存在较大争议。例如，2011 年 5 月 13 日晚，被告人孔某酒后在道路上驾驶机动车，后与被害人匡某驾驶的电动自行车发生碰撞，致匡某及其搭载的被害人资某受轻伤，两车均遭到轻微程度的损害。肇事后，孔某害怕自己可能会因此被开除教师职位，随即打电话给其老乡孔某强，让孔某强到现场冒充司机。公安机关侦查该案期间，孔某多次请求、嘱托孔某强继续向警方冒称肇事司机，同时多次向警方提供虚假证言，导致公安机关未能及时对孔某抽取血样送检酒精含量。该案一审法院认为，虽然孔某肇事后逃逸，未能对其及时进行酒精含量检验，但在案间接证据（如饭店提供的饮酒数量、发生事故的过程、一同饮酒的其他人血

---

① 参见最高人民法院刑事审判一至五庭主办：《刑事审判参考（办理危险驾驶类犯罪专集）》（总第 94 集），法律出版社 2014 年版，第 58 页。

② 参见高贵君主编：《危险驾驶刑事案件办案指南》，人民法院出版社 2014 年版，第 137 页。

液酒精含量检测结果等）可充分证明孔某驾车时处于醉酒状态，其行为已构成危险驾驶罪，判处拘役3个月，并处罚金4000元。但该案二审法院经审理认为，原审判决在未能准确查明孔某血液酒精含量的情况下，认定其驾车时处于醉酒状态，判决其构成危险驾驶罪，依据不足，定性不当，适用法律错误，依法应予纠正。[①] 再如，袁某驾车载乘其妻胡某、朋友姚某到邻镇赴宴，醉酒超速逆向行驶，致骑乘摩托车2人当场死亡。袁某让妻子胡某为其顶罪，并让姚某作伪证。后胡某到公安机关"投案"，称肇事车辆系其驾驶。当晚胡某"顶包"把戏终被揭穿，公安机关对已被确定为肇事嫌疑人的袁某抽血测试，但此时袁某血液酒精含量已远低于醉驾标准。从酒精测试结果出发，不能认定袁某为醉驾或酒驾，但警察从陪同的姚某和一起喝酒的朋友以及饭店服务员处获取旁证，司法机关最终认定袁某属于"酒后驾驶"，从而对袁某以交通肇事罪从重处罚。[②] 据此，该案就是以旁证推定行为人具有"酒后驾驶"的情节，假设该案并非造成2人死亡而是造成1人重伤，上述推定结论将影响袁某是否构成交通肇事罪。

依笔者之见，从刑事诉讼法无罪推定或者疑罪从无原则的角度来看，对于既没有呼气酒精检测结果也没有血液酒精检测结果的案件，不宜认定为"醉酒驾驶型"危险驾驶罪或者"酒后驾驶"的定罪情节。这是因为，在我国以血液中的酒精含量作为判断"醉酒驾驶"和"酒后驾驶"唯一标准的情况下，如果没有任何酒精检测数值，即使其他证据再为全面、具体、详细，也无法证明能够完全排除行为人没有实施"醉酒驾驶"或"酒后驾驶"行为的程度。那么，既然无法完全排除合理怀疑，根据无罪推定或者疑罪从无的原则，就不能认定行为人构成"醉酒驾驶型"危险驾驶罪或

---

① 参见最高人民法院刑事审判一至五庭主办：《刑事审判参考（办理危险驾驶类犯罪专集）》（总第94集），法律出版社2014年版，第56页。

② 参见王威、郭鼎：《妻子顶罪逃避酒精测试被揭穿"酒驾"没商量》，载《检察日报》2012年5月2日第7版。转引自刘艳红：《醉驾型危险驾驶罪刑事证据规则研究——基于刑事一体化的尝试性构建》，载《法律科学》2014年第2期。

者具备"酒后驾驶"的定罪情节。有学者提出，如果认定嫌疑人达到醉酒状态必须有呼气或者血液酒精测试结论作为证据，势必助长醉驾嫌疑人逃避呼气或者血液酒精测试甚至逃逸的侥幸心理，影响现行立法对醉驾行为的打击力度。[①] 对此观点，笔者不敢苟同。正如有学者所指出的，这种观点很大程度上是因为受长期以来我们坚守的底线——"绝不放过一个坏人"观点的影响。但是，在现代社会刑事司法活动中，人们普遍认同的是"绝不冤枉一个好人"的观念。[②] 笔者认为，虽然坚持认为缺乏酒精含量检测结果的案件不能以犯罪论处的观点，确实有可能造成个案的不公正，但从现代法治尊重人权、保障人权、促进人权的根本价值和内在要求来看，这是真正树立、坚持无罪推定或者疑罪从无基本理念的应然结果。至于上述学者提出的"弊端"，则应当通过对于逃避、阻碍酒精检测行为刑法规制的完善来加以弥补。

（二）仅有呼气酒精检测结果的情形

有观点认为，如果醉酒驾驶嫌疑人在进行血液酒精检测前使用各种不正当方法逃避规范测试的，当然也可以依现场呼气测试结论作为定案证据，因其同样具有证据的客观性、合法性和关联性。[③] 此外，根据公安部 2011 年 8 月 11 日作出的《关于公安机关办理醉酒驾驶机动车犯罪案件的指导意见》（以下简称《指导意见》）第 8 条后段的规定，"当事人经呼气酒精测试达到醉酒驾驶机动车标准，在提取血样前脱逃的，应当以呼气酒精含量为依据立案侦查"。根据《意见》第 6 条第 1 段的规定：血液酒精含量检验鉴定意见是认定犯罪嫌疑人是否醉酒的依据。但如果犯罪嫌疑人经呼气酒精含量检验达到醉酒标准，在抽取血样之前脱逃的，可以例外地

① 参见杨雄、邵汝卿：《"醉驾"案件的程序与证据问题研究》，载《法学杂志》2011 年第 10 期。

② 参见刘宪权：《"疑罪从轻"是产生冤案的祸根》，载《法学》2010 年第 6 期。

③ 参见黄祥青：《对刑法修正案（八）中盗窃罪与危险驾驶罪相关问题的理解与适用》，载《人民法院报》2011 年 5 月 4 日，第 6 版。

以呼气酒精含量检验结果作为认定其醉酒的依据。据此，如果行为人在经呼气酒精含量检测后脱逃，拒绝抽取血样进行血液酒精含量检测的，先前的呼气酒精检测结果可以例外地作为决定立案侦查的依据或者认定犯罪的证据加以使用。从呼气酒精检测结果可以作为立案侦查的依据或者定罪的证据加以使用的前提条件可以看出，《指导意见》和《意见》之所以作出上述规定，其目的就是解决行为人在进行血液酒精含量检测前逃跑，导致司法机关因无法获得行为人血液中的酒精含量数值而不能对其立案侦查或者不能以犯罪论处的认定难题。

鉴于立案侦查仅仅是认定犯罪的前置性步骤或者说只是说明相关行为有可能构成犯罪，因此，《指导意见》将呼气酒精检测结果例外地作为公安机关立案侦查的依据，实际上只是为公安机关进一步通过血液酒精检测证明行为人是否属于“醉酒驾驶”或“酒后驾驶”提供了一种盖然性指导。就此而言，笔者对于上述《指导意见》的规定并无太大异议。然而，对于上文所引的学者观点以及《意见》将呼气酒精检测结果作为定罪证据加以使用的规定，笔者则持有不同意见。依笔者之见，呼气酒精含量检测结果不应单独作为我国认定相关犯罪的依据。理由主要有以下三点。

首先，呼气酒精含量检测结果的准确度不高。呼气酒精含量检测采用的是具备被动探测呼出气体酒精的功能的呼出气体酒精含量探测仪进行检验，其检测结果虽然可以折算成血液酒精含量，但却容易受到各种客观检测条件的影响，如呼气时间、呼气力度等。[①] 而且，目前我国尚无立法对呼气酒精测试仪器设备以及如何确保其精准性等问题进行详细的规定，实践中更是摸着石头过河，各地检测仪器设备差别也很大，这使我国初步呼气测试仪器的准确性受到

① 参见周舟：《危险驾驶罪司法适用与立法完善研究》，华东政法大学硕士学位论文（2012），第21页。

质疑，警察进行呼气酒精检测的可靠性也无法保证。[①] 由此可见，就我国而言，呼气酒精检测结果的准确度显然不及血液酒精含量检测的结果，那么，在涉及行为人可能承担刑事责任的情况下，我们就不宜将准确度不高的呼气酒精检测结果单独作为定罪证据。

其次，呼气酒精含量检测结果的可采信度不高。作为判断行为人能否构成犯罪的主要刑事证据，酒精含量检测的结果必须具有较高的可采信度，这既需要检测具有可重复性和确定性，也需要检测主体具有一定的专业性。然而，呼气酒精含量检测只能适用于当场吹出气体进行检测，不具有再次进行检测的可能性，而且行为人当场吹出的气体样本也无法保留。因此，只能依靠检测后行为人的现场签字来确认结果的有效性。由于行为人通常都是在饮酒的情况下，在呼气酒精含量检测结论告知书上签字确认的，这是否代表其在清醒状态下的正常意思表示，笔者尚存在一定疑虑。此外，对行为人进行呼气酒精检测的主体通常是交警，作为案件侦查人员，交警并非具有法定资格的鉴定人员。由于缺乏专业的鉴定知识和技术，交警作出的鉴定意见的准确性事实上也难以保证。另外，就血液酒精含量检测而言，根据国家标准的相关规定，对需要检验血液中酒精含量的，应及时抽取血样，抽取血样应由专业人员按要求进行，不应采用酒精或者发挥性有机药品对皮肤进行消毒；抽出血样中应添加抗凝剂，防止血液凝固；装血样的容器应洁净、干燥，装入血样后不留空间并密封，低温保存，及时送检，并将检验结果书面告知当事人。由此可见，血液酒精含量检测不仅具有可重复性和确定性，对行为人进行血液酒精含量检测的主体也具有一定的专业性，从而其检测结果也就具有了较高的可采信度。因此，较之呼气酒精含量检测的结果，血液酒精含量检测的结果显然更符合认定刑

① 参见刘艳红：《醉驾型危险驾驶罪刑事证据规则研究——基于刑事一体化的尝试性构建》，载《法律科学》2014 年第 2 期。

事犯罪证据的要求。[①] 因此，《意见》第1条前半段才规定以“血液酒精含量”作为成立“醉酒驾驶”的判断标准。

最后，将呼气酒精含量检测结果单独作为定罪证据不符合我国刑事实体法的规定。根据日本《道路交通法》第67条第3款关于拒绝、妨碍呼气酒精检测罪以及《道路交通法施行令》第26条之二关于呼气酒精检测方法的规定，在刑事诉讼中，在日本不仅可以将初步呼气酒精检测的结果作为最终证据使用和采纳，而且只有在行为人拒绝进行呼气酒精检测的情况下，才可以依据鉴定处分许可书和身体检查许可书，对行为人强制采血以查明其血液中的酒精含量，以便作为定罪证据加以使用。[②] 据此，有人或许认为，既然在日本可以将呼气酒精含量检测结果单独作为定罪证据，我国司法实践中也应当可以单独依据呼气酒精检测结果认定行为人构成相关犯罪。

对此，笔者认为，日本之所以能够将呼气酒精检测结果单独作为定罪证据加以使用，除了因为日本《道路交通法》等法律法规针对呼气酒精含量检测的程序、检测仪器的要求等作出了详尽规定，从而能够保证检测结果的准确性以外，最主要的原因是日本《道路交通法》第117条之二第3项规定酒后驾驶罪的成立标准既可以是血液中的酒精含量（100毫升血液中含有30毫克的酒精），也可以是呼气中的酒精含量（1升呼气中含有0.15毫克的酒精）。换言之，日本司法实践中以呼气酒精含量检测结果作为定罪证据，具有刑事实体法上的依据。也正因为如此，尽管在具有搜查扣押许可证的情况下，日本警察还可以选择对逮捕后依然拒绝进行呼气酒精检测的行为人实施强制性尿检，但由于日本《道路交通法》中的酒后驾驶罪是以呼气或者血液中的酒精含量作为依据，从而日本

① 参见周舟：《危险驾驶罪司法适用与立法完善研究》，华东政法大学硕士学位论文（2012），第22页。

② 参见［日］野下文生原著、道路法实务研究会编著：《道路交通法解说》（第16订版），东京法令出版株式会社2014年版，第689页。

司法实践中通常认为不能以尿液酒精含量检测结果作为认定酒后驾驶罪的证据。[①] 此外，由于日本道交法中的醉酒驾驶罪和日本关于处罚驾驶机动车致人伤亡行为的法律（以下简称《处罚法》）中的“酩酊驾驶型”危险驾驶致死伤罪等犯罪不以行为人体内的酒精含量作为成立标准，因而司法实践中认定行为构成相关犯罪不一定需要经过科学的酒精含量检测，也可以根据外部的检查状况、饮酒量、饮酒后经过的时间等加以综合认定。[②]

然而，如前文所述，从我国刑事实体法的角度分析，我国仅以行为人血液中的酒精含量数值作为认定其能否构成相关犯罪的依据，因此，准确测量出行为人血液中的酒精含量数值就是认定犯罪的一个前提条件。如果以呼气酒精含量检测结果单独作为定罪证据，就不仅忽略了上述前提条件，而且也变相修改了我国《刑法》对于“醉酒驾驶”以及司法解释对于“酒后驾驶”的规定，这显然有违罪刑法定原则。因此，笔者认为，从刑事实体法的角度来看，也不宜将呼气酒精含量检测结果单独作为定罪证据。

综上所述，出于对我国刑事实体法的规定以及呼气酒精含量检测结果的准确度和可信度等因素的考量，尽管可以将其作为立案侦查的依据加以使用，但不宜直接作为刑事诉讼活动中的定罪依据。对于司法实践中发生的因行为人在进行血液酒精含量检测前逃跑而不能对其以犯罪论处的认定难题，不能通过随意降低刑事诉讼证明标准的方式予以解决，而仍然应当通过完善我国对于逃避、阻碍酒精检测行为的法律规制来加以弥补。

（三）酒精检测前又饮酒的情形

根据《指导意见》第 8 条前段的规定，当事人被查获后，为逃避法律追究，在呼气酒精测试或者提取血样前又饮酒，经检验其

① 参见日本道路法实务研究会编著：《图解道路交通法》（4 订版），东京法令出版株式会社 2014 年版，第 300 ~ 301 页。

② 参见日本道路法实务研究会编著：《图解道路交通法》（4 订版），东京法令出版株式会社 2014 年版，第 282 ~ 284 页。

血液酒精含量达到醉酒驾驶机动车标准的，应当立案侦查。根据《意见》第6条后段的规定，犯罪嫌疑人在公安机关依法检查时，为逃避法律追究，在呼气酒精含量检验或者抽取血样前又饮酒，经检验其血液酒精含量达到本意见第1条规定的醉酒标准的，应当认定为醉酒。由此可见，如果行为人在交警对其进行呼气酒精含量检测或者血液酒精含量检测之前再次饮酒的，行为人再次饮酒后血液中的酒精含量数值可以作为公安机关决定立案侦查的依据或者司法机关认定犯罪的证据加以使用。显然，《指导意见》和《意见》之所以要作出上述规定，其目的就是解决我国司法实践中频繁发生的行为人在被交警检查时再次饮酒，从而严重影响对酒后驾驶刑事案件侦查和起诉的问题。正如江苏省无锡市中级人民法院在孙某某危险驾驶案的裁判理由中所指出的："规避法律责任往往是当事人趋利避害的反应，若对呼气酒精含量超标的行为人免去了配合侦查的义务，则可能诱导当事人采取各种方式规避法律责任，如此将不利于保障公共交通安全和人身安全，也不利于维护司法的公正性。因此，只有将行为人故意导致的不利后果归于其本人承担，方能有效避免其通过规避法律的方式获得非法利益。在本案中，呼气酒精含量检验结果证明孙某某具有醉酒驾驶的嫌疑，此时孙某某即具有配合交警完成相关侦查工作的义务，但其却私自逃跑，并辩称逃跑过程中又喝酒御寒，即使该辩解客观真实，再次饮酒后的不利后果也应由行为人本人承担，故随后进行的血液酒精含量检验仍然可以作为证据，用以证明行为人构成危险驾驶罪。"①

诚然，从有效预防和惩治酒后驾驶犯罪行为的角度而言，上述规定和裁判理由的初衷和目的似乎可以理解。但笔者认为，在酒后驾驶刑事案件中，如果仅仅为了解决由于行为人采取阻碍酒精检测的行为而导致的难以立案侦查和定罪的问题，就降低对控方的证明要求，直接以行为人再次饮酒后血液中的酒精含量数值，作为认定

① 参见最高人民法院刑事审判第一至五庭主办：《刑事审判参考》（总第97集），法律出版社2014年版，第11页。

其实施驾驶行为时是否处于“醉酒”或“酒后”状态的标准，从而将因行为人原因导致的不利后果归于行为人本人承担，缺乏合理性和正当性。具体分析如下。

首先，以行为人再次饮酒后血液中的酒精含量作为认定其是否构成相关酒后驾驶犯罪的证据，严重有违罪刑法定原则。笔者认为，上述规定的实质实际上就是将行为人“再次饮酒后血液中的酒精含量”拟制为“实施驾驶行为时血液中的酒精含量”，并以前者作为认定行为人的驾驶行为是否构成相关酒后驾驶犯罪的依据。一旦检测出行为人再次饮酒后血液中的酒精含量达到了“醉酒驾驶”或者“酒后驾驶”的标准，那么，行为人就无法再证明其实施驾驶行为时血液中的酒精含量并未达到上述标准。然而，根据我国《刑法》的相关规定，我们需要证明的事实应当是行为人实施驾驶行为时是否处于“醉酒”或“酒后”状态，而不是对行为人进行血液酒精检测时其是否处于“醉酒”或“酒后”状态。如果依照上述做法，司法实践中完全可能出现将并未实施“醉酒驾驶”或者“酒后驾驶”行为的行为人错误地认定为犯罪，从而严重违背罪刑法定原则的不合理现象。例如，行为人实施驾驶行为时血液中的酒精含量其实并未达到“醉酒”的标准，但其误认为自己已经处于或者可能处于“醉酒”状态，为了逃避承担危险驾驶罪的刑事责任，其在被交警拦截进行酒精检测前再次大量饮酒，导致自己血液中的酒精含量严重超过“醉酒”的标准。在此情况下，如果以行为人再次饮酒后血液中的酒精含量数值作为判断其实施驾驶行为时是否处于“醉酒”状态，就理应认定行为人构成危险驾驶罪，但这显然有违刑法的罪刑法定原则和刑事诉讼法的无罪推定原则。据此，对于上述违反现代法治人权保障基本理念的拟制性规定，笔者实在难以认同。

其次，以行为人再次饮酒后血液中的酒精含量作为认定其是否构成相关酒后驾驶犯罪的证据，既不符合作出法律拟制规定的主体要求，也未遵循法律拟制的设置原则。法律拟制，是指立法者基于某种价值目的的考虑，不论事实上的真实性，有意用现有的法律概念、法律规范去解释和适用社会生活中出现的新情况、新问题，以将不同事物等同对待并赋予其相同法律效果，从而达到既能适应社会需要又能体现法律基本价值之目的的立法技术或立法活动。[①] 据此，或许有人会认为，由于上述规定将“再次饮酒后血液中的酒精含量”与“实施驾驶行为时血液中的酒精含量”等同对待并赋予相同的法律效果，其性质上应当属于一种法律拟制，从而也就自然无须考察事实上的真实性。但笔者认为，即使认为上述规定属于“法律拟制”，这种由部门规章和司法解释作出的所谓“法律拟制”规定，其合理性和正当性同样值得怀疑。应当看到，法律拟制作为一种法律上的假定或虚构，是一种特殊的立法活动，其虽然可以不受逻辑和常规归罪原则的约束和检验，但毕竟存在一定的威胁，一旦设置不当就可能会产生破坏法治、戕害公民自由等诸多严重的后果。[②] 据此，笔者认为，无论是从作出法律拟制的主体来看，还是从法律拟制设置的原则来看，上述所谓“法律拟制”规定都存在较大的不合理性。

一方面，从作出法律拟制的主体来看，尽管我国目前存在大量的由司法机关设置的法律拟制条款，但从司法不能僭越立法权创造法律的角度来看，具有创造性质的法律拟制规定只应由立法机关在刑事立法中作出，而不应由司法机关在刑事司法中作出。否则，司法机关便可以肆意地将虽具有一定的社会危害性但刑法并未明确规定的行为通过法律拟制对罪刑规范进行无法预见的扩张适用，从而难以保证未违反刑法规范之行为者不受国家刑罚权干涉，也难以保证特定犯罪人不受法外之处罚。[③] 据此，对于上述由“两高”、公安部作出的所谓“法律拟制”规定的合理性和正当性，笔者持否定态度。

---

① 参见刘宪权、李振林：《论刑法中法律拟制的法理基础》，载《苏州大学学报》（哲学社会科学版）2014 年第 4 期。

② 参见刘宪权、李振林：《论刑法中法律拟制的设置规则》，载《中国刑事法杂志》2013 年第 9 期。

③ 参见韩忠谟：《刑法原理》，北京大学出版社 2009 年版，第 8 页。

另一方面，从法律拟制设置的原则来看，尽管法律拟制是一种创造性立法活动，但其绝非是指立法者可以随意将两个毫无相似之处的事物赋予相同的法律效果，而是应当遵循一定的设置规则。其中，最为重要的设置规则就是拟制相当性原则。所谓“拟制相当性原则”，是指立法者在运用法律拟制技术时，必须考量拟制情形与被拟制情形在社会危害程度上是否具有相当性，两者的事实是否能够在此基础上建立起一定的等值关系。只有当拟制情形与被拟制情形在社会危害程度上相当且能够建立起等值关系时，才能进行法律拟制。这是法律拟制的事实基础。① 然而，上述部门规章和司法解释的规定，实质上是将有可能不构成犯罪的行为拟制成犯罪行为，这显然不符合法律拟制的事实基础。因此，从法律拟制的设置主体和设置规则来看，上述拟制性规定显然缺乏正当性和合理性。

最后，以行为人再次饮酒后血液中的酒精含量作为认定其是否构成相关酒后驾驶犯罪的证据，既不符合刑事诉讼证据相关性的要求，也会导致实践中产生不合理现象。众所周知，客观性、相关性和合法性是刑事诉讼证据的三大基本特征，其中，相关性是指证据必须与案件事实有直接联系，从而对案件事实有证明作用。然而，在酒后驾驶刑事案件中，行为人再次饮酒后血液中的酒精含量与其是否实施了“醉酒驾驶”或者“酒后驾驶”行为实际上并不具有相关性，因而根据刑事诉讼证据相关性特征的要求，不应将行为人再次饮酒后的血液酒精检测结果作为刑事诉讼证据提交，更不应将这一结果拟制为定罪的证据。此外，上述《指导意见》和《意见》均未明确规定行为人在进行呼气酒精检测前脱逃导致其体内酒精含量消失的情形应当如何处理，在此情况下，如果以行为人再次饮酒后血液中的酒精含量作为定罪证据加以使用，司法实践中极有可能出现以下不合理现象：对于在进行呼气酒精检测前脱逃的行为人，由于无法检测其体内的酒精含量同时又缺乏其他能够证明其体内酒

① 参见刘宪权、李振林：《论刑法中法律拟制的设置规则》，载《中国刑事法杂志》2013 年第 9 期。

精含量的间接证据，实践中根本无法追究其刑事责任，最多只能以实施了行政违法行为对其加以处罚。然而，如果行为人并未脱逃，而是在进行呼气酒精检测前再次饮酒的，则有可能根据其再次饮酒后血液中的酒精含量而被认定为相关犯罪。应当看到，逃跑与再次饮酒同属于积极妨碍酒后驾驶刑事案件调查取证的行为，在此情况下，对于实施这两种行为的情形得出截然不同的结论，不仅有失妥当，甚至还会在某种程度上“鼓励”行为人在进行呼气酒精检测前脱逃。

综上所述，在认定行为人是否构成我国《刑法》中的危险驾驶罪或交通肇事罪时，只能以行为人实施驾驶行为当时血液中的酒精含量作为定罪证据。例如，只要能够证明行为人血液中的酒精含量数值达到80mg/100ml，通常就能够认定行为人构成危险驾驶罪。据此，即使没有呼气酒精含量检测结果，仅有血液酒精含量检测结果，经查证属实后，同样可以认定行为人构成“醉酒驾驶型”危险驾驶罪或交通肇事罪（适用“酒后驾驶”这一定罪情节）。相反，如果既无血液酒精检测结果也无呼气酒精检测结果的，或者仅有呼气酒精检测结果而没有血液酒精检测结果的，或者血液酒精检测结果是在行为人再次饮酒后测量得出的，都不应通过证据规则认定行为人构成犯罪。正因为如此，笔者认为，我国刑法理论和司法实践中寻求通过证据规则解决因行为人逃避、阻碍酒精检测导致的定罪难题的做法，事实上并不具有合理性和可行性。依笔者之见，只有通过完善强制执法程序和刑法的相关规定，才能真正合理、有效地加强对实践中出现的妨碍酒后驾驶刑事案件调查取证行为的法律规制。

三、逃避、阻碍血液酒精检测行为法律规制之完善路径

从日本的刑事立法现状来看，针对司法实践中出现的行为人逃避、阻碍酒精检测的行为，日本主要设置了以下法律规制措施。

其一，在《道路交通法》中规定了拒绝、妨碍呼气酒精检测罪。根据日本《道路交通法》第67条第3款和第118条之二的规

定，行为人拒绝或者妨碍警察按照相关程序规定实施呼气酒精检测的，构成拒绝、妨碍呼气酒精检测罪，处3个月以下惩役或者50万日元以下罚金。如果警察后来通过强制采血进行血液酒精检测证明行为人构成酒后驾驶罪，或者通过其他证据证明行为人构成醉酒驾驶罪的，应对行为人以拒绝、妨碍呼气酒精检测罪与酒后驾驶罪或醉酒驾驶罪实行数罪并罚。

其二，在《处罚法》中规定了驾驶过失致死伤并隐灭受酒精等影响的证据罪。根据日本《处罚法》第4条的规定，行为人在交通肇事后逃逸、再次饮酒或者以其他方式隐灭自己的驾驶行为受酒精影响的证据的，虽然由于难以证明行为人驾驶时处于“醉酒”状态而不能对其以危险驾驶致死伤罪论处，但行为人也并非仅能构成法定最高刑为7年惩役的驾驶过失致死伤罪，而应构成法定最高刑为12年惩役的驾驶过失致死伤并隐灭受酒精等影响的证据罪。而且，在交通肇事后逃逸的情况下，应对行为人以不履行救助义务罪和驾驶过失致死伤并隐灭受酒精等影响的证据罪实行数罪并罚，最高可以判处18年有期惩役。

其三，根据《刑事诉讼法》的相关规定，实践中可以针对拒绝呼气酒精检测的行为人实施一定的强制措施。在日本，对于无法说服警察且坚决拒绝呼气酒精检测的行为人，如果根据当时的客观情形和行为人的外观，确能怀疑行为人实施了酒后驾驶行为的，警察可以口头上告知行为人涉嫌“拒绝呼气酒精检测罪”，进而对行为人以现行犯予以逮捕。根据日本《刑事诉讼法》第220条（无逮捕证、搜查证等令状情况下实施扣押、搜查、现场取证的规定）、第111条第1项（扣押搜索与必要法律处置措施的规定）和第222条（扣押、搜查、现场取证的适用规定、现场取证的时间限制、犯罪嫌疑人的到场、针对拒绝身体检查者的强制措施等规定）的规定，警察在逮捕现行犯时可以实施一定的强制措施。对于拒绝呼气酒精检测的现行犯而言，日本司法实践中通常认为可以采取“开锁并打开车门”、“割开相关车辆的窗户玻璃”、“将相关车辆移动至对于抢修车、抢险车而言较为恰当的场所”等方法。

在被逮捕之后，如果犯罪嫌疑人仍然拒绝呼气酒精检测的，警察在获得鉴定处分许可书和身体检查令状的情况下，可以对行为人强制采血进行血液酒精检测，以查明行为人血液中的酒精含量。[①]

笔者认为，上述日本规制拒绝、妨碍酒精检测行为的法律规定，确有值得我们借鉴之处，但也不能完全照搬。依笔者之见，我国今后可以通过进一步修正《刑法》和《道路交通安全法》的相关规定，有效加强对逃避、阻碍酒精检测行为的法律规制。具体修正建议如下。

其一，在我国《刑法》中增设逃避、干扰血液酒精检测罪。借鉴日本在《道路交通法》中专门设置拒绝、妨碍呼气酒精检测罪的做法，笔者认为，我国将来也可以考虑通过在《刑法》中增设逃避、干扰血液酒精检测罪的方式，有效规制实践中频繁发生的逃避、干扰血液酒精检测的行为，但所增设罪名的行为方式应与日本的拒绝、妨碍呼气酒精检测罪有所区别。笔者建议，在我国《刑法》第133条之一后再增加一条，作为第133条之二："在交通肇事后或者公安机关依法检查时，为逃避法律追究，脱逃或者再次饮酒，导致血液酒精检测无法或者难以进行的，处拘役，并处罚金。"由此可见，本罪的行为方式仅包括脱逃和再次饮酒等两种逃避、干扰血液酒精检测的行为，而不包括以紧锁车门、紧闭车窗等方式拒绝酒精检测以及以破坏、隐匿、夺取酒精检测标本等方式妨碍酒精检测的行为。

之所以要对本罪的行为方式作出与日本拒绝、妨碍呼气酒精检测罪截然不同的规定，主要是考虑我国设置本罪与日本设置拒绝、妨碍呼气酒精检测罪的立法目的有所不同。具体而言，日本在《道路交通法》中设置拒绝、妨碍呼气酒精检测罪，主要是为了使防止道路交通危险所采取的必要应急措施能够有效发挥作用，而并非为了固定证据，因此，对于拒绝进行呼气酒精检测但却配合进行

① 参见日本道路法实务研究会编著：《图解道路交通法》（4订版），东京法令出版株式会社2014年版，第300～301页。

血液或者尿液酒精检测的情形，仍应构成拒绝、妨碍呼气酒精检测罪。在此情况下，如果行为人同时构成酒后驾驶罪或者醉酒驾驶罪等犯罪的，还应实行数罪并罚。[①] 然而，如前所述，我国《刑法》之所以要增设逃避、干扰血液酒精检测罪，则主要是为了防止行为人通过脱逃或者再次饮酒等方式破坏定罪证据从而规避刑事责任。因此，如果行为人在交通肇事后或者公安机关依法检查时脱逃，但随即又被公安机关成功拦截并及时进行了血液酒精检测的，由于行为人的脱逃行为并未影响血液酒精检测的进行，从而也就不会因其脱逃行为破坏定罪证据，在此情况下，不应对行为人以本罪认定，如果行为人构成危险驾驶罪的，应对其以危险驾驶罪一罪定罪处罚。换言之，本罪处罚的范围仅限于因脱逃或再次饮酒行为而导致无法或者难以进行血液酒精检测的情形。笔者认为，由于行为人血液中酒精含量的消失或降低均需要一定的时间，因此，在认定行为人是否构成本罪时，可以借鉴日本司法实践的做法，以 0.05 毫克酒精浓度减少通常所需时间作为判断依据，在行为人离开事故现场超过一定时间（日本司法实践通常以 40 分钟为标准）后，即可以本罪论处。相反，如果行为人在接受呼气酒精检测后抽取血样之前脱逃或者再次饮酒的，由于其行为同样影响刑事案件的调查取证，从而仍应对其以本罪认定。但对于行为人实施脱逃、再次饮酒以外的其他拒绝、妨碍血液酒精检测的行为而言，笔者认为，通过对具有醉酒驾驶重大嫌疑的驾驶人采取一定的强制措施，通常即可保证公安机关能够获得判断行为人是否构成犯罪的血液酒精检测结果，从而也就不会因为行为人的拒绝、妨碍行为破坏定罪证据。

因此，鉴于我国实行的是明确区分违法与犯罪的二元法律惩治体系，对于上述能够通过行政手段固定证据的拒绝、妨碍血液酒精检测的行为，实际上并不具有纳入我国《刑法》规制范围的必要性。需要指出的是，尽管笔者极力反对在我国道路交通领域实行大

---

① 参见［日］野下文生原著、道路法实务研究会编著：《道路交通法解说》（第 16 订版），东京法令出版株式会社 2014 年版，第 720 页。

规模犯罪化（尤其是危险犯性质的道路交通犯罪），但在我国已经规定了可以由醉酒驾驶行为构成的危险驾驶罪的立法现状下，唯有通过增设逃避、干扰血液酒精检测罪，才能有效解决司法实践中出现的行为人通过脱逃、再次饮酒等方式破坏定罪证据，从而规避刑事责任的问题。

其二，将再次饮酒行为增设为我国交通肇事罪的定罪情节和量刑情节。根据我国《刑法》第133条和最高人民法院《解释》第2条第2款的规定，“酒后驾驶机动车辆”和“为逃避法律追究逃离事故现场”均为交通肇事罪的定罪情节，在此情况下，如果行为人在交通肇事后通过逃离事故现场降低甚至消除了自己体内酒精含量的，仍然可以认定其具有“为逃避法律追究逃离事故现场”的定罪情节，从而行为人也无法通过交通肇事后的脱逃行为规避刑事责任。然而，如果行为人在交通肇事后并未逃离事故现场，而是通过再次饮酒提高自己体内的酒精含量的，则可能导致司法机关因无法认定其实施驾驶行为时处于“酒后”状态从而规避刑事责任。

借鉴日本《处罚法》增设驾驶过失致死伤并隐灭受酒精等影响的证据罪来加大对脱逃、再次饮酒等行为处罚力度的立法方式，笔者建议，可以通过修改司法解释的方式，在交通肇事罪的定罪情节中增设“交通肇事后再次饮酒的”情形。如此一来，即使行为人通过再次饮酒导致司法机关无法证明其实施了“酒后驾驶机动车辆”的行为，在交通肇事致1人以上重伤，并负事故全部或者主要责任的情况下，仍然可以对其以交通肇事罪论处，不会再出现因无法获得血液酒精含量检测结果从而无法定罪的不合理现象。此外，由于笔者在前文曾建议将“酒后驾驶机动车辆”同时规定为适用交通肇事罪第二档和第三档法定刑中的量刑情节，因此，为了避免行为人通过交通肇事后再次饮酒规避适用更重的法定刑，笔者建议将“交通肇事后再次饮酒的”情形同样增设为交通肇事罪第二档和第三档法定刑中的一个量刑情节。即在上文所述交通肇事罪第二档法定刑中“有其他恶劣情节”和第三档法定刑中“有其他特别恶劣情节”的9个量刑情节之外，再分别增设“交通肇事后再次饮酒的”情节。在作出上述修正后，对于构成交通肇事罪并实施了脱逃、再次饮酒等隐灭自己酒后驾驶证据的情形，最高可判处有期徒刑 15 年。

其三，在《道路交通安全法》中明确规定交通警察可以针对拒绝、阻碍酒后驾驶机动车刑事案件调查取证的行为所采取的处理方式。危险驾驶罪的法定刑为拘役，不符合《刑事诉讼法》第 79 条规定的“可能判处徒刑以上刑罚”的逮捕适用条件。因此，对于危险驾驶的犯罪嫌疑人、被告人不能直接适用逮捕措施。但根据我国《刑事诉讼法》第 80 条以及公安部《关于公安机关办理醉酒驾驶机动车犯罪案件的指导意见》第 10 条的规定，对于具有醉酒驾驶重大犯罪嫌疑的驾驶人企图自杀或者逃跑、在逃的，或者有毁灭、伪造证据或者串供可能的，以及确需对犯罪嫌疑人实施羁押的，可以依法采取拘留措施。此外，根据《刑法》第 133 条的规定，涉嫌交通肇事罪的犯罪嫌疑人、被告人有可能被判处徒刑以上刑罚，从而符合适用逮捕的前提条件。根据《刑事诉讼法》第 79 条的规定，如果犯罪嫌疑人、被告人企图自杀或者逃跑的，或者可能毁灭、伪造证据，干扰证人作供或者串供的，应当予以逮捕。据此，如果具有涉嫌危险驾驶罪或交通肇事罪重大嫌疑的驾驶人在被查获时脱逃或者在查获现场拒绝、阻碍交通警察依法执行公务，影响酒后驾驶刑事案件调查取证的，理应可以分别适用刑事拘留或逮捕的强制措施。

至于公安机关在适用刑事拘留、逮捕强制措施过程中所能采取的处理方式，笔者建议，可以在我国《道路交通安全法》第 72 条关于交警处理交通事故的程序中，特别增加 1 款予以明确：“具有酒后驾驶重大嫌疑的机动车驾驶人拒绝停车接受检查的，交通警察可以采取适当方式加以制止或者运用拦车破胎器等装备进行拦截。具有酒后驾驶重大嫌疑的车辆驾驶人停车后拒不打开车门或者车窗接受检查的，交通警察可以采取适当方式对机动车和机动车驾驶人实施控制，并对其开展劝说告诫，确有必要的情况下，可以运用简易破拆工具等技术装备打开车锁、割开车窗玻璃，迫使驾驶人下车接受酒精含量检测，但应当尽可能选择破坏性较小的方式以保护驾驶人的财产权益。具有酒后驾驶重大嫌疑的车辆驾驶人下车后依然拒绝或者阻碍酒精检测的，交通警察可以将驾驶人强制移由受委托检测机构对其实施采血进行血液酒精含量检测。”

对于驾驶人实施上述脱逃、拒绝、阻碍血液酒精检测行为，情节严重的，可以根据《治安管理处罚法》第 50 条的规定，处 5 日以上 10 日以下拘留，还可并处 500 元以下罚款。驾驶人使用暴力、威胁手段阻碍交通警察调查取证，符合《刑法》第 277 条第 1 款规定的，可对其以妨害公务罪定罪处罚。如果行为人同时还被认定为危险驾驶罪或交通肇事罪的，则应对其以妨害公务罪与危险驾驶罪或交通肇事罪实行数罪并罚。

值得一提的是，有人或许会认为，对犯罪嫌疑人实施强制采血措施有违《刑事诉讼法》中“不得强迫自证其罪”的原则。但笔者认为，“不得强迫自证其罪”的原则仅指不得强迫犯罪嫌疑人或被告人向司法人员作出不利于自己的陈述，类似血液酒精含量等物理性质的真实证据并不受“不得强迫自证其罪”原则的约束。当然，需要指出的是，身体健康权利属于公民最基本的权利之一，如果公安机关不适当地对犯罪嫌疑人适用强制采血措施，确实极有可能侵犯公民的基本人身权利，因此，笔者认为，如何从适用条件、批准主体、适用程序等方面保证强制采血措施的正当性和合法性，将是今后值得进一步探讨的内容。

环境犯罪学与空间治理

空间治理：基于犯罪聚集分布的综合治理政策修正[*]

单　勇[**]

作为社会矛盾及各种负面因素的综合反映，刑事犯罪在改革开放35年间的案件数量节节攀升。尽管综合治理总体刑事政策自1981年得以确立且不断发展；但面对犯罪上涨挑战，该政策亟待进一步贴合犯罪规律、获得新的改进已成为毋庸置疑的共识。在"平安中国"建设热潮下，空间环境对城市犯罪（侵财、暴力等街面犯罪）的影响受到关注，城市、社区、道路及建筑的安全防卫功能渐获重视。于是，可否从综治总体政策中延伸发展出基于犯罪地点的空间治理具体政策，如何把握空间与犯罪的相关性，开展空间治理有无必要以及是否可行，这成为亟待解决的理论热点。

---

* 基金项目：2013年度教育部人文社会科学研究青年基金项目"城乡结合部的犯罪聚集规律与空间防控对策研究——基于地理信息系统的应用"（13YJC820013）；2011年杭州市哲学社会科学规划重点课题"'维稳'政策视野下的犯罪治理模式变迁研究"（A11FX01）。

** 单勇，黑龙江省黑河市人，同济大学法学院副教授、法学博士。

一、从综合治理到空间治理：刑事政策的具体化转向

“刑事政策简单地说就是犯罪对策，国家预防和惩罚犯罪的一切手段和方法都应该称为犯罪的对策，即刑事政策。”① “对刑事政策的正确解读，一是离不开犯罪，它是刑事政策得以确立的客观前提；二是离不开社会，尤其是作为公共权力行使者的国家，它是刑事政策的制定者与实施者。刑事政策并非只是单纯的刑法问题，而是一个社会公共政策问题。”② 在属性上，刑事政策是公共政策扩展到犯罪处遇和防控领域的特定表现形式；关于刑事政策的研讨在本质上是一种政策分析。在层次上，“刑事政策包括总体刑事政策、基本刑事政策及具体刑事政策”。③ 综合治理属于总体刑事政策，“宽严相济”系刑事立法及司法领域的基本刑事政策，“严打”为具体刑事政策。

“社会治安综合治理是解决我国治安问题，预防和减少违法犯罪的根本途径。”④ 在三十多年的治理实践中，尽管综治政策曾发挥巨大的历史作用；但面对犯罪上涨及管控困局，该政策正遭遇如下四重困境。其一，综治政策的法治化程度不足。毕竟，“政策是制度的输出，制度赋予公共政策的合法性、普遍性及强制性”。⑤ 其二，综治政策的价值导向有待从管理转向服务，有待适应现代国家治理模式。其三，综治政策的实施方式亟待改进，亟待由虚到实、由基本原则到具体机制。其四，综治政策的公众参与和基层建设薄弱，群防群治缺乏有效推进机制。

---

① 严励：《问题意识与立场方法——中国刑事政策研究之反思》，载《中国法学》2010 年第 1 期。

② 陈兴良：《宽严相济刑事政策研究》，载《法学杂志》2006 年第 1 期。

③ 严励：《刑事政策功能的科学界定和运行》，载《华东政法大学学报》2010 年第 6 期。

④ 康均心、周亮：《从“综治”到“法治”：犯罪控制的科学之路》，载《法治研究》2011 年第 8 期。

⑤ ［美］托马斯·戴伊：《理解公共政策》（第十二版），谢明译，中国人民大学出版社 2011 年版，第 11 页。

上述困境在很大程度上并非能在总体刑事政策层面获得有效解决。法治保障和制度建设需顶层设计，更需由各种经过实践验证、可操作性强的具体举措充实；综治模式向多元化、网络化、节点式治理的转型，综治政策的实施方式改进，也离不开具体防控政策的创新。在犯罪暴涨背景下，突发性和群体性暴力犯罪时有发生、流动人口犯罪居高不下、非传统安全威胁层出不穷、城市安全状况令人担忧、维稳压力不堪重负。差异化的犯罪挑战也要求刑事政策向着防控的具体领域延伸与分类发展。因此，综治总体政策向着犯罪防控具体侧面的推进与细化可谓势在必行，从总体到具体的政策优化构成了综治政策的发展趋势。

随着城市化进程的加剧，城市犯罪①的空间特征研究为综治政策的具体转向开拓出空间治理的新思路。在理论上，城市犯罪与空间环境的相关性受到环境犯罪学、犯罪地理学的关注与争鸣和阐述，形成了防卫空间、犯罪制图、情境预防、破窗理论等学说。在方法上，除传统的文献分析、社会分析外，通过环境设计预防犯罪的方案越发成熟，借助地理信息系统体察犯罪分布规律的犯罪制图应用如火如荼。在实践中，芝加哥区域计划、基于高危环境的防卫空间计划、针对高发街区和路段的地点警务等构成了空间治理的典范。可以说，综治政策的空间治理转向为当前“平安中国”建设和城市犯罪防控提供了全新的应对策略。

二、空间环境定位与空间治理诠释

（一）空间环境：街面犯罪的影响条件

空间治理的政策分析首要厘清空间环境在城市犯罪研究中的定位问题。在类型上，城市街面犯罪与空间环境关系最为紧密。街面

---

① 作为经济、政治、文化中心，城市汇聚了大量的人、财、物，犯罪向城市集中态势亦越发明显。改革开放前，城市犯罪和农村犯罪的比例大体是6:4，但到1998年就已扩大到8:2。参见荆轲：《峰谷探迷——中国犯罪问题的数量分析与预测》，中国人民公安大学出版社2000年版。

犯罪包括在城镇街道及其沿线房屋等空间环境内发生的各种常见侵财、暴力等犯罪。在数量上，在2010年仅盗窃犯罪占全国刑事案件立案数的70%以上，街面犯罪在全部犯罪中所占的比例超过80%。尽管街面犯罪的发生原因多重复杂，但犯罪的空间维度不容忽视。

作为城市生活的载体，空间环境中的房屋情况、城市规划、道路状况、人口组成、人口流动性、邻里关系、照明状况等因素对街面犯罪的发生均有影响。"城市犯罪受城市的物理环境条件和空间特性的影响，有时环境及空间形式的不同，导致犯罪种类、发生过程及犯罪属性的不同。"[①] 在我国，城市化变迁导致城中村及城乡结合部等构成犯罪的高发区位，犯罪热点高发空间研究构成了理论研讨的主流，基于地理信息系统（GIS技术）[②] 的犯罪制图则是此领域的最新研究方法。

在犯罪学中，空间环境因素属于犯罪条件，而非犯罪原因。仅有犯罪条件不会直接产生犯罪，犯罪条件与犯罪原因相结合才能在特定时间地点上激化或催生特定犯罪。对街面犯罪来说，社会断裂与失范、贫富分化、失业率高涨、人口流动、社会矛盾尖锐、反社会心理等属于犯罪原因；主要分布于商业区、城中村、城乡结合部的犯罪高发环境则系犯罪条件。"'条件'是可控的和容易改变的，而'原因'则是结构性和难以改变的。控制并消除犯罪条件是一种比消除犯罪原因（尤其是深层次的犯罪根源）更具可行性的解决方式。"[③]

---

① ［日］伊藤滋：《城市与犯罪》，郑光林、夏金池译，群众出版社1988年版，第3~4页。

② 地理信息系统是用于采集、存储、查询、分析和显示地理空间数据的计算系统。参见［美］Kang - tsung Chang：《地理信息系统导论》，陈健飞、张筱林译，科学出版社2010年版，第1页。

③ 马瑞：《城市"易犯罪"空间研究》，清华大学2010年博士学位论文，第26页。

（二）空间治理的犯罪学诠释

“筑城以卫君、造郭以守民”，“可防卫性是构成城市空间最原始的，也是最基本的功能之一”。[①] 2006 年，党的十六届六中全会通过了《关于构建社会主义和谐社会若干重大问题的决定》，该决定专门强调“着力整治突出治安问题和治安混乱地区……坚决遏制刑事犯罪高发势头”。党的文件赋予空间治理明确的政策依据。

近年来，美国兴起的地点警务模式是犯罪制图应用于犯罪防控的典型体现，地点警务的核心是在于针对犯罪聚集地点开展空间治理。值得注意的是，地点警务的解读更侧重于犯罪学立场，地点警务意义上的空间治理与人文地理学关于空间防控的理解有较大差异。

在人文地理学中，“犯罪的空间防控，是指在客观认识犯罪要素的空间行为特征和厘清空间环境因素对犯罪影响的基础上，建立犯罪综合防控体系，营造良好的空间环境，强化地域单元的科学管理，最大限度地消除犯罪基础、防范犯罪发生、抑制犯罪发展和减轻犯罪危害”[②]。上述阐述特点如下：在视角上，对空间防控做宏观解读；在方法上，以城市规划、环境设计等方法分析空间环境对犯罪的影响；在对象上，以空间盲区为防控重点；在应对上，在综合治理中突出环境设计预防犯罪。

与此相对，地点警务所倡导的空间治理含义如下：在视角上，犯罪应对策略由“防控”转向“治理”。作为公共管理活动，“治理”顺应了政府治理分权化、地方化、社区化的趋势。治理的主体不仅是政府，还包括其他公共机构甚至私人机构以及它们之间的合作；治理过程中的权力运行不是单向度的，而是上下左右互动的；治理的权威不是来源于政府的法规命令，而是来源于大多数公

① 段智君等：《建筑防卫空间模式的和谐发展初探》，中国建筑学会学术年会论文集 2007 年版，第 534 页。

② 王发曾：《城市犯罪空间盲区分析与综合治理》，商务印书馆 2012 年版，第 108 页。

民的认同和共识。[①] “治理”赋予了空间防控更多的含义、功能，从“防控”到“治理”的转向意味着管控理念的更新与应对结构的优化。在方法上，借助 GIS 技术的犯罪制图，量化考察特定环境中的犯罪聚集规律。在对象上，不仅针对犯罪高发社区，更以犯罪聚集地点或路段等相对微小地理单位为防控重点。在应对上，空间治理注重应对措施综合性、可操作性与实用性的有机融合，综合运用社区参与、警务应对、环境设计等治理手段，但治理措施的应用需根据犯罪聚集规律做相应的策略调整与布局优化。

因此，在犯罪学中，空间治理是以 GIS 技术的犯罪制图为基础，针对犯罪聚集地点综合运用环境设计、社区参与、警务应对等治理手段的犯罪应对模式。空间治理的对象为犯罪聚集地点，空间治理的目标是将犯罪聚集地点改造为可防卫空间，空间治理的基础是基于 GIS 的犯罪制图，空间治理的机制为基于地点的多种应对策略的集成运用。可见，空间治理政策有无应用的必要取决于城市犯罪是否在空间上呈现聚集分布。如果犯罪呈现离散分布，则不存在犯罪热点，亦无空间治理之必要；而犯罪热点的探测需借助基于 GIS 的犯罪制图技术。

三、空间治理有无必要：犯罪聚集分布的制图验证

不同于针对流动人口等高危人群的防控模式，空间治理倡导基于犯罪热点的防控应对，犯罪聚集分布假设的成立是从罪犯到地点的治理模式转变关键与空间治理的政策前提，基于 GIS 的犯罪制图为验证犯罪聚集分布提供了分析工具。“犯罪制图是以空间地理信息为参照，操作与处理犯罪数据，以可视化形式显示、输出有用信息的过程，是一种有效的情报分析工具。地理信息系统构成了辅助

---

① 参见丁俊萍：《经济全球化对治理的影响》，载俞可平等主编：《全球化与当代资本主义国际论坛文集》，社会科学文献出版社 2005 年版，第 274 页。

犯罪情报分析和提高制图效率的基础平台。”①

本文选取东部某省会级城市的中心城区为研究区②，以 ArcGIS10.0 软件为工具。在研究对象上，考察 2009～2012 年期间在该研究区内侦破的盗窃犯罪以及暴力犯罪的聚集分布状况。其中，盗窃犯罪共有 753 起，有 730 起可用于犯罪制图，可用案件的比例为 96.95%。暴力犯罪共计 209 起，有 201 起可用于犯罪制图，可用案件的比例为 96.17%。暴力犯罪涉及抢劫、抢夺等罪名。囿于篇幅限制，犯罪空间地图无法展示，本文仅描述制图的过程与结论。

（一）基于点图的体察

点图能够直观清晰地展示盗窃犯罪在研究区的地理分布，并有效识别犯罪热点。通过点图发现：从分布地点上看，盗窃和暴力犯罪大多聚集分布于拥有众多潜在犯罪目标的热点路段及其沿线商业区、居住区。从人口结构上看，犯罪聚集的街道、路段及建筑往往兼具人口聚集、人口流动性强等特性，流动人口为犯罪高发群体。从聚集环境上看，街面犯罪聚集的空间环境往往同时商业聚集、道路密布、居民区林立。

表 1

犯罪类型	盗窃犯罪	暴力犯罪
罪犯总人数（人）	498	187
外来流动人口比例	91.96%	86.63%
非流动人口比例	8.04%	13.37%

（二）基于路段、网格的色温分析

路段、网格统计法可从众多路段和网格中筛选出少数的犯罪聚

---

① 陈亮：《犯罪制图的理论与实践进展研究》，载《中国人民公安大学学报》（自然科学版）2008 年第 2 期。

② 该区面积为 18.3 平方千米，有 51 个社区、162 个网格，区内 36 万常住人口；人口密度高达 19781 人/平方千米（该城市的平均人口密度为 2491 人/平方千米）。

集地点路段和网格。研究区内300多条道路按照一定标准可以细化为1156条路段[①]，统计发现犯罪在路段层面聚集存在明显的聚集分布特性。仅63条路段（占全部路段的5.87%）上发生了50.34%的盗窃犯罪，10%的路段上发生了67.35%的盗窃犯罪；仅43条路段（占全部路段的3.71%）中发生了超过50%的暴力犯罪，10%的路段上发生了80.45%的暴力犯罪。

通过对研究区内162个网格的犯罪分布统计，发现犯罪在网格层面的聚集态势显著亦非常明显。仅24个网格（占全部网格的14.8%）中发生了50.8%的盗窃犯罪，仅20个网格（占全部网格的12.3%）中发生了51.2%的暴力犯罪。

（三）犯罪聚集程度测算

最近相邻指数和空间自相关指数是测算犯罪聚集程度的两种方法。“最近相邻指数是观察到的最近邻距离均值与随机分布的最近邻距离均值的比率。如果最近邻指数是1，那么犯罪数据是随机分布的；如果最近邻指数小于1，那么犯罪数据是聚集的。”[②] z-score检验统计量可用于确定最近邻指数结果的置信度，描述实际最近邻距离均值与随机最近邻距离均值的差异程度；z得分为负且越小，则要素分布越趋向于聚类分布。

空间自相关检验Moran' s I指数是基于邻近面积单元上变量值的比较，Moran' s I指数的变化范围为（-1~1）。如果I取正值，则表示正的自相关。如果Z-score值小于-1.96或获大于1.96，那么返回的统计结果就是可采信值。如果Z-score为正且大于1.96，则分布为聚集的；如果Z-score为负且小于-1.96，则分布为离散的；其他情况可以看作随机分布。

---

① 路段划分的标准是以主要道路的交接点为路段端点，辅助参考路段两侧的环境特征；同时保持路段在长度、宽度、犯罪数量等指标上的大致均衡。拆分路段的目的在于潜入微观层面考察街面犯罪的空间分布。

② 郑滋椀、金诚：《犯罪制图：理解犯罪热点》（中），载《预防青少年犯罪研究》2012年第5期。

借助 GIS 技术，可精准测算出盗窃犯罪和暴力犯罪在研究区均存在非常明显的聚集分布态势。具体数值参见下图：

表 2

犯罪类型	盗窃犯罪		暴力犯罪	
最近相邻指数	最近相邻指数	0.492402	最近相邻指数	0.607637
	z - score 检验统计量	-26.2369	z - score 检验统计量	-10.668291
空间自相关	Moran' s I 指数	0.6183	Moran' s I 指数	0.094037
	Z 得分	5.475665	Z 得分	3.0004

街面犯罪的聚集分布不仅在省会城市的中心城区获得充分验证，笔者还在该省某地级市中心城区印证了这一假设。同时，犯罪热点聚集分布也是国际犯罪地理学的研究主题。2004 年，威斯勃德等考察了 1989～2002 年西雅图市街面犯罪空间分布，他们发现在 14 年间 50% 的案件只发生在 4.5% 的路段上。凭借针对路段的空间治理防控创新，威斯勃德于 2010 年荣获国际犯罪学界的最高荣誉——斯德哥尔摩犯罪学奖。① 总之，针对犯罪热点开展空间治理具有充分的必要。

四、空间治理是否可行：渐进修正综合治理政策

“基于渐进主义的政策分析模型，各种公共政策不过是政府过去行为活动的延续，其中伴随着渐进的补充、调整与修正。”② 空间治理既不是脱离综治政策轨道的重起炉灶、另辟蹊径，也不是对美国地点警务的照搬照抄，而是综治政策的具体化转向与基于空间维度的防控延伸。作为综治政策的补充与修正，空间治理的可行性

---

① 参见张哲：《潜入微观层面分析犯罪问题——访希伯来大学犯罪学研究所主任威斯勃德》，载《中国社会科学报》2012 年第 347 期。

② ［美］托马斯·戴伊：《理解公共政策》（第十二版），谢明译，中国人民大学出版社 2011 年版，第 15 页。

如下：

（一）重点防控策略中的地点转向

囿于资源、成本的有限性，综治政策往往以重点防控应对犯罪；防控的重点常指向农民工等潜在高危群体，针对高危人群采取刑事、社会治理措施。重点防控容易取得犯罪打击的“战果”；但由于潜在高危群体数量极为庞大，在技术上难以从庞大的流动人口中有效辨识出潜在罪犯，且防控高危人群还易引发防控行为合法性及弱势群体人权保障等争议。同时，各种兼具预防犯罪功能的社会政策及社会治理措施也难以在较短期内取得效果。因此，高危人群防控在犯罪预防领域的可行性较为有限。

相对高危人群，城市中犯罪热点高发地点的数量毕竟有限，也易采取针对性措施。上文研究区内高危群体的数量非常惊人；但仅10%的路段上发生了67.35%的盗窃犯罪和80.45%的暴力犯罪。相对复杂、长期、系统的高危人群防控来说，管控上述100条左右的犯罪聚集路段更具可操作性，也更易构筑防卫空间。实际上，空间治理仍系综治政策所要求的重点防控，只不过防控重点从罪犯转移到以路段、网格、建筑、院落等为代表的微观层面的犯罪高发地点。基于犯罪热点的空间治理弥补了高危人群防控的局限，贴合了立体化治安防控的现实需要，构成了“平安中国建设”的有机组成部分。

（二）综合防控构架下的实用导向

尽管综合治理强调防控手段综合性与防控领域综合性的统一；但综合治理在基层往往停留于公文和简报上。当前，综治实践对兼具综合性与实用性的防控策略的呼唤越发强烈，空间治理为防控改进提供了新选择。空间治理并非仅依靠环境设计预防犯罪，而是主张警务应对、环境设计及社区参与的综合运用，并在综合性防控架构中突出每一防控侧面的实用性。

在警务应对上，空间治理针对犯罪高发时空优化警务应对布局，以犯罪制图为依托提升犯罪分析的科学化水平，指引防控力量出现在恰当的时间和地点。在环境设计上，针对犯罪热点的空间环境，空间治理能够提出调整道路设计、改善照明情况、增设防护设施、消除治安死角、增强建筑防卫功能的等具体方案。在社区参与上，空间治理借助社区资源、依靠社区力量防控犯罪，警察的角色被界定为社区防控的指导者和监督者；在欧美，这种治理模式又被称为“第三方警务”，引入“第三方警务”有助于为群防群治、社区参与提供稳定的制度保障。

（三）夯实基层进路下的第三方警务

当前，社区层面的基层基础建设是综治防控的薄弱环节，单靠警力下沉和增加治安投入的传统做法未能有效遏制犯罪上涨。犯罪制图发现盗窃犯罪往往聚集分布于少数热点路段及其沿线居民楼、网吧、商场、超市、饭店、停车场等场所。因为潜在犯罪目标过于庞杂，单纯的警务应对在打击犯罪、抓捕罪犯环节就已疲于奔命；研究区内 10 所警务机构中的 5 所周边就是盗窃犯罪热点区块。可见，仅靠警察部门预防犯罪的做法绩效实在有限。

为破解综治困局，“平安中国建设”倡导坚持党的群众路线、夯实综治基层基础；而空间治理以“第三方警务”改进社区参与防控的应对思路深深契合了上述政策导向。“所谓第三方警务，是指警察通过劝说或强制手段促使各种组织或非犯罪群体帮助警方防止或减少犯罪，这些组织或群体包括公共住房机构、财产主、家长、健康和房屋监查人员以及业主等。”[①] 第三方警务赋予将社区团体内的组织和民众赋予地点管理者的第三方角色，将犯罪预防的责任具体分解、分担，要求第三方在日常经营、活动中消除其所在空间的犯罪吸引力；而警察负责指导居民、企业、社区团体科学管理特定空间和场所以预防犯罪。“第三方警务的核心是，警务部门综合运用民事、刑事与市场监管等法律手段，促使第三方承担起更

---

① ［澳］罗林·马兹勒、珍妮·莱斯利：《试论第三方警务》，许韬译，载《公安学刊》2008 年第 3 期。

多的犯罪控制职责。”[①] 于是，这样社区内各类主体被系统性地纳入地点管理的制度化轨道，社区参与的潜力被获得极大激发，传统意义的群防群治和被害预防拥有全新的运作模式。

总之，面对犯罪率高涨、风险暗流涌动、公共安全危机不断的整体犯罪格局，综合治理政策的具体化转向势在必行。如果说在立法、司法层面，综合治理具体转向宽严相济政策；那么在犯罪预防领域，基于 GIS 制图对犯罪热点聚集分布的验证，从罪犯到地点、从犯罪原因到犯罪条件、从宏观到微观、从平面到立体的空间治理具体化转向势在必行防控理论转型油然而生，从综合治理到空间治理的具体化政策转向更应引起各界关注与推广应用。

① ［澳］洛林·梅热罗尔等：《第三方警务》，但彦铮等译，中国人民公安大学出版社 2012 年版，第 3 页。

通过环境设计防治城市犯罪

马　岩　张鸿巍*

一、环境犯罪学的理念与代表性观点

（一）社会犯罪学的启示

传统上，犯罪学学者致力于研究犯罪人的特征，探究改变犯罪倾向的方法。到了19世纪末期，社会学家Emile Durkheim提出的社会解组理论（social disorganization theory）将罪因研究从微观的个体特征引向宏观的社会环境因素。他认为，社会经济的高速发展，引起社会结构的转型，在这一变化过程中，原有的社会制度日渐瓦解，新的社会规则又尚未形成，出现了社会规范的真空，人们的行为不能受到有效的约束和适当的引导，必然会产生犯罪。继而，他认为犯罪是社会发展的正常产物。① 不久，学者Louise I. Shelley重新回顾了Emile Durkheim的研究，并结合现代化理念，发现最先出现在西欧社会的犯罪模式，也同样发生在经历着城市现代化的东欧、亚洲、非洲和拉丁美洲国家。② 因而，犯罪行为是在社会大环境的影响下发生的，且与社会整体的急剧变化和区域性的现代化步伐密不可分。

---

* 马岩，黑龙江佳木斯人，上海政法学院讲师，澳门大学犯罪学博士；张鸿巍，安徽合肥人，暨南大学教授，美国山姆休斯顿州立大学刑事司法学博士。

① Emile Durkheim, Suicide, John A. Spaulding & George Simpson, George Simpson (ed.), The Free Press, New York, 1965, pp. 245 – 260.

② Louise I. Shelley, Crime and Modernization, Southern Illinois University Press, Carbondale Illinois, 1981, pp. 130 – 148.

（二）环境犯罪学的理念阐释

这一理念也很快得到了芝加哥大学社会学教授们的广泛支持，不同之处在于，Emile Durkheim 关注的是整个社会的巨大变化对于个人行为的影响，后者则关注个人生活的某个区域对其产生的影响，譬如一个人生活的某个行政区或者某个社区对其行为的影响。Robert Park 认为人类社会和自然界一样，是一个有机的社会，社会内部分为担任各自功能的区域，且这些区域之间不断上演着侵入、占领和持续发展。他提出的有机社会理论和社会不同区域间相互依存的发展变化特征为环境犯罪学的诞生提供了理论思路。继而，Ernest Burgess 以芝加哥城市结构为蓝本，绘制出从市中心向郊区发散型的五个同心圆区域，认为每个区域间是唇齿相依的关系；区域的经济和结构特征与犯罪息息相关，称为"同心圆理论"（Zone theory）。[①] 依据芝加哥的城市规划类型，同心圆的核心区域是商业中心区，向外延伸的第二环是过渡区，充满着废旧房屋的老城区。而第三环和第四环是环境相对舒适些的房屋和公寓区，中上等人群生活在此。最外围则是城市的郊区。过渡区居住着贫困的工作者和新移民们，因为这一区域靠近商业区，很有可能因为城市经济发展而扩大商业圈，逐渐沦为商业用地，具有极大的不稳定性，且居民多缘于工作便利及廉价房租之故居住于此，一旦其经济条件有所改善，便会迁移至第三环或第四环长期居住。因而，Ernest Burgess 关注的焦点在于居民生活区域的稳定性：若居住在毗邻或充斥着工商业的区域，其环境具有较大的复杂性和不稳定性，可能引起犯罪的发生。

到了 20 世纪 30 年代，学者 Clifford R. Shaw 和 Henry D. McKay 在研究芝加哥青少年犯罪情况的过程中，发现偏差行为的数量随着中心向郊区的扩张而逐渐递减，验证了社区环境与犯罪的相关性。另外一个重要的发现在于，同一区域的犯罪率维持在一个相对

---

① Ernest W. Burgess, The Growth of the City, University of Chicago Press, Chicago, 1928, pp. 201 – 221.

平稳的水平，不因居住地的居住人口类型而发生变化。[1] 即某个区域犯罪率较高不是因为本地充满着较多的犯罪人，而是这个区域可能为任何潜在的犯罪人提供更多的犯罪机会，一旦机会成熟，犯罪便会发生。他们的研究对于同心圆理论进行了实际验证，并且对环境如何影响犯罪的发生给予了具体阐释：过渡区之所以会比其他区域有较高的犯罪率，主要原因在于过渡区的居民流动性较大，充满了下层贫困人群和新移民；他们没有确定的住宅和对生活环境的美好期盼，无暇关注和改善生活境遇，房屋破损也不会及时修葺，街坊邻里间也互不相识，这些为潜在的犯罪者提供了可乘之机。

（三）环境犯罪学的思路拓展

环境犯罪学的发展还得益于被害人学研究的广泛兴起，其中的理性选择理论（rational choice theory）和日常生活理论（routine activities theory）为环境犯罪学提供了更为具体的预防策略。这些理论认为社会上存在大量的潜在犯罪人，这些犯罪人在生活中大多数时间是合法的公民，但一旦机会成熟，他们便很有可能从事犯罪。因而，犯罪原因的重点并非他们为什么犯罪，而是他们会在什么样的情况下犯罪和针对哪类人群犯罪。机会选择理论假定加害人在作出决定的时候都是理性的，这些犯罪人会通过判断接近犯罪目标的难度、被抓获的可能性和预期收益等要素决定实施犯罪与否。日常活动理论则与被害人的生活习惯密切相关，认为若满足有动机的加害人、合适的犯罪目标和监管人缺乏三个要件，犯罪发生的可能性会大大增加。

另外，社区居民的漠视甚至对犯罪的恐惧感也会影响犯罪在某一地区的猖獗程度。心理学家 James Q. Wilson 和 George Kelling 提出破窗理论（broken widow theory）认为，如果社区中破坏的窗户长期无人修理，会导致社区内更多的无序、破坏行为，社区内长期充斥着不检点、无序行为时，会造成一种心理暗示，即社区处于无

---

① Clifford R. Shaw & Henry D. Mckay, Juvenile Delinquency and Urban Areas, University of Chicago Press, Chicago, 1942, pp. 117 - 131.

人关心的状态。[①] 他们从心理学的角度分析了任何有助于增强社区团结，守望相助的氛围将不良分子隔离在社区之外。

二、情境预防的措施与成效

（一）情境预防的产生

随着社会犯罪学相关理论的兴起，犯罪预防从单独依靠司法预防向社会综合治理转变。社会解组、社会控制和社会学习理论等社会原因理论，认为可以通过改善社会经济状况、降低贫富分化、促进就业、提高家庭支持力度等措施缓解或抑制犯罪行为的发生。然而，扭转社会大环境毕竟不易或时间过长，且需要投入大量的资金来支持相关活动的有效运行。因此，难以及时、有针对性地制定犯罪预防措施。

因此，人们将预防的重点转向犯罪行为、犯罪被害人及犯罪的机会，情境预防应运而生。“情境”一词通常指行为发生时的环境。情境防治犯罪（situational crime prevention）之目的在于，将犯罪行为可能依附的环境具体化，从而有针对性地减少犯罪所需的条件，增加犯罪的难度。通过前文对环境犯罪学理念的阐述可知，减少产生犯罪的合适环境，犯罪的概率也会相应降低；在社会大背景难以短期改变的情况下，仍有可能对犯罪进行有效遏制。

（二）防治犯罪的具体实践

建筑学家 Oscar Newman 将通过环境设计预防犯罪的理念运用到建筑物的设计中，提出“防卫空间”（defensive space）的概念，认为可以利用特殊设计，达到预防犯罪的目的。[②] 亦有学者认为这一防卫理念缺乏现实的可操作性，城市建设的高度发展决定了多数的城市处于正在建设过程中或已经成型，很难为了适用防治犯罪的

---

① James Q. Wilson & George Kelling, Police and Neighborhood Safety, Broken Window, Atlantic Monthly, 1982, p. 224.

② Oscar Newman, Defensible Space: Crime Prevention Through Urban Design, New York, Macmillan, 1972, p. 235.

需要而大面积修缮原有的建筑物结构。[①] 不过近年来，称为“通过环境设计预防犯罪”（Crime Prevention through Environment Design，简称 CPTED）的概念受到越来越多学者的青睐。

依据美国犯罪预防研究院给出的定义，CPTED 是指适当的规划和有效的使用建筑环境，从而减低犯罪恐惧感和犯罪的发生率，提高生活的质量。其主要目的在于将减少犯罪机会的理念植入社区建设和建筑物设计中去。[②] 后来，学者 Wallis Allan 和 Ford Daniel 在共同编写的《环境设计防控犯罪操作手册》中列举了防卫空间的构成要素主要包括：（1）监控（surveillance）；（2）领域感（territoriality）；（3）活动参与（activity support）；（4）入口控制（access control）等。[③] 其涉及的主要内容将在下文防治对策中详细谈论，此处不再赘述。

三、我国城市犯罪的区域分布特点与治理建议

（一）快速发展的城市与犯罪分布

近半个世纪以来，我国的城市化进程因惊人的速度和庞大的规模，尤为引人注目。从 1978 年至 2012 年，我国的城镇化率从 17.9% 提高到 52.6%，年均提高 1.02 个百分点；同样程度的转变，在欧洲用了 150 年，在拉丁美洲和加勒比海地区则用了 210 年。[④] 除了高速的城市化进程之外，我国城市化过程中出现的人口大规模内部迁移，是另外一个重要特点。截止到 2011 年，我国城

---

① Hillier B. & Shu S.，Crime and Urban Layout：The need for evidence. S. Ballintyne (edits)，Secure Foundations：Key issues in crime prevention，crime reduction and community safety，London：Institute for Public Policy Research，2000，pp. 112 – 130.

② Crowe T.，Crime Prevention Through Environmental Design：Applications of Architectural Design and Space Management Concepts (2nd Ed.)，Oxford：Butterworth – Heinemann，2000，pp. 212 – 236.

③ 参见庄劲、廖万里：《犯罪预防体系的第三支柱——西方国家犯罪情境预防策略》，载《犯罪研究》2005 年第 2 期。

④ 参见中国社会科学院城市发展与环境研究所：《2013 年中国人类发展报告——可持续与宜居城市》，中国出版集团公司 2013 年版，第 2 页。

市中的流动人口规模已经达到2.6亿，若按现在的发展速度，接下来的20年里，预计还有近3.1亿人口将从农村迁移到城市地区。[①]

国外的犯罪学研究证明，城市规模的发展程度越高，社会治安状况越差，犯罪的概率也可能上升。[②] 1993年，有学者对我国北京、大庆、湖南、吉林、辽宁、南京和上海7个地区进行了一项调查，结果表明农村犯罪率为1.5%，而城市犯罪率达到了4.28%。[③]城市化引发了大规模的土地扩张和人口流动。土地扩张的结果是，中心商业区逐渐占领邻近的区域，改变着这些邻近区域的居民构成。因原有的生活住宅被征用，原有居民不得不搬迁至新的区域居住，受经济条件的限制，有些本地居民会搬到较为高档的社区生活，而有些则仍住在原来生活区的附近。无论怎样，这些本地的居民都需要建立新的社区关系。同时，城市化建设需要大量的外来务工人员，他们多生活在建筑工地的简易房屋中，毗邻繁荣的商业圈，也加入了这个邻近区域。另外，城市具有较多的就业机会，吸引了大量高校毕业的外地青年来此工作，他们组成了我国新型移民的主力军。因为工作刚刚起步，他们多数选择生活在距离工作场所较近出租房里，成为最后一类居民。多种背景的人群生活在一个社区，是城市化带来的主要特点。

虽然，以往研究认为城市中的大量流动人口是引发犯罪的主要动因，将流动人口视为潜在主要犯罪人群。然而，笔者认为，如果犯罪行为经常因流动人口而起，那么这些流动人口无论身处哪个城市，都会从事犯罪行为。这样一来，流动人口数量相当的城市犯罪率应该差距不大。但事实证明，即便是规模相似的城市，犯罪率也

① 参见中国社会科学院城市发展与环境研究所：《2013年中国人类发展报告——可持续与宜居城市》，中国出版集团公司2013年版，第14页。

② 参见肖建国：《大城市犯罪区域分布之研究》，载《公安学刊》1999年第11卷第6期。

③ 参见李春雷、姚巍：《城市化进程中我国城市住区犯罪空间防控探索——基于CPTED理论视角下对我国城市住区的个案考察》，载《中国人民公安大学学报》2011年第4期。

可能存在重大差异。如前文所述，多数的流动人口在城市有临时或长期工作，且无论工作的性质如何，都是以劳动谋生的方式来到大城市。因而，生活中的多数时刻，他们是遵纪守法的公民。然而，贫富差距的诱惑、松散的社会治安、简陋的居住环境为经济贫困的人群获得非法收入提供了有利条件。

（二）防治城市不同区域犯罪发生的对策

学者们比较重视城市化与犯罪之间的关系，较少关注城市中特定犯罪的区域分布对犯罪率产生的影响。因而，笔者拟提出的犯罪防治策略主要面向我国城市犯罪的区域分布。我国的城市设置依据功能不同，形成了相对独立而又彼此联系的功能区，构成了城市的有机整体。现今，城市中一般有以下主要功能区：居住区、工业区、商业区、交通枢纽区等。然而，这些功能区的设置并非是机械不变、完全独立的，在许多居住区也可以有方便居民生活的小型商圈，也可以有污染较小的工业厂区。同样地，部分工业厂区内部也设有职工住宅区。此外，需要注意的是，城市化程度的提高，形成了城市内部空间结构朝着多核心模式发展，城市土地规划则围绕着若干的核心区域进行，形成了功能相对独立的多个功能区。譬如，北京市形成了王府井、西单、前门和崇文门商业区，每个商业区内部有配套的住宅区。因而，本文中作为划分标准的功能区，并非指单一功能区，也包括多核心区域中的商业功能区。

1. 商业区犯罪防控

城市中的商业区，是政治、经济、文化等高度集中的区域。这些区域充斥着高档百货商店、豪华酒店等娱乐场所，也林立着大型公司的写字楼，这里既是人们休闲娱乐的场所，也是工作的主要场所。白天，这里聚集了城市中的大部分工作者，处于众人的关注下，少见抢劫、打架等外向型犯罪，相反，更多的是扒窃、诈骗等隐蔽型犯罪；夜晚时分，商业区成为人们休闲的主要场所，也成为犯罪行为的天然掩护，娱乐场所内可能聚集吸毒、贩毒、卖淫等违法现象。而商业区的街道上，行人渐少，偶尔出现的人成为了抢劫、强奸等犯罪的对象。

据此，笔者认为，针对商业区的犯罪预防主要以监控为主，包括自动设置的监视及警务巡逻。2012 年，全国发起了完善网络化、信息化技防城市建设的活动，建立打防管控一体化为目标的天眼工程，使社会群众在电子警察的保卫下，为人民群众提供安全的生活环境。另外，尽量在商业区的各个区域安装摄像头，防止不能被摄像头监控的死角出现。同时，可依时间段的不同，具体策略有所侧重。譬如，在早上 8 点至下午 18 点的日常工作时段，除了摄像头等自动监控设备外，每隔 1 小时左右，1 ~ 2 名治安警察可在所在辖区巡视一圈，防止突发情况的发生。从下午 18 点至次日上午 8 点的时间，则需要至少两名警察一组轮班进入各个街区进行巡逻，避免严重暴力事件的发生。

2. 住宅区犯罪防控

住宅区是人们日常居住的主要区域，住宅区环境安全与否直接影响居民的切身利益。然而，城市居民的经济水平决定了他们对居住环境的选择；反之，他们生活的区域也影响着他们受到犯罪威胁的可能。一般而言，在靠近商业区既存在许多年代久远的住宅，也有许多现代化的高层建筑区。笔者认为，这些建筑物的级别有可能直接影响了犯罪预防的方向。

对于高档的住宅小区，虽然物业配备了门卫、监视等必要的安保措施。但是，一些研究表明，发生在高层住宅楼内的犯罪率要高于普通住宅。其主要原因可能归结于高层住户的居民之间缺乏沟通与了解，高楼之内反而成了相对有利的犯罪地点。[①] 因而，在预防犯罪的对策上，应更多的强化领域感和参与活动的热情，加强对于生活区域的关注，加深对社区居民的了解，一旦社区居民建立起感情联系，就会有了作为这个社区成员的自我认同感，社区整体形成一种集体凝聚力，这种相互信任和乐于互助的氛围抵御了外来者的

① 参见［德］汉斯·约阿希母姆·施奈德：《犯罪学》，吴鑫涛、马君玉译，中国人民公安大学出版社 1990 年版，第 239 ~240 页。

侵入或者潜在的加害人。[①] 同样理念的应用也体现在美国著名的“邻里守望计划”（neighborhood watch program）中，通过建立有效的邻里互助关系，增进居民间的情感联系，从而达到了减少犯罪的目的。[②]

对于租客而言，这个社区是他们生活的地方，而非拥有特殊含义的家。因而，很难要求他们对于社区活动寄予更高的热情。笔者认为，对于这类出租房居民较多的小区，应该着重加强小区的安保措施，譬如对于租户实行实名制的管理，出入小区需要提供居住证，若有探访者需要出示身份证明，这样可以避免社区人员更加复杂化，也有利于居民自我保护意识的提高。

3. 城市绿地区犯罪防控

作为满足现代人健康生活要求的城市绿地工程，在各大城市如火如荼地进行着。从上海的城市土地类型年度统计可以了解，1997～2007 年，其绿化覆盖率从近 18% 提高近 38% 。[③] 良好的绿地使用有利于增进邻里关系，加强社区居民的主人翁意识。然而，出于城市规划美观的需要和居民健身的便利性，越来越多的城市绿地以开放式的公园为主，茂密的树林和草丛也成为犯罪的摇篮。

笔者认为，城市绿地的视野不够开放，为很多隐蔽性的犯罪提供了可能。因而，如何加强城市绿地的视野和监控能力，是减少城市绿地犯罪率的关键。沿道路布置的线性公园与传统公园相比，若从公园的两侧都可以看到对面的情形，则让人觉得这种环境具有良好的透视性，可以鼓励人们以一种轻松、不带威胁性质的方式娱乐。因而，对于在原有山林等地方改建的公园，具有大面积的林区或树丛，容易发生人身、性攻击等行为，应该加强对此地的巡逻或

① Schwarz Maureen T., Emplacement and contamination: Mediation of Navajo identity through excorporated blood. Boday & Society: 15 (2). pp. 145 – 168.

② Trevor Bennett, Katy Holloway & David P. Farrington, A review of the effectiveness of neighborhood watch. Security Journal: 2009: 22, p. 2.

③ 2008 年上海统计年鉴，上海统计局，网址：http: //www. stats – sh. gov. cn/tjnj/nj09. htm? d1 = 2009tjnj/C1016. htm，最后访问时间：2014 年 8 月 1 日。

监控。对于新建的城市公园，其中道路结构应该尽量简单，道路密度尽量大。绿地种植的植物类型以低矮为主，减少遮挡行人视线可能。

4. 交通枢纽区犯罪防控

作为城市间往来的主要渠道，火车站、客运站、飞机场、地铁站和港口等在城市生活中扮演着越来越重要的角色。这些场所的最大特点在于，是人和财物聚集的主要场所，因而吸引了大量的潜在犯罪人伺机等待犯罪的良机。就我国而言，鉴于地铁交通起步较晚，火车站、客运站等常见交通枢纽地区为犯罪的高发区，且多以侵财型犯罪为主。近年来，也成为恐怖犯罪的主要实施地。

笔者认为，可以将该区域的防控措施融入交通枢纽区域的建筑物结构上来，为了人流往来的便利，尽量提供一个宽敞而且开放的中转场所，同时具备良好的可视性，一旦发生紧急事件便于疏散拥挤的人群。最后，治安警察的巡视也是很必要的，可以让警察身着便装进行巡逻，发现长期从事扒窃、诈骗的人员，在其现行时及时予以抓获。

论街区制发展与 CPTED 理论的融合

金翼翔*

2016 年 2 月 21 日中共中央、国务院印发了《关于进一步加强城市规划建设管理工作的若干意见》（以下简称《意见》），《意见》提出："我国新建住宅要推广街区制，原则上不再建设封闭住宅小区。已建成的住宅小区和单位大院要逐步打开，实现内部道路公共化，解决交通路网布局问题，促进土地节约利用。另外要树立'窄马路、密路网'的城市道路布局理念，建设快速路、主次干路和支路级配合理的道路网系统。"以上内容引起了社会舆论的广泛关注和热烈讨论，而安全问题则成为其中至关重要的一个问题。一个最简单的判断就是已建成住宅小区和单位大院在逐步打开的同时要有相应的犯罪预防措施跟进，而新建的开放式住宅小区则应当在规划和建筑设计中充分体现通过环境设计预防犯罪（Crime Prevention Through Environmental Design）的理念。

一、街区制的解读

街区制是指在城市规划中将城市地块划分为若干街区，每个街区在城市规划的道路边上建设房子。如果对照街区制的概念，我国的许多城市本身所采取的就是街区制，如北京、西安等城市，其道路基本上呈现纵横交错的格局，道路和地块之间的关系基本符合街区制的描述。因此不能单纯从街区制的学术含义来认识我国未来推

* 金翼翔，上海政法学院刑事司法学院讲师、法学博士，禁毒研究中心副主任。

广街区制的发展趋势，而应当结合中央文件的具体内容来进行研判。

中央文件该部分的具体内容表述为：“（十六）优化街区路网结构。加强街区的规划和建设，分梯级明确新建街区面积，推动发展开放便捷、尺度适宜、配套完善、邻里和谐的生活街区。新建住宅要推广街区制，原则上不再建设封闭住宅小区。已建成的住宅小区和单位大院要逐步打开，实现内部道路公共化，解决交通路网布局问题，促进土地节约利用。树立‘窄马路、密路网’的城市道路布局理念，建设快速路、主次干路和支路级配合理的道路网系统。打通各类‘断头路’，形成完整路网，提高道路通达性。科学、规范设置道路交通安全设施和交通管理设施，提高道路安全性。到2020年，城市建成区平均路网密度提高到8千米/平方千米，道路面积率达到15%。积极采用单行道路方式组织交通。加强自行车道和步行道系统建设，倡导绿色出行。合理配置停车设施，鼓励社会参与，放宽市场准入，逐步缓解停车难问题。”

由此可见，我国推广街区制的目的是优化道路资源配置，理念是建设“窄马路、密路网”的道路系统，对象和方法是原则上不再建设封闭住宅小区，已建成的住宅小区和单位大院要逐步打开，实现内部道路公共化。因此，对街区制的研究、对未来街区社会治安形势的研判应当以上述内容为出发点来进行。

二、CPTED理论述评

（一）CPTED理论简史

关于环境与犯罪关系在学术史上其实早有讨论，近代刑法学、犯罪学的先驱贝卡里亚就曾在论及公共秩序时提出“在夜间公费照明”能够改善治安状况。[①]

该部分理论在20世纪60年代开始得到迅速发展，其中就有美

① 参见［意］贝卡里亚：《论犯罪与刑罚》，黄风译，北京大学出版社2008年版，第27页。

国著名作家和民权运动人士 Jane Jacobs[①] 的《美国大城市的生与死》。这本书是对街区制进行研究的较早文献，同时也是较早论述环境与犯罪关系的重要文献。该书指出较高程度的自然监控能够营造一个安全的环境，对居住区的街道采取多种用途可以提升这些街道的自然监控和非官方监控，从而增加潜在的安全系数，那些"长眼睛"的街道都是安全的。[②]

20 世纪 70 年代，关于环境与犯罪关系的研究迎来了理论大爆炸时代。1971 年佛罗里达州立大学（Florida State University）教授 C. Ray Jeffery 出版了题为《通过环境设计预防犯罪》的著作；[③] 1972 年，该学校的另一位学者 Oscar Newman 出版了题为《防卫空间：通过城市规划预防犯罪》的著作。[④] Oscar Newman 的思想在犯罪学和建筑学领域都引起了巨大反响。

1981 年，加拿大学者 Brantingham 夫妇（Patricia and Paul Brantingham）出版了《环境犯罪学》，在 CPTED 的基础上第一次提出了"环境犯罪学"的概念，并将自己称为"环境犯罪学家"（Environmental Criminologist）。笔者没有采用环境犯罪学这一概念的原因在于环境犯罪学在中文中存在歧义，可能被误认为是研究环境犯罪（如污染环境、破坏生态）的学科。1982 年，美国学者

---

① Jane Jacobs（1996. 05. 04 – 2006. 04. 25）是一名美国作家，她的丈夫 Robert Jacobs 是一名建筑师，受到丈夫的影响，Jacobs 对建筑学及相关问题产生了兴趣，后来成为《建筑论坛》的编辑。Jacobs 最为著名的代表作是《美国大城市的生与死》（The Life and Death of Great American Cities，New York：Random House，1961.），该书被认为是城市研究最具影响力的著作之一，该书中文译本信息：《美国大城市的生与死》，金衡山译，译林出版社 2005 年版，2006 年第 2 版。

② Jane Jacobs，The Life and Death of Great American Cities. New York：Random House，1961.

③ C. Ray Jeffery，Crime Prevention Through Environmental Design. Beverly Hills，CA：Sage，1971.

④ Oscar Newman. Defensible Space：Crime Prevention Through Urban Design. New York：Macmillan，1972.

James Q. Wilson和George L. Kelling提出了著名的“破窗理论”[①]。1996年，Kelling又与另一位学者Catharine M. Cole共同撰写了《修理破窗：重建美国城市秩序》（Fixing Broken Windows：Restoring Order in American Cities）[②]，该书于1998年再版，更名为《修理破窗：重建秩序，减少犯罪》（Fixing Broken Windows：Restoring Order and Reducing Crime in our Community）。[③] 破窗理论的基本内容是：如果某一建筑的窗户破损后没有得到修理，那么该建筑的窗户以及其他设施都会在短时间内都遭到破坏。同理，如果某一地区的环境出现恶化而没有得到治理和改善，那么这一地区的环境便会在短时间内遭到破坏。其论证理由是：缺乏修理的破窗暗示该建筑缺乏管理，由于其缺乏管理，对于实施破坏行为便不会受到追究，由于潜在的抑制因素减少，因此破坏行为发生的概率便会上升。

破窗理论与CPTED理论可以认为是同一硬币的两面。破窗理论旨在回答“犯罪如何发生”的问题，CPTED旨在回答“犯罪如何治理”的问题；破窗理论的基本观点是环境会对犯罪产生影响，不良环境会诱发犯罪，而CPTED的基本观点是可以通过环境设计预防犯罪，好的环境能够抑制犯罪发生。上述理论对实务产生了重要影响，著名的纽约市犯罪预防计划、社区警务等社会治安工程都是建立在上述理论的基础之上。

我国著名学者储槐植教授在20世纪80年代提出了犯罪场理论。“场”本来是物理学概念，是指一定质量、能量和动量相互结合的作用领域，作用力在一定领域产生场效应。储槐植教授借鉴了这一概念，提出：“控制犯罪场比控制犯罪原因简便省力，如果控制犯罪原因难以奏效，控制犯罪场就成为犯罪控制的一条捷径，甚

---

① James Q. Wilson & George L. Kelling. “BROKEN WINDOWS：The police and neighborhood safety”.

② George L. Kelling & Catharine M. Cole, Fixing “Broken Windows”：Restoring Order in American Cities, Praeger Pub, 1996.

③ George L. Kelling & Catharine M. Cole, Fixing Broken Windows：Restoring Order and Reducing Crime in Our Communities, Free Press, 1998.

至成为犯罪控制的关键。”[①] 犯罪场的结构是潜在犯罪人与犯罪背景因素的结合。时间、空间因素、侵犯对象因素以及社会控制疏漏本身是中性的，这些背景因素之所以成为犯罪的特定背景，是因为潜在犯罪人体验到它们传递的犯罪易于得逞的信息。因此，犯罪场是主体与客体，主观与客观相结合，存在与潜在犯罪人体验中的特定环境和条件。犯罪场不是纯客观的实体范畴，而是主体与客体之间的一种关系，即关系范畴，这是犯罪场的基本特征。犯罪场在犯罪原因系统中的功能是促成可能的犯罪原因转变为现实的犯罪行为，转变过程就是一种信息传递机制。时、空、被害人因素、社会控制疏漏的信息得以传递，便形成犯罪场，同时或即将实施行为则是犯罪场效应。由此可见，犯罪场理论与破窗理论、CPTED 理论的思想是高度一致的。

（二）CPTED 理论的要素[②]

CPTED 理论认为通过环境设计预防犯罪的措施包含六种要素：

1. 领属性（territoriality）。这一概念也被翻译为领域感。[③] 主要是指空间或事物所表现出的所有权归属。如果某种事物或空间的所有权归属不明确，那么这些事物遭到破坏的风险就会增加，在这些空间中发生犯罪的风险也会增加。相反，如果某种事物或空间的所有权归属明确，那么所有权人或管理人就会对这些破坏或犯罪行为作出反应，因此对这些事物进行破坏或在这些空间内实施犯罪的风险就会增加，相对而言其犯罪的概率就会降低。

2. 监控（surveillance）。这一概念在其他著作里也被翻译为公共监控（public surveillance）或监视。一般情况下，在人员密集的地方发生犯罪的可能性很小，[④] 因为这些地方的监控因素很强，所

① 储槐植：《刑事一体化》，法律出版社 2004 年版，第 33 页。

② 参见赵秉志、金翼翔：《CPTED 理论的历史梳理及中外对比》，载《青少年犯罪问题》2012 年第 2 期。

③ 参见杨英姿：《国外 CPTED 理论实证研究典型案例分析》，载《山西建筑》2010 年第 15 期。

④ 公共场所的扒窃行为是关于监控的一个特例。

以增加街道、社区的监控能够有效防止犯罪的发生。

3. 出入控制（access control）。这一概念在其他著作里也被翻译为入口控制。出入控制主要针对特定空间、建筑的使用而言，如果某一空间、建筑的使用需要对特定人员的身份进行审核，那么该空间和建筑中发生犯罪的概率便会大大降低。

4. 目标强化（target hardening）。目标强化是指对特定目标加强其保护措施，如建设围墙、加高围墙、布置铁丝网、加装防护栏等都属于常见的目标强化手段。

5. 景象/维护（image/maintenance）。景象即空间、建筑等事物所表现出的外部状况。换句话说就是人们看到的这些事物的样子。正如前文“破窗理论”中所提到的，如果某个环境呈现出衰败、混乱的景象，该环境中发生犯罪的概率就会大大增加。因此就必须对环境加以维护，从而防止环境出现衰败和混乱，从而防止犯罪的发生。

6. 活动支持（activity support）。现实中某些环境由于自然原因人流量很少，监控的强度很弱，自然而然地呈现出衰败混乱的景象，因此对于这些地区就需要人为地增加活动来增强其中的监控，防止其出现衰败混乱景象，努力营造欣欣向荣的景象，活动支持就是人为增加该地区的人员活动来实现对于犯罪预防的支持。商业植入（business implant）是活动支持的典型做法，例如在人流较少的街道开设饭店、便利商店、酒吧等商业设施，一方面商业设施增加了人流，增加了监控；另一方面商业设施会改进整个街道的维护，防止了衰败混乱景象的出现。

三、街区制背景下的社区治安研判

（一）景象维护

景象维护是未来街区制推广过程中一个非常重要的概念。这是因为在现有小区保留围墙的情况下，建筑景象/维护与犯罪之间的关联程度并不紧密，小区某个角落或某个区域的建筑呈现出衰败景象并不被社会公众所关注。因此即使该建筑没有得到很好的维护，其景象是衰败的，也不会因此招致犯罪风险。一旦小区围墙拆除之后，建筑的景象与维护与社会公众之间的交互频率就会上升，就会有越来越多的人看到这个建筑的外观，如果该建筑外观呈现出衰败，呈现出维护不佳的情况，那么很有可能会吸引潜在的犯罪人，从而导致犯罪率的上升。

（二）领属性

上文提到“通过环境设计预防犯罪理论”中有六大要素，首当其冲的便是领属性（territoriality）。从上述观点来看，按照现有文件规定，未来不再兴建封闭式小区，各小区、单位大院的道路要打通，这就意味着，楼与楼之间的道路就不再仅仅属于该小区或单位的人员使用，社会公众都有可能使用这一道路，这些道路将从原来的私人领域变成公共领域，它们领属性也就会降低，小区道路的领属性降低意味着整个小区的领属性降低，仅从这一点来看，与领属性降低相匹配的则是该地区的犯罪率会相应升高。

（三）公共监控、活动支持、商业植入

一条街道如果人迹罕至那么其自然监控就小，相应地发生侵犯人身行为的概率就大。如果一条街道灯火通明，商铺林立，那么自然监控就大，相应发生侵犯人身行为的概率就小。

按照街区制的思想，未来不再兴建封闭式小区，这意味着每幢大楼之间的路面都是有车辆和行人通行的，这些道路地面一层都可以开设商铺，而商铺的经济收益显然要高于住宅的经济收益。所以不管是未来兴建的小区以及现有可以改造的大楼的一层都将具有商业价值，从带动经济发展的角度来看是十分合理的，而这种基于经济利益和商业运营的设计也客观地会增加该街区的道路安全。当然，这里需要注意的是，这种安全系数的提高是与那些现有的“断头路”、人迹罕至的公共道路相比，而与小区内部道路相比，其安全系数应该说还是相对小一些。

（四）出入控制与目标强化

出入控制在现实中就是小区入口的门卫、岗亭、入口栏杆、停

车收费发卡器等，对大楼而言就是楼下的门禁系统，包括传统门锁、电子门锁等。从刑事侦查的角度来看，即使发生犯罪其侦查的难度也要明显小于在野外发生的案件，而这种规制也会对犯罪预防给予效果反馈。

我国现有封闭式小区一般都有多栋大楼，小区配有一个或多个大门，物业聘请若干门卫负责小区的出入管理，各幢大楼则一般不再单独设立门卫。如果小区将围墙拆除，将内部道路打通，那么小区的自然入口就会增加，其后续就应当采取相应的应对方案。要么在小区的各个入口都设置门卫岗亭，但是这种做法本身与打通小区道路相违背，既然要打通，就不应当再设置门卫岗亭。或者可以在小区路口治安死角设置值班守望岗亭，不影响路面通行，但对人员状况进行监控。再或者路面上也不设置门卫，而在每幢大楼设置门卫。无论哪种替代方案都无法回避一个问题，那就是门卫数量势必会增加，而门卫数量的增加势必会造成小区物业成本的上升。

必须看到街区制的推广会对未来城市日常功能的运行产生深远的影响，它不仅关系市政规划和建筑设计，更关系人民的安居乐业和地区的长治久安。

目标强化是指对特定目标加强其保护措施，如建设围墙、加高围墙、布置铁丝网、加装防护栏等都属于常见的目标强化手段。从文件来看，现有小区、单位大院要逐步打开的话，其重要举措就是拆除原有围墙，让原单位内部道路与外部道路相连通，这就意味着围墙内部的建筑失去了原有围墙的保护，但从这一点来看，其潜在的受到犯罪侵害的风险是增加的，因此有必要采取额外的措施对这些建筑加强保护，例如一层的住宅或商铺就有必要加固门窗，防止盗窃的发生。建筑的关键部位有必要设置监控和感应报警器来实时预警安全风险。

这也正是将出入控制与目标强化放在一起论述的原因，在出入控制减弱的情况下，就有必要对目标进行进一步强化。围墙和小区入口控制的出入控制方法辐射面很广，在这种情况下，小区内部各楼之间的门禁就可以适当削弱，一层住户的门窗加固也可以相对宽松，而一旦拆掉围墙，作为小区整体的出入控制就削弱了，那么就各大楼之间的出入控制和目标强化就要加强。

（五）小区交通安全

现有封闭式小区内部的道路，不仅具有交通功能，还承担了一部分小区住户的运动休闲功能。除了内部车辆行驶之外，住户还可以在小区内部散步、跑步。在未来小区内部道路打通的情况下小区内的车流量势必会增加，这就给小区住户带来了潜在的交通安全风险，而其中未成年人的安全更是尤为引人关注。因此在打通内部道路的同时，在小区内部或者周边设置城市公园方便市民运动休闲也是十分必要的。近年来被热议的广场舞现象本身就从侧面反映了城市居民运动休闲资源不足，当然也体现了市民运动休闲主观能动性。

四、推广街区制应当通过环境设计预防犯罪

笔者曾在2012年就提出："如果能够将CPTED理论的思想应用到这些规划中，就可以为这些地区未来的长治久安打下一个坚实的基础。"[①] 中国各个城市都正处在或陆续进入旧城改造和房地产建设的高峰时期，新的居住、商业区域正在兴起，这种建设为CPTED理论的实践提供了良好的机遇。与国际相比，我国房地产建设的规划水平相对滞后，从设计理念到配套设施都有待提升。应当将CPTED理论与房地产开发相结合，为社区的治安管理提供一个良好的物理环境。即使从法律法规上要求将CPTED作为房地产开发设计规划的一个必要部分为时尚早[②]，但对于积极主动将CPTED与规划设计相结合的做法也应当予以提倡和鼓励。

---

① 赵秉志、金翼翔：《CPTED理论的历史梳理及中外对比》，载《青少年犯罪问题》2012年第2期。

② 参见李本森：《破窗理论与美国的犯罪控制》，载《中国社会科学》2010年第5期。李本森博士在该文中将CPTED理论的实践定位为犯罪风险的环境评估，笔者认为这种定位在中国为时尚早，但却是未来的发展方向。

基于实证的街面侵财犯罪及其预防研究

——以宁波市北仑区为例

张应立*

街面犯罪，在我国也称街头犯罪或街路面犯罪，是一种对人民群众人身及财产安全影响较大的犯罪，也是一个城市社会治安状况的风向标、晴雨表。准确地把握街面犯罪现状是预防和控制街面犯罪的前提和基础。从实践层面来看，各地公安机关历来重视对街面犯罪的控制，不断探索街面犯罪的防控措施。从理论层面来看学界对街面犯罪的研究重视还不够，根据对中国知网的检索，截止到2016年3月1日，以“街头犯罪”为关键词的文章共5篇，以“街面犯罪”为关键词的文章共19篇，以“路面犯罪”为关键词的文章共2篇。为数不多的街面犯罪研究中，基于实证的研究就显得更少。有鉴于此，为有助于更好地认识街面犯罪，笔者根据对宁波市北仑区2013～2015年3年间街面犯罪现象的考察，对街面侵财犯罪的特征及预防做些探讨，以期抛砖引玉。

一、街面犯罪的概念

街面犯罪在我国尚没有统一的称谓，公安机关通常称之为街面

---

* 张应立，宁波市公安局北仑分局办公室副主任、宁波大学兼职教授硕导、中国犯罪学学会理事。

犯罪或者街路面犯罪，学界往往沿用美国犯罪学的概念称之为街头犯罪。美国犯罪学认为："街头犯罪是指发生在大城市中心的住宅区和商业区的暴力犯罪和侵犯财产犯罪，街头犯罪具体包括夜间入室盗窃、盗窃、纵火、杀人、非预谋杀人、抢劫、盗窃汽车、入店盗窃、强奸、破坏文化艺术的行为以及吸毒。"[①] 可见美国犯罪学中街头犯罪的范围是比较宽泛的，包括街面发生的犯罪和沿街店铺、住宅区及住宅内发生的犯罪。我国犯罪学界较为一致的观点认为街面犯罪是指发生在街面的犯罪，不包括住宅区及住宅内发生的犯罪。有学者认为所谓街头犯罪就是发生在街头（或街面）上的刑事犯罪，近年来抢劫、抢夺、盗窃、诈骗等街头犯罪比较突出，几乎占全年发案的三分之一。[②] 也有学者认为所谓街面犯罪是指发生在城市街道车站、公园、商场、码头、公共交通工具等公共场所的违法犯罪[③]。另有学者认为街面犯罪一般系指发生在城镇街道、广场等露天公共场所的犯罪[④]，从这一概念上理解街头犯罪不包括公共交通工具上及商场、码头内部发生的犯罪。

对我国目前学界与实务部门存在的街头犯罪的不同称谓，笔者赞同称为街面犯罪，一是我们没有必要生搬硬套外国的概念，既要考虑到对实践的指导意义，兼顾实践中的通用性，又要照顾群众的语言习惯；二是我们使用的街面犯罪概念的内涵与外延明显不同于国外，我们认为街面犯罪应当是指发生在城市公共交通工具上、露天公共场所、街道路面上及沿街店面商场内的犯罪。由于目前我国城市的住宅区都是以围墙与街头路面相隔离，相对封闭，大多数由物业公司管理，业主委员会负责监督，因而防范管理相对严密使住

---

① 康树华、王岱、冯树梁：《犯罪学大辞书》，甘肃人民出版社 1995 年版，第505～506 页。

② 参见杨霞：《浅谈通过科技手段打击街头犯罪》，载《湖南警察学院学报》2004 年第 2 期。

③ 参见马海舰：《论街头犯罪的特点及侦查对策》，载《犯罪研究》2007 年第 3 期。

④ 参见周忠伟、李小强：《遏制街面犯罪的警务机制研究》，载《中国人民公安大学学报》2005 年第 6 期。

宅小区里面发生的犯罪的特点与街面犯罪有较为明显的区别。街面犯罪往往针对不特定人员和财物，负面社会影响传播快，对公共安全危害较大，历来是公安机关打击防范的重点。从司法实践角度来看，街面犯罪中最常见的是侵财性犯罪，包括盗窃及毁损财物两大类侵财性犯罪。

二、本研究对象的典型意义及研究方法

本课题研究的对象是宁波市北仑区 2013～2015 年的街面侵财犯罪。北仑区是计划单列市——宁波市下属的 6 个区之一，也是我国新兴的沿海经济发达区域，地处我国陆地最东部，原属于镇海县，经 1984 年、1985 年两次调整，撤销镇海县一分为二成镇海区、滨海区，1987 年将滨海区更名为北仑区。目前的北仑区域，由北仑新区、宁波保税区、大榭开发区、梅山保税港区组成，是宁波市城区的核心区域，陆地面积 593 平方公里，截止到 2015 年北仑区城市建成区域的总面积 143 平方公里，户籍人口 36.7962 万人，登记在册流动人口 50.6758 万人。2015 年全区实现国内生产总值 1130 亿元，财政收入 380.2 亿元。北仑区域街头侵财犯罪研究在沿海经济发达城市区域具有典型意义。

本课题研究采取统计分析法、观察法与访问法相结合。对接处警平台原始数据借助 Excsl 进行梳理分析，与观察、访问相结合，进而得出街面侵财犯罪的规律特征。

本课题中北仑街面犯罪数据来源于有效警情数，是由北仑区有效警情中刑事与治安两部分之和构成，不包括交通及火灾警情数。笔者是基于：（1）由于近年来各级政府的平安考核及公安机关内部考核都要求刑事发案只降不升，一些地区控制发案任务难以完成时就会在立案数据上做文章，立案时在治安与刑事之间上下浮动，由于警情需向报警人及时反馈，受报警人的监督，因而实践中有效警情数据相对真实可信；（2）犯罪学意义上的犯罪是指有社会危害性的行为，国外也没有治安与刑事案件之分，因而将实践中两类

警情数据之和来研究街头犯罪更接近于犯罪现象之真实状况，也方便与国外犯罪学研究同行的交流。

三、街面侵财犯罪特点

（一）街面侵财犯罪的发案与总体发案特点相一致，受发案总体特征的左右

北仑区域2013～2015年总体发案增长幅度较大，盗窃等侵财性犯罪居高不下。盗窃、“两抢”、诈骗三类传统侵财性犯罪2013～2015年占总发案数的比例分别为79.4%、76.2%、82.5%，三年年均79.4%，2015年三类传统侵财犯罪占总发案比比2013年上升了3.1个百分点，占总数比例略有增加。如果按照盗窃、“两抢”、诈骗、毁损财物四大类侵财犯罪发案计算则侵财犯罪占发案总数比例分别为：84.7%、81.4%、88.2%，三年年均84.77%，2015年四类侵财犯罪发案数所占比例与2013年相比上升了3.5个百分点。从四类侵财犯罪来看，北仑侵财犯罪更加突出。四类侵财犯罪中盗窃、诈骗增加最为明显，2015年盗窃发案比2013年增长了27.67%，诈骗发案更是增长了316%，诈骗发案增长主要是非接触性的网络电信诈骗增长迅速。四类侵财犯罪中“两抢”（抢夺、抢劫）作为暴力型侵财犯罪，呈曲线下降趋势，由2013年的117起上升到2014年的132起，上升了12.8%，2015年又由2014年132起下降到108起，降幅达18.18%，与2013年相比降幅为7.69%。“两抢”犯罪的下降，反映北仑街面整体防控能力的增强。北仑区域总体发案情况见表1、图1。

表1　2013～2015年北仑区总发案及侵财发案情况表　单位：件

年份	总发案数	盗窃	诈骗	两抢	毁损财物
2013	12018	8867	561	117	636
2014	16308	11163	1134	132	853
2015	16686	11321	2335	108	956

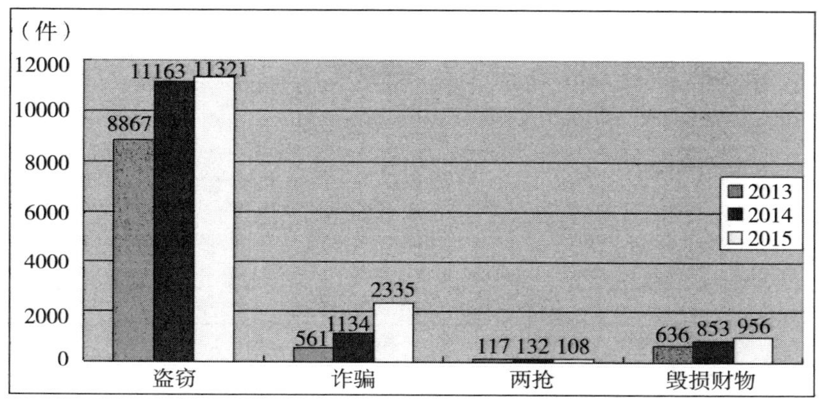

图 1 2013～2015 年北仑区总发案及侵财发案情况图

（二）街面侵财犯罪总体水平较高，是影响群众安全感的重要因素

2013～2015 年北仑街面盗窃、诈骗、“两抢”、毁损财物四类主要侵财犯罪占总发案数的比例分别为：24.15%、21.61%、30.78%，三年年均 25.51%，2015 年街面四类侵财犯罪占总发案数比例与 2013 年相比上升了 6.63 个百分点。北仑 2013～2015 年街面盗窃占发案总数的比例分别为 19.58%、17.35%、25.74%，街面盗窃占北仑总发案始终在 1/5 左右徘徊，从这一比例上可以看出街面盗窃发案数决定了街面侵财犯罪的发案水平。街面侵财等犯罪由于街面人员流动量大、流动性强等特点，负面影响扩散快，随着自媒体时代的来临，街面侵财等犯罪负面影响扩散速度加剧，对群众安全感的消极影响也在加大。2013～2015 年北仑街面侵财犯罪情况见表 2、图 2。

表 2 2013～2015 年北仑街面侵财犯罪发案情况表 单位：件，%

年份	总发案数	街头盗窃	街头盗窃	街头诈骗	街头诈骗	街头两抢	街头两抢	街头毁损财物	街头毁损财物
2013	12018	2354	19.58	54	0.44	117	0.97	380	3.16
2014	16308	2829	17.35	156	0.96	132	0.81	406	2.49
2015	16686	4295	25.74	192	1.15	108	0.65	541	3.24

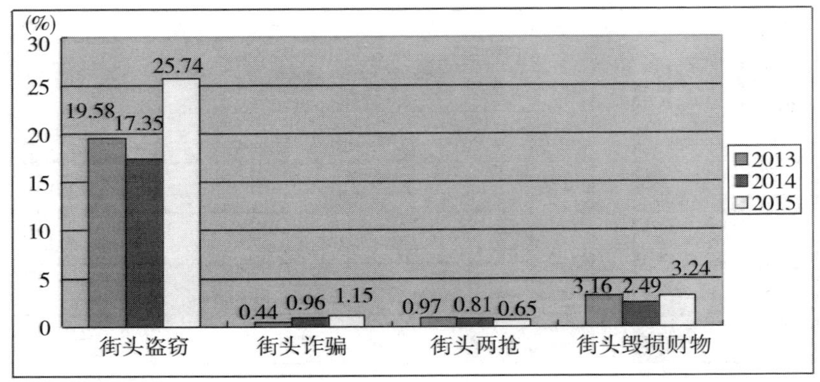

图2　2013～2015年北仑街面侵财犯罪发案情况图

（三）街面盗窃“三车”犯罪较为突出

司法实践中习惯将与普通群众出行息息相关的电动自行车（以下简称电瓶车）、摩托车、自行车称为“三车”。同全国一样，电瓶车也已经成为北仑多数群众出行的主要交通工具，北仑目前电瓶车年保有量在40万辆左右，在方便群众出行的同时，也成为盗窃等犯罪的重要侵害对象。北仑区街面盗窃“三车”犯罪也是较为突出的。2013～2015年街面盗窃“三车”占“三车”盗窃总数比例分别为：44.42%、54.09%、60.74%，2015年占比比2013年上升了16.32个百分点，可见北仑街面盗窃“三车”犯罪增长迅速，三年来北仑街面盗窃“三车”占盗窃“三车”总数年均为53.08%，也就是说，超过半数的盗窃“三车”案件是发生在街面的。街面盗窃“三车”中盗窃电动车犯罪更为突出，2013～2015年北仑街面盗窃电瓶车占盗窃电瓶车案件总数比分别为43.19%、53.5%、61.49%，2015年比2013年占比上升了17.3个百分点，高于街头盗窃“三车”的增长水平，三年年均为52.73%。2013～2015年北仑区域街头盗窃“三车”情况见表3、图3。

表 3 2013～2015 年北仑街面“三车”盗窃情况表 （单位：辆）

年份	盗窃电瓶车数	街面盗窃电瓶车数	盗窃自行车数	街面盗窃自行车数	盗窃摩托车数	街面盗窃摩托车数
2013	2248	971	178	108	129	56
2014	3028	1620	296	172	61	39
2015	3553	2185	267	146	90	44

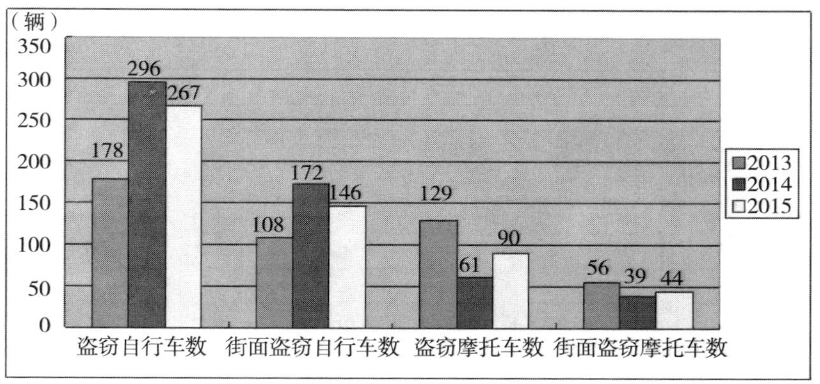

图 3 2013～2015 年北仑街面“三车”盗窃情况图

（四）街面公共场所发生的侵财犯罪比例较高

北仑街面公共场所内发生的扒窃、盗窃电瓶车、毁损财物占同类盗窃比例较高。北仑 2013～2015 年公共场所四类侵财犯罪占街面侵财犯罪比例分别为：37.18%、41.24%、33.7%。同期北仑发生在公共场所的扒窃占扒窃总数比分别为：67.82%、68.69%、70.2%；公共场所盗窃电瓶车占盗窃电瓶车总数比分别为：17.3%、18.26%、18.8%。公共场所盗窃车内物品的犯罪也较为突出，由 2013 年占盗窃车内物品犯罪的 14.58%，上升到 2015 年的 27.52%，增长了 12.94 个百分点。北仑的大润发、银泰、富邦及高塘等四大综合商业圈的广场、停车场、商场里面始终是侵财犯罪的高发区域，仅一个大润发商场里面的扒窃就要占北仑全部扒窃的 1/5～1/4。应当注意的是街面公共场所盗窃等犯罪较为突出，反映出北仑街面公共场所防范较为薄弱。北仑区域 2013～2015 年街头公共场所盗窃发案情况见表 4、图 4。

表 4　2013～2015 年北仑区街面公共场所盗窃情况表

年份	扒窃	公共场所扒窃	盗窃车内物品	公共场所盗窃车内物品	盗窃电动车	公共场所盗窃电动车
2013	432	293	288	42	2248	389
2014	444	305	409	149	3028	553
2015	584	410	407	112	3553	668

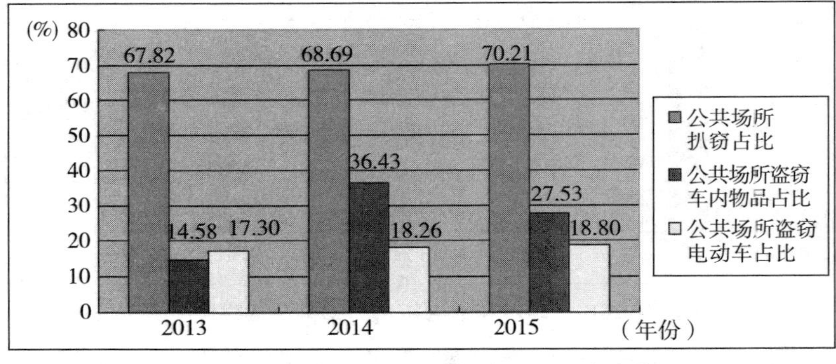

图 4　2013～2015 年北仑区街面公共场所盗窃情况图

（五）街面毁损财物犯罪发案上升较快

北仑 2013 年街面毁损财物占全部毁损财物的 59.75%，2015 年虽下降到 56.59%，但是仍然超过毁损财物犯罪的半数，值得注意的是北仑街面毁损财物只是占全部毁损财物案件比例下降但发案绝对数却大幅度上升，上升了 42.37%。北仑街面毁损财物犯罪中划、砸汽车又占了绝对多数，2013～2015 年北仑街面毁损财物中划、砸汽车案件所占比例分别为：93.68%、87.44%、85.77%。划、砸汽车占北仑街面毁损财物的绝对多数，与近年来北仑私家车保有量持续快速增长无序停车有关，近年来北仑私家车保有量每年以 2 万辆速度递增。北仑区 2013～2015 年街面公共场所毁损财物发案情况见表5、图5。

表5 2013～2015年北仑街面毁损财物犯罪发案情况表

年份	毁损财物数	街面毁损财物数	其中划、砸车辆数
2013	636	380	356
2014	853	406	355
2015	956	541	464

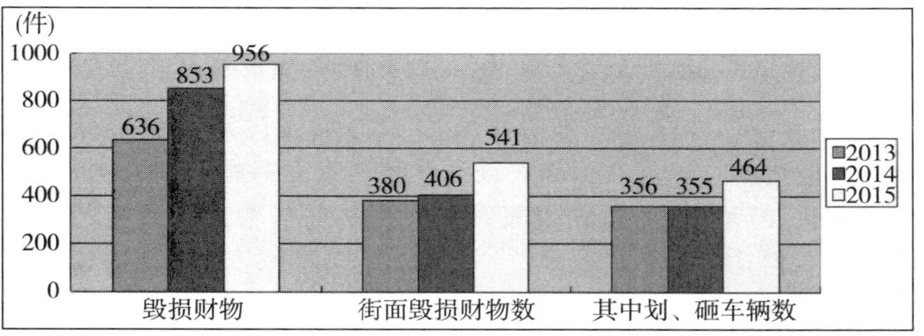

图5 2013～2015年北仑街面毁损财物犯罪发案情况图

(六)从发案时间上看，春节期间街面犯罪明显减少，其他月份相对变化不明显

2014～2015年两个年度均是2月发案明显减少，而3月则又明显增多。以盗窃为例，2014年2月，盗窃发案总数及街面盗窃数比其他月份月均数几乎减少了一半，其他11个月月均盗窃及街面盗窃发案数分别为964.6起、245.5起，2014年2月两者降幅分别为42.74%、47.8%，2014年3月盗窃发案总数超过其他月份月均数的9.8%，街面盗窃达到其他月月均数的88%。2014年每个月盗窃发案数及发案曲线分别见表6、图6。

表6 北仑2014年盗窃每个月发案情况表

月份	1	2	3	4	5	6	7	8	9	10	11	12
盗窃总数	689	552	1060	1038	1063	847	936	975	990	996	992	1025
街头盗窃	164	128	216	221	230	226	193	239	261	304	304	343

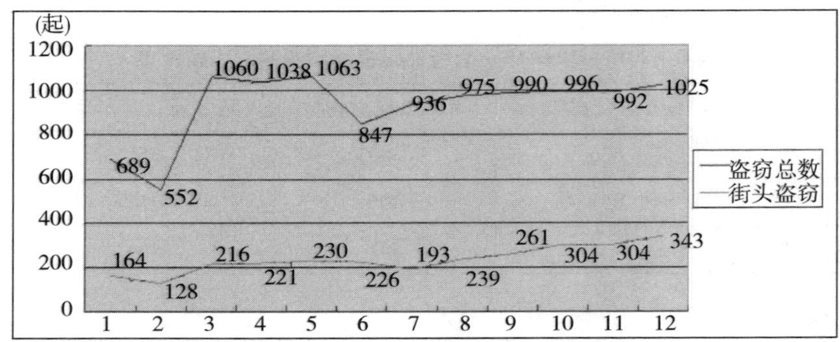

图 6 北仑 2014 年盗窃每个月发案情况图

2015 年 2 月以外其他月份盗窃、街头盗窃月均发案分别为 981.8 起、375.5 起，2 月盗窃及街头盗窃发案降幅分别为 45.9%、56.1%。2015 年 3 月盗窃发案总数及街头盗窃数比 2 月有较大幅度上升，但均略低于其他月份月均数。春节期间盗窃等犯罪明显变化，与北仑流动人口春节期间回流有关，同其他经济发达区域一样，流动人口始终是北仑违法犯罪的主力，流动人口的流向对违法犯罪影响也很明显，当流动人口向源头地回流时北仑的包括街头犯罪在内的警情就会减少，反之当流动人口向流入地北仑流动时，北仑各种犯罪警情就会突然明显增多起来。2015 年每个月盗窃发案数及发案曲线见表 7、图 7。

表 7 2015 年北仑盗窃每个月发案情况表

月份	1	2	3	4	5	6	7	8	9	10	11	12
盗窃总数	990	531	845	953	994	1049	1032	957	794	877	924	1375
街头盗窃	325	165	311	398	414	327	457	340	292	360	335	571

（七）街面侵财犯罪作案以初中以下文化程度的 35 岁以下男性流动人口为主

虽无法细分街面侵财犯罪人员特征，但作为侵财犯罪主体部分，街面侵财犯罪人员特征与全部侵财犯罪人员特征基本一致。

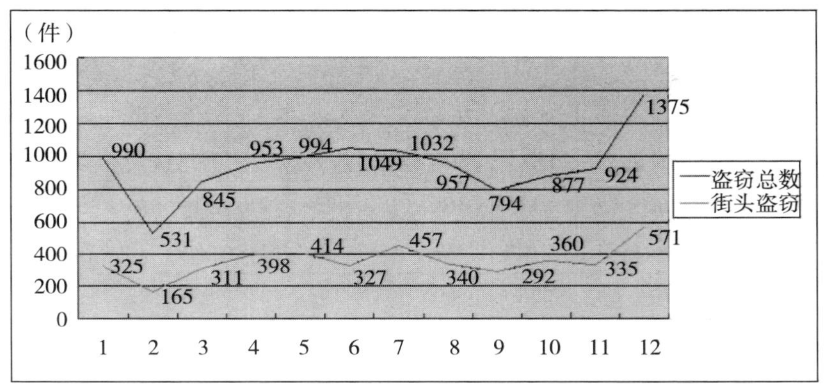

图 7　2015 年北仑盗窃每个月发案情况图

2013 年至 2015 年北仑共抓获侵财违法犯罪人员数分别为 1212 人、1363 人、924 人，抓获侵财违法犯罪人数 2015 年比 2013 年下降了 23%。抓获侵财犯罪人数较大幅度减少，反映侵财犯罪打击力度的降低。三个年度中流动人口占抓获的侵财犯罪人员比例分别为：80.36%、94.06%、90.04%，流动人口占抓获的侵财违法犯罪人员比例年均为 88.15%。由于治安处罚中违法人员文化程度没有统计，从抓获的侵财犯罪嫌疑人来看，初中及以下文化是主流，2013 年至 2015 年初中及以下文化占抓获侵财犯罪嫌疑人比例分别为：94.05%、95.76%、95.45%，初中及以下文化三年年均为 95.08%。抓获的侵财违法人员数少于侵财犯罪嫌疑人员数，2013～2015 年北仑抓获侵财犯罪嫌疑人分别为 807 人、732 人、593 人，同期抓获侵财违法人员 405 人、631 人、331 人。从发案情况看，小案的发案远多于大要案的发案，或者说治安案件发案数要远多于刑事案件发案数，抓获侵财违法犯罪人数构成是犯罪的（大案）远多于违法（小案），说明小案的侦破查处率更低。北仑 2013～2015 年抓获的侵财违法犯罪人员情况见表 8。

表8　2013～2015年北仑抓获侵财性违法犯罪人员情况表

年份	总数	性别		年龄	户籍		文化程度				
		男	女	25岁及以下	26～35岁	区外	区内	文盲	小学初中	高中以上	备注
2013	1212	1135	77	517	365	974	238	21	738	48	犯罪嫌疑人有文化记录
2014	1363	1289	74	520	359	1282	81	14	687	31	
2015	924	870	54	355	300	832	92	33	553	27	

四、制约和影响街面犯罪的因素

根据情景预防理论，结合北仑实际，笔者以为制约和影响街面犯罪诱发因素主要有以下几点：

（一）街面防控相对薄弱

一是街路面巡控警力不足。2013年北仑开始全面推进“巡处一体化”[①]警务机制改革，街路面巡控的警力增幅较大，但是街面民警巡控数没有什么增加，增加的只是协辅警，而协辅警由于缺乏独立的执法权，制约和影响了对违法犯罪的震慑力。从北仑实际看，不包括交警在内每日街路面带班巡控的民警不足20人，加上参加巡控的协辅警，也不过200人，与城区143平方公里面积及庞大的人流、物流相比，显得极不相称，按照城区面积计算每平方公里不到1.5名警力（含协辅警）。二是技防跟不上城市发展水平，进入21世纪以来北仑城市建设发展迅速，城区规模快速扩张，然而，城市公共安全防范设施没有同步推进。以视频技术为例，北仑城市公共视频中心尚未建成使用，现有视频资源分散在政府各个部门及商业、企事业单位里，视频技术在街面等犯罪防控中作用没有得到充分发挥，视频巡控及视频对街面犯罪现场处置的指挥作用等

① 参见叶元杰、张应立：《巡处一体化警务机制研究》，载《山东警察学院学报》2013年第5期。

均没能切实发挥。电子围栏在城市街头犯罪防控中有很好的作用，目前北仑的电子围栏仍处在建设初期。智能电子防盗门推广应用也存在欠缺。

（二）街面侵财犯罪侵害的目标多

一是随着生活水平的提高，群众随身佩戴、使用名贵物品日益增多，尤其是夏秋季节衣物穿着相对较少，一些群众有意、无意地佩戴价值不菲的珠宝首饰，吸引眼球，北仑发生的飞车抢夺案件中，就有一些是受害人脖子上戴很粗的项链，被犯罪分子盯上尾随趁机抢走，被抢的人也因此摔倒受伤。二是私家车多，车辆随意停放，很多车停放在没有人看管或没有视频监控的区域，车内又放置包裹及贵重物品，容易引起犯罪分子注意而遭到侵害。随着收入的增加，同其他地区一样北仑私人拥有车辆也大幅度增长，到2015年底北仑私家车保有量已达到22万辆，按照实有人口数计算平均不到4个北仑人就拥有一辆私家车，居民区甚至街路面停车位普遍紧张，造成随意停放现象严重。街面侵害目标多了，防控漏洞也随之增加，容易为犯罪分子提供可乘之机。

（三）群众自身防范意识缺乏

笔者曾专门探讨过被害人过错在犯罪发生中的作用，并提出“被害人过错诱发犯罪意识、创造犯罪实施的条件、降低犯罪实施的风险。被害人过错可以使无犯罪意识之人产生犯罪意识，有犯罪意识的人强化犯罪意识；被害人过错还可以提高犯罪既遂率。被害人过错主要体现为轻信、疏忽、刺激等方面”①。街头侵财犯罪中同样也存在被害人过错，这种过错主要表现为群众防范意识淡薄，也可以说群众防范意识淡薄是街面侵财犯罪的重要诱发因素。一是一些群众比较粗心疏于防范。一些电瓶车车主在自家店面门口停放，认为自己时不时注意着就不会被盗，甚至大意到连锁都没有

① 张应立：《论被害人过错与犯罪》，载《福建公安高等专科学校学报》2002年第2期。

上，犯罪分子顺手牵羊毫不费力就可以将电瓶车偷走。一些私家车车主在停车时往往不去确认车门有没有锁牢，匆忙离开，等回来时发现车内物品被盗，一检查没有撬盗痕迹，经警方检验后发现是车主匆忙中没有锁好车门。北仑曾发生一起特大的金店店主被抢案件，店主的疏忽大意是造成被抢的重要原因，店内及店门前均没有安装视频监控，店主案发前每晚均用塑料袋将店内金银首饰随意拎在手中往店门对面不到100米的住处走，结果被犯罪分子盯上，在与街道主干道交叉口不到30米的里弄里犯罪嫌疑人从背后推倒店主将放有巨额金银首饰的塑料袋抢走。还有一居民从银行取出5万元钱，放有巨款的包拎在手上，一边打手机一边走路，在离银行不远的桥上，被骑摩托车作案的歹徒一把抢走装着5万元巨款的拎包。北仑一些城市主干道车多，晚上主干道的人行道上行人稀少，一些女工下班时间拎着包穿着高跟鞋步行在街道上容易成为抢劫犯罪的目标。二是轻信。近年来北仑街面不时发生开着豪车冒充港澳同胞或海外华侨，借口遇上紧急情况，手机没电或银行卡无法使用，求助帮忙，一些群众被好车及西装革履迷惑一时未防范，轻易相信骗子谎言，导致手机被骗走或银行卡里的钱被当面取走。近年来北仑街面轻信宝物、神药、兑换外币等诈骗明显减少，但街面轻信有关系能打赢官司或轻信能介绍好的工作、安排子女到好的学校读书等诈骗有所增加。

（四）销赃渠道多，销赃便利

侵财犯罪的多少很大程度上与销赃是否便利有关，销赃简捷、便利则刺激着侵财犯罪的发生，反之销赃困难则会抑制侵财犯罪的发生，可以说销赃的困难程度与侵财犯罪的发生成反比关系，销赃难度越大则侵财犯罪越少，销赃难度越小则侵财犯罪越多，街面侵财犯罪由于流动性强受此规律影响更明显。一是旺盛的需求与巨大的利润空间刺激着街面等侵财犯罪的发生，街面侵财犯罪中盗窃“三车”居多，“三车”中尤其是电瓶车已经成为大多数群众居家必备的出行工具，电瓶车本身使用寿命较短，与人员流动性强的结合，刺激着对电瓶车的需求。目前各地的电瓶车破案率普遍较低，而犯罪分子只需简单的开锁工具，加之电瓶车自身防盗性能差，停放处又往往缺少看管监护，盗窃容易成功。二是“二手”物资回收市场监管不力，为销赃提供了便利。“二手”物资市场对回收废旧物资，减少污染，促进资源再生利用，发展循环经济，贯彻科学发展观等均有着重要意义。然而目前一些地区“二手”物资回收市场普遍监管不力，监管漏洞多，容易为犯罪分子利用进而危害社会治安。侵财犯罪的赃物不少是流向“二手”物资回收市场的，通过“二手”物资市场进行销赃。此外，也有些群众贪图便利不问出处就近随意购买包括电瓶车在内的“二手”物资。便捷的交通在方便人们生产生活的同时也为侵财犯罪的异地销赃提供了便利，有整车运往外地销售的，也有拆成零部件运往外地销售的，相对于整车销赃而言销售零部件的风险更小，甚至由于零部件销售风险更低催生了专门盗窃电瓶车（汽车）电瓶的犯罪。

五、预防控制街面犯罪的对策

预防控制街面犯罪也需要从软硬件及内外部两个方面着手，结合司法实践具体可以采取以下措施：

（一）强化教育宣传和警示提醒，提高全社会的防范意识

防范意识的提高依赖于教育宣传和警示提醒两个方面，防范意识的教育宣传要讲清两点，一是自身的疏忽等过错容易为犯罪分子的侵害创造条件提供可乘之机，因而教育宣传中可以与普及被害人学知识结合起来，让群众明白被害人在犯罪发生中起着重要作用，自身的疏忽或过错可以诱发或强化犯罪动机，降低犯罪风险，为犯罪的实施提供便利等，进而有助于减少或克服群众的被害纯粹无辜思想；二是要及时进行警示提醒，定期发布街面等犯罪作案特点规律，让群众行使社会治安的知情权，使群众对社会治安状况心中有数，以便群众更好地配合公安机关做好防范工作。警示提醒应当分级实施，设区的城市实行派出所、分局、市局三级警示提醒，不设区的市实行派出所、市局两级警示提醒。一般应当定期进行，特定的多发性案件出现时可以随时发布。警示提醒的内容包括犯罪分子

作案的规律特征、作案手法工具和具体的防范措施等。通过及时而广泛的警示提醒群众，提高群众的警惕性，增强群众的防范意识，进而实现防范街面犯罪侵害的目的。警示提醒应当以多种形式进行，既可以在网络、电视、报纸等媒体上开展，也可以通过警民恳谈会、侵财案件上门回访、居民小区张贴告示等形式开展，务求实效。

（二）树立整体观、全局观，科学统筹犯罪防控，通盘考虑街面犯罪防控与其他区域犯罪防控的联动

现在不少地区的犯罪防控有点“头痛医头，脚痛医脚”的特征，哪一类犯罪突出了就着力治理哪一类犯罪，哪个区域犯罪严重了就集中治理哪个区域，甚至出现哪类犯罪突出就去成立一个新的警种去应对，缺少科学统筹，导致犯罪与防控间长期处于拉锯战，此消彼长。为此要在犯罪防控问题上树立整体观、全局观，统筹各种防控措施，通盘考虑各个区域、各种类型犯罪的防控，坚持重点打击与全面布防相结合，坚持重点区域的特殊防范与全域整体防范相结合，合理安排警力资源和技术措施，防止犯罪与防控间的“躲猫猫，捉迷藏”，防止出现街面犯罪被压下来了，居民小区背街里巷的犯罪又上升了的局面，变发案后的被动防范为发案前的主动防范，切实提高防范工作的科学性与实效性。

（三）同步推进机构改革与勤务机制改革，切实下沉警力，充分发挥公安机关在打击和防控犯罪中主力军作用

公安机关始终是打击和防控犯罪中的主力军，只是受制于各方面因素，近年来一些地区的公安机关打击和防控犯罪主力军作用没有很好地发挥出来。影响公安机关打击和防控犯罪主力军作用发挥的因素是多方面的，从目前不少地方的实践来看，更重要的因素是警力和勤务机制问题。解决警力问题需从内外两方面着手，一是应当整合街路面各种执法力量，从政府机构改革做起，将街面执法力量合并到街面治安或巡逻警察中，从裁减掉的政府其他街面执法机构中优选合适人员经严格的培训考核后充实到街面巡逻警察力量

中，既精简了政府其他机构又适当弥补了警力的不足。二是要在地市级以下公安机关大力推进“大部制”“大警种”，既可以打破警种细化造成的公安机关内部壁垒与封锁，整合内部资源，使警务资源要素作用最大化，又可以增强公安机关实战性，将有限的警力用到最需要的基层一线，切实提高街路面见警率。地市级以下公安机关推进“大部制”“大警种”的阻力主要来自对提高民警职级待遇的担忧，2016 年 1 月中央深改领导小组会议已原则通过了《执法勤务警员职务序列》和《警务技术职务序列》两个改革方案，随着两个职务序列改革方案的实施，将逐步打消这种担忧，进而加快“大部制”“大警种”改革。此外在实现警力真正下沉的同时同步推进公安机关的勤务机制改革，建立信息情报引导的勤务机制，实行错时上下班制度，按照发案规律特征，将多数警力安排在违法犯罪高发时段，真正实现“警力跟着警情走”，把巡逻防控与精准打击结合起来，切实提高社会治安动态管控能力。

（四）健全和完善城市公共安全防范体系

宏观层面要将公共安全防范设施纳入城市基础建设规划中，提升城市建设规划的科学性。当前城市规划系统性、全面性、前瞻性不强，影响了城市建设规划的科学性，城市街道“挖了又填，填了又挖”，群众看到是挖不好的街道修不完的道路，出现了城市建设的反复。除了对城市各种管道网线没有统筹规划外，公共安全防范设施规划的缺乏，也是重要原因。微观层面：一是要成立城市公共安全视频中心，统筹政府财政出资建设的各种视频，既可以避免视频建设的重复投资，又可以减少有限财政资源的浪费，最大限度地实现视频资源的整合，使视频资源在维护社会治安服务民生中的作用最大化；二是要将电子围栏等电子轨迹识别系统与电信企业基站及交通安全信号灯等设施建设结合起来，基础设施共享，既可以减少财政投资，又可以提高城市公共安全的技术防范水平；三是城市街面建筑及居民住宅区建设时，统一要求安装智能电子门锁，公共场所要规划建设有专人看管或技术监控的公共停车场所，抑制沿街建筑及公共场所的盗窃电瓶车等侵财性犯罪的发生。

（五）强化“二手”物资回收市场的监管，堵塞销赃渠道

根据对办案民警和抓获的侵财犯罪嫌疑人的调查，大多数侵财犯罪是为了销赃牟利，因而提升销赃难度，很大程度上可以起到抑制侵财犯罪发生的目的。为此：一是综合执法要经常化、制度化，实行公安、市场监管、交通运输、城管等部门联动，既要及时互通信息，又要采取联合执法，依法取缔无证经营的“二手”物资回收活动，打击其中收购、销售赃物的违法犯罪。二是规范有证的“二手”物资回收经营活动，建立准入制度，明确有收购赃物及侵财犯罪前科的人员，禁止从事“二手”物资回收活动，建立网上报备系统，借助互联网平台，采取视频与其他信息同步输入方式，采集“二手”交易的物资信息及销售人员的身份信息，进行赃物自动比对，公安机关与市场监管等部门分别抽查、检查，公安机关也可以就近期发生的侵财犯罪进行针对性预警，要求“二手”物资回收经营者及时发现并举报销赃犯罪活动，奖惩并举，奖励举报有功者，依法查处知情隐匿不报者，净化“二手”物资回收市场。三是教育群众自觉抵制路边来历不明的销售“二手”物资活动，防止成为侵财犯罪的帮凶。

（六）健全侵财犯罪的打击机制，提高打击能力

增加犯罪风险提高犯罪成本，是预防和控制犯罪的重要措施。从司法实践层面来看，破案率高低是影响犯罪风险和成本的重要因素，破案率越高则风险越大成本越高。一是要正确处理打防关系，树立“以防范为主，打击是一种有效的防范，好的防范措施也就是好的打击措施”的理念①，扭转一些地方出现的将打击与防范工作人为地隔离甚至对立起来的做法，科学统筹好打与防的关系；二是扭转不重视“小案”侦破的现象，公安机关有重视大要案侦破的传统，近年来由于大要案上升，一些地方出现不重视“小案”

① 参见张应立：《基层公安机关打击犯罪新机制研究》，载《山东警察学院学报》2016 年第 1 期。

侦破的现象，其实“小案”多发对群众安全感满意度影响更直接，案值虽小，但对普通群众生活的影响并不小，重视小案的侦破要坚持“两手抓”，一手抓现行犯罪的抓捕率，一手抓扩大战果深挖余罪。为此要在精简机构下沉警力的基础上在刑侦部门组建或强化便衣侦查力量，一方面强化情报信息研判对便衣侦查活动的指导，强化视频巡控对便衣侦查的协调调度，对视频巡控中发现的或者群众报警的现发街头侵财犯罪，迅速调阅查看相关视频，调度便衣跟踪、堵截及时抓获犯罪分子；另一方面要重视街头侵财犯罪的证据收集，既要重视现场的痕迹证据收集，又要注意视频资料的收集，积累证据线索进行比对和串并案侦破。

环境设计预防犯罪：北京市大兴村庄社区化管理的经验

周俊山　孙永生*

如何在城市化进程中有效防控城市犯罪，已成为一个全球性政府管制与社会治理的难题。城市社区作为居民生活的基本单元，其治安状况关系社会稳定和民众的切身利益。随着我国城市化进程的加快，大批人口涌入城市。处于城乡结合部的地区，传统的村庄管理模式已不适应现实的需求，基础薄弱，管理不到位，服务职能欠缺，难以承受大批涌入的流动人口，社会管理承受巨大压力。面对这种新情况、新问题，北京市大兴区通过环境设计预防犯罪探索实施村庄社区化管理，走出了一条符合当地实际的农村社区建设新路，是北京在城乡统筹发展、城乡一体化进程中进行的积极有效探索。加深研究并切实抓好这项工作对于加强和创新社会管理、推进城乡一体化进程具有积极的促进意义。

一、村庄社区化管理

在过去的几十年里，环境设计预防犯罪（CPTED）是一个行之有效的预防犯罪策略，是预防犯罪的重要组成部分，是减少犯罪与社会安全战略的一个关键构建块。CPTED 的基础是使用物理环境设计减少犯罪和增加对犯罪的恐惧来预防犯罪，特别是结合其他

---

* 周俊山，中国人民公安大学犯罪学学院副教授、博士；孙永生，中国人民公安大学治安学院副教授、管理学博士。

犯罪预防策略。CPTED 坚持认为犯罪可以减少并最终预防的前提，有大量的文献支持 CPTED 是一种有效的可以显著减轻社区犯罪的策略。CPTED 策略已经被许多国家包括美国、英国、荷兰、澳大利亚、加拿大等国政府采用。

在中国，CPTED 策略也开始受到重视。2007 年，北京市大兴区大生庄村村委会召开村民代表大会，一致通过了封闭道路，建造围墙，在农村实行社区化管理的决定，这一封闭措施，不但使内部交通秩序好了很多，社会治安也大幅好转，引起了地方综治部门的注意，于是该经验得到总结推广，截至 2011 年底，北京全市已有 668 个村庄完成社区化管理。村庄社区化管理，是在借鉴城市社区管理模式的基础上，通过党委政府主导、公安部门组织、政府财政保障、村民民主自决的工作模式推进，将城市公共服务和社会管理的长处引入农村，使农村村民享受与城市居民同等的生活质量，提高农村的可持续发展水平，促进社会和谐。其基本宗旨是以人为本、服务为先，关键途径是村民（居民）自律、自治、自我服务管理，根本目标是城乡一体化，服务均等化、管理科学化。北京市公安局规定的村庄社区化管理的标准是，建设警务工作站、巡防工作站、流动人口管理服务站、民调室等村综治工作中心；同时组建职业化的专职巡防队和流动人口管理员队伍，保障村庄每个主出入口设置不少于 4 名专职值班人员和监控设备，24 小时进行值守，镇综治维稳中心、派出所联网等。实施村庄社区化管理以来，大兴区刑事发案平稳下降，辖区治安环境持续好转。大兴公安分局数据显示，已实施社区化管理的村庄刑事发案数与 2008 年至 2010 年 3 年同期平均刑事发案数相比下降了 25%，群众安全感由原来的 48.3% 提升到 96.5%。生活环境满意率由原来的 24% 提升到 95.5%。

二、村庄社区化管理的经验及成效

按照 CPTED 策略，大兴村庄社区化管理，对社区路网结构进行了改造，控制进入社区内部的交通量；设置半私密性院落、象征性的障碍，对社区空间环境形象进行整治，重新规划设计社区的集中公共空间等，提高了村庄管理水平和社会治安水平，有效改善了村庄环境，为破解城乡结合部地区社会服务管理难题、促进农村城市化健康发展积累了重要经验。

（一）加大监控，对社区空间环境形象进行整治

Newman（1972）提出防卫空间（Defensible Space）概念，即由于“通过物理设计为居民和他们的代理人提供监视的机会”，当前 CPTED 中的监视概念已超越自然监视的本意。实践经验和近年来的发展显示，CPTED 监控概念包括自然的或非正式的监督以外的几个维度，包括正式组织监视、场所经营者如店主、保安和停车场的管理员，以及摄像机和照明设施。大兴区加大资金投入，完善安全防范体系建设，借助科技力量实现平安村庄、和谐村庄。根据辖区及村内各主干街道、街巷胡同的分布、数量、距离，每个村庄都安装了监控探头。通过授权将图像分别传送到指挥中心、派出所和村，形成三级联网，实现网上巡逻，社区民警与村基层组织的关系更加密切，有利于社区工作的开展。

环境形象维护，是指拥有整洁有序的社区空间环境形象可以减少发生犯罪，并消除居民对犯罪的恐惧感，也是 CPTED 策略之一。破败不堪的社区空间环境形象易使潜在的犯罪者联想到该社区缺乏管理维护，在此处从事犯罪活动不易被人监视，居民缺乏社区认同感，从而增加犯罪的可能性。村庄社区化管理把“社区”的概念引入农村，坚持环境建设与素质提升相结合：加大对村庄违法建设的巡查管理力度，严防新增违法建设。加强村庄市政、卫生等基础设施规划和建设，绿化美化环境。治理环境脏乱，加强卫生清洁，清理街巷杂物，制止乱倒垃圾等不文明行为，保持村容村貌整洁。建设职业化保洁队伍，负责村域内环境清理和卫生清洁工作。统一在村内主要道路一侧，施划停车泊位，确保有序停车，道路畅通。规范村内、外门店经营、广告牌匾、货物堆放等行为。加大对无照经营、店外经营、制假贩假等非法经营行为的发现、举报。建立了基础设施长效管护机制，并落实了《大兴区加强农村基础设施运

行与维护管理的指导意见》及街坊路、绿化美化等12项单项管护办法。

（二）控制进入社区内部的交通量；设置半私密性院落、象征性的障碍

CPTED基于理性选择理论，认为犯罪是罪犯故意的，是基于这些选择的风险和回报的计算结果。理性选择理论并不关注个人的背景，而是参与决定是否犯罪的情境因素。对情境犯罪预防和其他类型的本质是犯罪分子将被阻止，如果环境可以改变，增加感知风险，加大努力，或减少犯罪的奖励（Newman，1972）。大兴区取得了犯罪预防的重大效果得益于建立健全各项规章制度，从制度上保证社区管理工作的有序开展。

一是坚持改建先行，修建改造村庄治安防范基础设施，通过“筑围墙、安街门、把路口、设岗亭”等措施，村口设岗亭、抬杠，巡防员24小时值守，减少村内自然出入口，落实出入村庄“人凭证、车凭卡”的管理模式，对原有开放的自然村落实行相对独立封闭、井然有序的社区化管理。

二是整合机构建站，将社区警务站、流动人口和出租房屋服务站、民调室等有效整合，建立融合“三站一室”功能的村综治工作中心（站），由社区民警与村干部共同开展工作，有效承担“实有人口管理、安全防范、治安管理、情报信息搜集和服务群众”等职能，使之成为“打击违法犯罪、服务人民群众、严密村庄防控、化解矛盾纠纷”的前沿阵地。特别是民调室的设立，选出德高望重的村民与社区民警一起开展矛盾纠纷调解工作，做到小事不出村，提高了调解效率。

（三）通过邻里守望、居民巡逻等，增强社区安全意识

犯罪预防是一种系统的、全面的预防，还可以通过邻里守望、居民巡逻等，增强社区意识，建立动态的预防犯罪网络。大兴村庄社区化管理模式，通过抓自治，吸收群众参与管理，坚持实有人口管理，同质化服务流动人口，提高了村庄管理水平，创新了管理

模式。

抓自治，努力提升群众参与感，调动村民的积极性，引导村民参与村庄的建设与管理。一是全部制定完善了《村规民约》和《村民自治章程》，并将其作为社区化建设工作起步的头件事，通过起草初稿、征求意见、修改完善、村民表决等步骤，将符合村内实际的管理办法以文字形式固定，为村务管理提供统一的依据，在日后规范村民日常行为、预防矛盾发生等方面发挥了显著作用。二是积极发挥村党组织的作用，实现领导、指挥、策划、实施的全程介入。充分发挥基层党组织战斗堡垒作用和党员先锋模范作用，落实村庄社区化管理党委书记第一责任人制度。同时，推广农村网格化社会管理模式，借助村“两委”成员分片包户、居民代表定期入户等自治制度，实现每个网格至少有一名党员或一名村民代表，以网格管理员作为信息员，让群众身边的人做群众工作。三是充分尊重广大村民包括暂住的流动人口的民主权利，尊重民意，顺应民情，通过召开村民代表大会、村民会议常务会等有效形式广泛征求包括流动人口在内的群众意见，形成广大群众自觉自愿的共识，使村庄社区化管理措施在党的领导下具备广泛的群众基础，确保了各项措施有效实施。四是充实管理力量，落实防范责任。按照实有人口2.5‰和流动人口5‰的比例，配齐配强巡防队和流动人口和出租房屋管理员队伍，配齐配强巡防队、流动人口管理员等专职防范力量，明确职责任务，规范工作环节，切实发挥其辅警和群防群治作用，加强警力配置，有效指导社区维稳和治安防控工作。出入口由专职巡防队负责值守，落实人员和车辆查证；胡同院落由村内治保分子负责守望；主要街巷防控由社区民警带领巡防队巡逻。

三、对村庄社区化管理的质疑

随着公众权利意识的不断增长，自由、自治的需求在增长。因而，村庄社区化管理中的“围墙”，因其所包含的“封锁”、“禁锢”等象征意义，在管理模式中被关注。批评村庄社区化管理的矛头指向三点：程序正义、公平和自由；从这三点扩散开去，“越权”、“有罪推定”、“社区不是看守所”等尖锐的批评也随之而来。

（一）“封村”侵犯了公民的权利，是政府公权力的滥用和历史的倒退

由于公安部门没有对社区化管理的实施主体进行详细说明，公众、媒体不了解社区化管理的运作过程，误以为这是政府强制推行的举措，甚至部分群众妄自揣测自身也要集资筹款。

一些人认为，政府部门尤其是公安机关，仅仅出于本部门利益，以求执法方便，就滥用行政命令，牺牲绝大多数人的利益，推行村庄社区化管理的方法，纯属因噎废食；还有人认为，封村侵犯了所在地村民及流动人口的自由权利，不管村民及流动人口自身在不在乎，也不管封村管理最后的效果如何，至少从理论上是站不住脚的，与西方国家建设的历史大势背道而驰；北京大学法学院沈岿教授指出了这一争议的实质：“从村庄城市化角度来看，对达到一定人口聚居规模的村庄进行社区化管理，并无不可。但有两个前提，首先，社区化管理的实质应该是保证社会治安和秩序。另外，采取的管理方式是否建立在村民、租民同意的社会契约基础上。”而很多人则批评，“封村”是强制的，村民并无权置喙，是受管制对象，一切都得为治安让路。

（二）村庄社区化管理歧视流动人口，是户籍歧视的表现

由于公安机关宣传用语不当，频繁使用“流动人口倒挂村”、“流动人口高危人员”和“管理流动人口”等字眼，极易使公众误解，激化流动人口对管理者的排斥感，导致部分公众认为，大兴区以加强流动人口管理为由推行社区化管理，歧视流动人口，是户籍歧视的表现。

中国社会科学院唐钧研究员认为，部分村落流动人口倒挂是中国城市化进程中必然出现的现象，村落发案率与流动人口数量并没有比例关系，如果将流动人口数量是否高于户籍人口作为“封村”的参考指标，则无异于“有罪推定”。

（三）“封闭式”管理给公众的日常生活带来了不便

公安机关在起初的宣传中用“封闭式”管理模式这一概念，导致公众错误地以为“封村”就是用围墙把村庄围起来，禁止村外人进入；并且社区化管理实施之初，村与村的管理标准不统一、少数门岗值班人员工作态度较差、门岗执勤工作过于教条缺乏灵活性等。随着警方对社区化管理流程的详细公示、管理标准的统一和门岗值班人员的上岗培训，这一方面的质疑逐渐减少。

批评者认为，“封闭”与“隔离”常在一念之间，管得过严，保安就会变成狱警，社区就会成为监狱。警方对“无特殊情况不得出入”上纲上线，不仅会剥夺公民基本的出行自由，也会使封闭的“倒挂”村成为身份低微的标志，从而在流动人口与本地人之间形成一堵无形的“墙”。不仅仅是流动人口与流动人口，本地人与流动人口之间的矛盾，一些本地人要出租房子给流动人口，这样的管理方式也会引起他们的怨言。

（四）社区化管理治标不治本，难以改善社会治安

Hesseling（1994）认为 CPTED 策略在短时期内使犯罪率有所下降，但从长期来看，犯罪分子可能转换犯罪地点、犯罪目标、犯罪手段，社区所在区域整体的治安状况并不一定得到彻底的改善。

大兴区村庄社区化管理也受到了类似质疑。由于质疑者对社区化管理缺乏亲身经历，对大兴区严峻、复杂的治安形势缺乏深刻了解，加之警方在实施社区化管理之初调查研究和制度设计的不完善，没有及时公布复杂的治安形势对村庄社区化管理需要的迫切性，也没有提前预知围墙不是所有村庄进行社区化管理的必备设施，导致产生一定误会。反对者认为，社区不一定是有围墙的，没有围墙的村庄也可以是社区。建立在出租房屋上的联系远远抵不过心理上的疏远和身份上的差异。村庄社区化管理只能使管理者与被管理者之间的关系更加紧张，无益于相互间的理解和沟通。稳定、和谐的居住环境来自人心的自愿趋向，而非围墙、岗楼制造的威严；从建立治安环境和减少发案率来看，村庄封闭管理是一个办

法，但从长远评估，封村管理只是“治标”，甚至粗暴地将流动人口堵回早已没有耕地的农村，易使其产生逆反心理，容易激化社会矛盾。

四、改进和推广村庄社区化管理的政策建议

村庄社区化管理对破解城市管理难题是积极的探索和尝试，值得推广。不过面对对村庄社区化管理的批评，作为下一步的推广，则需谨慎。第二代 CPTED 理论摆脱了以往的局限，被认为是一种可持续的社区发展模式。Saville 和 Cleveland（1998）在荷兰的研究实践中，提出关注社区社会环境建设的相关策略，认为合理的社区规模、密度可以促进居民交往，培养居民的社区认同感、责任心；公共交往空间不仅需要合理的空间环境设计还需要适宜的公共活动组织；应加强对青少年的关注，引导年轻人进村庄社区化的过程应该是社区认同不断增强的过程，也同时是实现社区持续发展、自我管理的过程。这期间，不仅要着眼于重建安定有序的生活环境，在整治低端业态、创新人口管理、清理违章建筑、改善治安水平等方面取得新成效，还要特别注重由管理向服务的延伸，加快实现社区功能的再造，提升辖区居民的宜居度和幸福感，同时解决其面临的问题，是改进推广村庄社区化管理新模式的关键。

（一）封闭还是开放，要因地制宜

村庄社区化管理的推广，需要各村根据自身的实际情况来确定是封闭还是开放，现在的标准很不完善，仅仅是人口倒挂，导致很多误解。因此要因地制宜，根据村庄地理状况、人口状况、治安形势等，大兴区将村庄具体划分为地域联片村、交通复杂村、重点管理村和一般防范村 4 种类型。通过分类管理，不同类型使用不同管理方式，管理效能得到有效提高，这是推广村庄社区化管理过程中值得借鉴的。

首先，对行政上独立、地缘相邻、产业相近、人员相融的连片村，有城市社区的雏形，要仿照城市社区管理，普遍建立地区社会服务管理中心，统筹所辖各村的社会管理工作，镇干部和各职能部

门力量下沉到地区中心开展日常工作；各村的专职巡防队、流动人口管理员由中心统一调度、管理和考核。同时，根据工作实际需要，成立治安防范组、秩序维护组、公共服务组等，加强所辖地区的社会服务管理。

其次，对交通便利、有一条或多条公路穿村、村庄被分为几个部分的交通复杂村，实施相对独立的分片管理模式，依据其地域分割的现状，划分基础网格。每片实施封闭与开放相结合管理，设置一个主出入口由专人值守，沿公路的路口为副出入口，安装电子门禁，居住人员刷卡出入。

再次，对于重点管理村，要实施封闭管理。按照“整治先行、规范跟进”的原则，大兴区专门组建工作组，实施区、镇、村三级联动整治，拆除违法建设、削减低端产业、消除安全隐患，并依托村庄社区化防止反弹。

最后，对于无刑事案件、无违法建设、无矛盾纠纷、无出租房屋的村庄，则实施完全开放管理。

（二）进一步推进流动人口与本地人口的融合，根本解决治安问题

在预防犯罪方面，不可否认，社区成员之间良好的关系是确保犯罪率降低的关键。这种关系是指在当地社区成员之间的社会互动。一个良好的人际关系可以定义为能力和社区成员聚集能力和聚集规律，要使社区具有从根本上解决流动人口游离于城市管理体系之外的聚合作用，是实现城乡人口属地化管理的重要载体。

村庄社区化管理要实现户籍人口与流动人口的融合。社会资本的本质是信任关系，而社会关系网络为信任关系形成所依赖的持续交往提供了载体。社会网络的封闭性对社会资本有重要的促进或抑制作用。在流动人口为主体的村庄内，高度的异质性和流动性很难构筑稳定的社会关系网络，形成持续交往，培育社会信任。封闭的关系网络增加了系统内部行动者之间的依赖程度，减少了内部行动者对外部行动者的依赖性及资源的可替代程度，为有效规范地建立创造了前提条件。村庄社区化管理，通过建围墙、安街门、凭证件

出入、登记流动人口详细信息，将自然的村落上升为相对封闭的社区，为关系网络的构建和信任关系的培育创造了所需的“地域”和“相对稳定的人群”，在一定程度上增加了该地社会资本的存量，推动流动人口与本地人口的融合，从根本上解决社会治安问题。

参考文献：

1. 张然：《刘淇、孟建柱肯定北京大兴“封村管理”将全市推广》，载《北京日报》2010 年 7 月 5 日，第 2 版。

2. 李松、黄洁：《北京 668 个村庄实现社区化管理，村民进出需证件》，载《法制日报》2011 年 12 月 2 日，第 3 版。

3. 郭晓乐：《332 个村庄完成社区化管理》，载《京华时报》2011 年 1 月 29 日，第 11 版。

4. 陈虹伟、莫静清：《北京部分村庄为解决私建乱建社区化管理引争议》，网址：http：//news. sina. com. cn/c/sd/2010 - 11 - 22/1929215 14443. shtml。

5. 袁崇法：《强制“封村整治”不合法》，网址：http：//news. qq. com/a/20100427/001186. htm。

6. 郭祎：《封村管理凸显权力惰性》，载《中国社会报》2010 年 8 月 30 日，纵深版。

7. 陈虹伟、莫静清：《北京部分村庄为解决私建乱建社区化管理引争议》，载《法制与新闻》2010 年 11 月 22 日。

8. 胡印斌：《封村不是开放时代的标志》，网址：www. eeo. com. cn/zt/50forum/ruiping/ 2010/04/27/168650. shtml。

9. 王姝：《封村管理无异于有罪推定》，载《新京报》2010 年 4 月 27 日，第 8 版。

10. 李妍：《流动人口“封村”管理，权力为何总喜欢把人“关起来”》，网址：http：//opinion. nfdaily. cn/topic/content/2010 - 04/27/content_ 11445723. htm。

11. 魏铭言：《最佳管理方式是不分户籍》，载《新京报》2010 年 4 月 27 日，第 8 版。

12. 秦毅：《用砖头给村庄砌起围墙就能实现社区化管理吗?》，载《中华建筑报》2010 年 7 月 31 日，第 7 版。

13. 汤旸、温薷、马力、傅沙沙、杜丁：《北京城乡接合部拟全部封闭管理——治标不治本?》，载《新京报》2010 年 8 月 13 日，第 8 版。

14. 肖跃华：《当前利用出租房进行违法犯罪的主要表现、特点及对策》，载《湖南公安高等专科学校学报》2006 年第 1 期。

15. 罗伯特·K. 默顿、唐少杰、齐心：《社会理论与社会结构》，译林出版社 2006 年版，第 214 页。

16. 科尔曼：《社会理论的基础》，邓方译，社会科学文献出版社 1990 年版，第 350 页。

17. Cozens , P. (2008) Crime prevention through environmental design . In: R. Wortley and L. Mazerolle (eds.) Environmental Criminology and Crime Analysis . Devon, UK: Willan Publishing .

18. Jeffery, C. R. (1971) . Crime prevention through environmental design. Beverly Hills: Sage Publications.

19. Newman, O. (1972), Defensible Space: Crime Prevention through Urban Design, Macmillan, New York, NY.

20. Hesseling, R. B. P. (1994) Displacement: A review of the empirical literature. In: R. V. Clarke (ed.) Crime Prevention Studies. Vol. 3. Monsey, NY: Criminal Justice Press.

21. Saville , G . and Cleveland , G . (1998) Second generation CPTED: An antidote to the social Y2K virus of urban design . Paper presented to the 3rd International CPTED Association Conference. Washington DC, 14 – 16 December .

警务模式的当代革新

大数据时代刑事侦查的方法演进与潜在风险

——以美国的实践为借镜的研究

蔡一军*

伴随着大数据技术在多个领域应用的不断深入，世界警务机构对大数据技术的态度也分裂为两个阵营：怀疑者基于个人隐私和人权保障的立场，质疑大数据挖掘的合法性①；而赞同者则强调大数据应用所带来的变革性影响，其中一批激进者认为大数据改变了警务决策的传统进路，大数据挖掘技术使研究和预测社会危险行为极为精确，而既往的理论模式和阐释方法则成为了不必要的决策方法；另一批学者则对大数据技术持保守意见，强调数据导向的研究方法中警务人员实际上才是起决定性作用的主体，并认为大数据方法为传统的犯罪理论模式提供了新的阐释进路，而传统犯罪学理论则为大数据导向的刑事警务模式提供了理论假设和挖掘方向，因此大数据方法的衍生并不意味着传统理论模式的终结。笔者赞同后者的观点，并认为这种立场更为符合刑事侦查与大数据技术的互动关

---

* 蔡一军，上海政法学院副教授。

① Morozov, Evgeny. To Save Everything, Click Here: the Folly of Technological Solutionism [M]. New York, NY: Public Affairs, 2013.

系与基本定位。有基于此，笔者拟在美国相关实践的基础上，首先论证大数据方法与刑事侦查的理论契合点，在此过程中发掘既有理论模式的存在价值，进而阐述大数据方法在刑事侦查中的具体应用路径、潜在风险以及未来的发展趋势，期冀以此研究澄清大数据技术的应用问题，为刑事侦查模式的方法创新提供借镜。

一、方法契合：大数据技术在刑事侦查模式中的应用路径

大数据技术是指海量数据库的累积、挖掘与分析技术，其为现代许多产业和工作提供了快捷的决策方法与基础。依托海量数据库的信息资源和数据挖掘的技术支撑，警务人员可以更为有针对性地确定犯罪嫌疑人，未来警务人员将实现完全基于数据信息确定犯罪嫌疑人，而摆脱以往依赖主观观察或走访排查的侦查方式。但是，这只是大数据技术对刑事侦查的最直接层面影响，从更长远的视角来看，数据挖掘的概念并非最近才产生，早在20年前计算机普及伊始就已经有了数据统计和挖掘的实践。大数据技术之新在于：数据累积容量的激增、离散数据库的聚合能力、更快电脑处理器和电子存储能力所带来的处理数据能力的增长。这三个方面的特征为刑事侦查提供了全新的方法基础与数据分析路径，进而可以在更为广阔的领域改变既往的侦查模式。大数据技术与刑事侦查的方法契合具体体现在以下三个方面：

第一，多源整合的海量信息为刑事侦查提供了综合性的数据支撑。根据加州大学伯克利分校的统计，世界互联网数据的总体容量每两年就会增加一倍，互联网两天所产生的数据量为5兆字节，基本等同于所有世界对话的数据量。如此大的数据量为刑事侦查带来了潜在的机遇。不仅如此，在数据类型上也出现了多源化发展趋势。大量数据开始为大型企业或第三方统计机构所占有。当把这些离散化存在的数据库整合在一起时，就会对刑事侦查起到非常关键的作用。因此，通过在传统的犯罪数据库与第三方数据库之间建立勾连，从而实现数据的聚合化挖掘，这是刑事侦查科学化在大数据

时代的最显著特征。在传统警务侦查中，前科信息的数据库为侦查人员提供了数据来源。一旦侦查人员进入前科数据库，就可以依据体貌特征、地址等信息进行全面检索，用以识别和排除犯罪嫌疑人。这种侦查方式早已成为美国刑事侦查的必经路径。但在大数据时代，针对手机的监控和定位技术已经成为了许多国家刑事侦查的常规技术，社交网络相关信息、信用卡消费记录、电子交易记录也都可以成为确定犯罪嫌疑人的重要工具。

尽管这些数据记录均和个人隐私息息相关，但是在法律对此没有设定相应的限制程序之前，许多国家的政府及执法机关均对这些信息进行了一定的收集和归类工作，并且视其为“一站式”的数据挖掘平台。当然，近年来，美国联邦执法部门在此方面进行了积极的探索，并形成了两套完整的数据共享体系，如美国州际反恐信息交换系统（MATRIX），该系统在反恐侦查领域实现了多源化信息数据库的整合。根据美国电子隐私信息中心的描述，侦查人员通过使用 MATRIX 系统，只需键入姓名就可以在数十秒内建立犯罪嫌疑人的完整个人档案。① 而后，MATRIX 系统逐渐由反恐延伸服务于欺诈、抢劫等普通犯罪侦查领域。又如美国国防部恐怖主义信息感知系统，其设计目的也是反恐所需将若干数据库整合为国家信息中心，该中心后改名为恐怖主义信息感知系统。信息库涵摄了航班名单、信用卡记录、电话记录、医疗记录等多方面信息。值得一提的是，该系统依据信息统计针对特定个人设定了预测性的“犯罪风险”档案。尽管美国以上两套系统因涉嫌侵害个人隐私和自由而被关停，但吸纳第三方数据进入刑事侦查数据库的基本理念却已被刑事侦查部门和其他执法机构所吸收，并在其他国家逐渐开始试用。

第二，识别技术的数据勾连为刑事侦查提供了精准的身份确认

① Katie Stenman, State Government Information Collection: The Shutdown of the MATRIX Program, REAL ID, and DNA Collection [J]. I/S: J. L. & Pol'y Info. Soc, 2006, (2).

方法。在大数据挖掘过程中，警务人员必须依托于现代化身份识别技术，包括面部识别技术、生物识别技术以及定位技术等从海量数据中确认嫌疑人身份。以面部识别技术为例，通过比对观察嫌疑人的面部与数据库中的面部数据，侦查人员可以很快获取嫌疑人的所有相关信息（包括前科记录、网络记录以及其他个人信息等），进而为侦查提供便利。不仅如此，通过在监控摄像设备上安装面部识别软件，还可以实现动态的实时嫌疑人搜寻，以尽快地发现犯罪嫌疑人。据统计，美国 FBI 面部识别数据库就录有超过 1500 万名罪犯面部数据，这些数据通过与第三方的数据库相链接，面部识别数据库的容量更为庞大和精准。① 识别技术与大数据实现对接后，刑事侦查人员不仅得以有效确认嫌疑人身份，并且还可以为其提供犯罪嫌疑人的其他相关信息，如此一来，“陌生”的犯罪嫌疑人信息就更易被获得，侦查人员也可快捷地综合所有相关信息证实或排除其犯罪的合理怀疑。

第三，大数据技术为实现预测刑事案件的发展趋向提供了可能。海量数据的累积使更为复杂的犯罪预测成为可能。目前，犯罪预测技术已经在美国许多城市如洛杉矶、加利福尼亚、华盛顿的警务实践中得以运用，但是，当前的警务预测技术主要是依托于以 GIS 技术为基础的犯罪热点制图 COMPSTAT 系统，侧重于在空间上预测犯罪的发生概率，其内在逻辑基础在于任何犯罪都是在特定的环境中发生的，因此如果某地区重复性地出现犯罪，则意味着此为犯罪的“高发”空间。而在此基础上导入大数据技术后，预测警务技术可以进一步实现空间预测与人群预测相结合，尤其是在常业犯或常习犯的犯罪模式会造成特定犯罪空间的“犯罪传染”，这一特点很难单纯用空间防控的 GIS 犯罪预测技术来解释；同样，犯罪的发生往往还与其他社会性因素有关，如重大节日、会议、天气、交通路线等，这些也都是基于空间防控的警务预测技术所难以解决

① Craig Timberg & Ellen Nakashima, State Photo - ID Databases Become Troves for Police［N］. Washington Post, 2013,（JUNE16）.

的，但是，在将大数据技术导入后，我们便可以在空间防控的警务预测技术之外寻找多样化的犯罪预测可能。

二、潜在风险：大数据导向下刑事侦查模式的内在缺陷

与传统模式相比，大数据技术导向的刑事侦查模式具有突出的精确性优势。这一优势可以帮助侦查人员摆脱自我既定偏见、歧视、习惯以及情绪波动的束缚，而以更为理性和客观的视角通过综合海量数据的信息挖掘来观察犯罪和犯罪嫌疑人，进而避免刑事错案的发生。不仅如此，大数据技术所带来的精确性还可以防止刑事侦查过程中因强制措施适用而带来的不必要风险，而警方也可以此研发相应的培训工具，建立强大的辅助侦查系统，提升强制措施的准确率，提升警力资源的使用效率。大数据驱动的警务预测系统更可延展到刑事侦查以外的街面犯罪防控，引导街面巡逻警力集中于犯罪概率较高地区和人群。但是，从美国的实践我们也可看出，大数据导向的刑事侦查模式也存在很多的现实执法风险，具体包括以下几方面：

（一）错误数据所带来的刑事错案风险

数据的准确性是大数据技术得以应用的基础。但是，大量存在的海量数据、数据更新的滞后性以及无法确认真实性的数据源都造成数据的准确性无法得以有效控制，进而造成刑事侦查人员在进行数据挖掘时，缺乏一个有效的信息控制机制来滤除无效数据。尤其是在与第三方数据库进行对接后，这一问题越发严重。从对策上而言，要有效滤除错误数据，就必须从源头上来甄别并修正数据挖掘路径。但是，刑事侦查人员在办案时很难顾及这一点，这就会产生刑事错案发生的风险。美国大法官金斯伯格就认为，在电子信息爆炸的时代，信息的不准确性会造成个人自由被非法侵犯的严重问题。[①]

① Herring v. United States, 555 U. S. 135, 2009.

造成数据错误存在的主要原因在于数据系统的透明度缺乏，无法有效进行监管和监督致使错误发生的概率大幅增加。考虑到数据的保密性和安全性，刑事数据库往往只能由授权的警务人员输入或者查询，但是对于警务人员输入数据的管控要求目前各国立法中仍属空白。在商业数据库的信息累积中也存在这一问题，作为谋利性的商业企业，其对于商业数据的分析往往也重趋势判断而非结论分析，因此无动力也无义务来保证其数据的真实性。这样一来，无论是从政府数据库的角度还是商业数据库的角度目前都没有相应的机构去审查数据信息的真实性。退一步而言，即使存在数据监督和审查机构，其有无能力去逐一核实“海量”的大数据信息也是一个问题。因此，数据准确性的问题已经成为大数据技术发展的制约“瓶颈”。

（二）数据挖掘会强化犯罪人的标签化效应

如前文所言，大数据技术为警务预测提供了新的可能，基于既往信息的分析，警务人员可以由此分析特定人群的人身危险性（包括再犯危险）。但这带来的问题就是，特定危险人群的锁定和分析往往会针对有前科记录的人，而这会造成犯罪人的标签化效应进一步加强，客观上使其社会纵向流动更为困难，这就形成了一个悖论：关注特定人群的行为本身也会造成特定人群再犯危险增加。这对于进一步恶化社会公平也会有不良的影响。

究其原因在于警务预测只是一种趋向性的预测，其无法达致百分百的准确，而在此过程中，刑事侦查人员的既定偏见往往会严重影响警务预测的精确性。个人偏见的存在造成许多行为主体在进行价值选择和判断时，往往选择其欲看到的结果而非实然发生的结果。一般而言，个人偏见是无意识存在的，而这种隐蔽性就会造成许多侦查人员在进行案件证据搜寻过程中，会不自觉地选择与个人偏见一致的证据，而忽略不一致的证据。因此，当犯罪人的某些特征被标签化，被潜移默化地固化为侦查人员的既定偏见后，就会造成警务预测的偏差。

更为危险的是，在特定个案中某些犯罪人还可能因标签效应的强化造成被错误采取刑事强制措施的危险。在大数据技术环境下，数据挖掘是依据已有的信息进行的趋势性判断，其突出了犯罪人重复犯罪的因果关系，而其结论也往往是可能性的判断而非因果关系的结论。因此，刑事侦查人员确定犯罪嫌疑人通常会依据其身份而非实际行为，但如此一来，仅凭借大数据技术锁定犯罪嫌疑人存在极大的错案风险。

（三）数据共享导致的公民隐私权侵犯危险

大数据技术通过多源数据库的整合，最大化地获取了个人所有信息，并以此信息服务于刑事案件侦查或者公共安全防控领域。这一技术的应用建基于一个基本前提：即信息的合法性。整合商业数据库信息进行刑事侦查无疑在事实上承认了商业数据的合法性，但带来的问题是，公民是否自愿让渡这些个人信息给商业机构。在大数据的数据累积过程中，商业信息的获取往往是通过隐蔽的方式记录或跟踪个人网络使用信息来完成的，而传统观念中，获取个人信息进行商业调查必须首先获得被调研人的认可。因此，在商业电子数据信息未获普遍性的合法性认可之前，将其应用于刑事侦查领域必然伴随着潜在的公共质疑。易于侵犯个人隐私是大数据技术迄今为止遭受的最严厉批评，也是许多国家将大数据技术应用于刑事侦查领域的主要障碍。

三、风险克服：大数据导向的刑事侦查模式演进

现代任何科学技术的发展过程都伴随着质疑与风险，大数据技术也不例外，大数据技术本身所具有的变革性是未来不可回避和忽视的。我们要做的应当是在机遇与挑战并存的情况下最大限度地控制风险。从中国现实情况来看，大数据应用领域正在上升到国家战略层面，国家“973 计划”已经部署相关的科研项目。[①] 因此，对于大数据技术的探讨应当由合法性存在的讨论转向为合理性使用的

---

① 参见冯冠等：《大数据时代背景下实施预测警务探究》，载《公安研究》2013年第12期。

研究。在此问题上，笔者认为，为保证大数据技术应用的精确性，最大限度地避免刑事侦查中的风险，关键在于对大数据技术应用标准的控制，这主要包括以下三个方面的努力：

（一）定量化的数据统计规避错误数据风险

大数据技术在刑事侦查应用过程中不仅要对犯罪嫌疑可能性风险进行预测，而且有必要通过具体的阈值来控制风险，也即在做出具体刑事强制措施前须评估其可能性风险，并达致需要满足的最低值。例如，大数据技术分析出某个犯罪嫌疑人的犯罪风险为3%，那么我们认为不足以排除合理怀疑，因此无法仅凭这一数据实施逮捕，但如果犯罪风险达致30%，则可以考虑逮捕。如此一来，阈值的设定就成为关键，而阈值是否应随犯罪种类、诉讼标准变化而变化则更为复杂。除此之外，还应当设定一定的制裁机制，如侦查机关超越期限使用包括大数据技术在内的技术侦查手段的，因其违反刑事诉讼法律程序使其归于无效，所获得的技术侦查资料不具备证据合法性要件而没有证据资格，不得在诉讼中使用。[①] 未来可尝试以风险评估机制设计一种模型，并设计若干变量以保证模型应用的适用性。[②] 当然，基于实践中案件的多样性，仅仅以阈值的设定实难达到限制和控制刑事侦查中裁量权的目的。但无论如何，这应当成为完善大数据技术应用的一个努力方向。

（二）精确化的数据挖掘防范标签效应

大数据技术分析方法对于数据的精度有着极大的依赖性。在一定程度上而言，大数据的价值就在于其高度的精准化预测可以确认某个具体的人在特定的时空环境中的犯罪风险。而当其作为犯罪预测工具使用时，尤其是作为逮捕或者立案的依据时，就必须严格其精度要求，在数据的时效性和空间性上应当设定特定的标准，以防

---

① 参见许志：《我国新刑诉法关于技术侦查立法的缺陷及完善》，载《社会科学家》2014年第4期。

② Christopher Slobogin. Dangerousness and Expertise Redux [J]. Emory Law Journal 2006, (56).

止无效的数据影响预测的精度效果。尤其应当保证信息的保密性、真实性、完整性、未授权拷贝和所寄生系统的安全性。[①] 例如，在对嫌疑犯的侦讯过程中，大数据分析的范围应严格控制在几年之内或者特定的空间之中，对于明显不具有关联性的数据信息应有一定的排斥渠道。从未来发展来看，我们可以考虑建立以货币为核心的大数据平台，将商业电子卡口数据库和涉稳、涉恐等重点人员数据库有效互通，从而精准打击犯罪。[②]

（三）限制化的数据链接规避隐私侵犯风险

犯罪行为总是发生于社会互动网络之中，尽管智史发展演进中出现了若干理论模式对其进行阐释，但在实证研究上对于社会行为如何具体互动的机理还没有深入的研究。为解决这一问题，学者米尔格莱姆设计了著名的“小世界”实验，提出了“六度分隔（Six Degrees of Separation）假说”[③]，即任何两个欲取得联系的陌生人之间最多只隔着 6 个人，便可完成两人之间的联系。而互联网普及后，后续的研究者利用大数据技术可以大大扩大实证样本范围，通过在世界范围内寻找到超过 60000 个样本研究者重复了小世界实验，同样大致验证了六度分隔的假设。小世界实验研究的价值与意义在于，在互联网时代背景下数据库资源联系的紧密程度决定了在任何按键当中，通过设定若干支线的数据点分析，我们可以分析世界上任何个人的信息，这必然会导致隐私侵犯的风险，因此，大数据分析的数据链接必须受到严格的限制。

在数据库的链接过程中，大数据技术在刑事侦查中也必须对数据点的关联性进行限制。在特定的犯罪活动背景下，数据点意味着犯罪嫌疑人与犯罪之间的关联性，那么基于这些数据点的数据库链接就可以帮助侦查人员穷尽一切可以找寻的信息。但是，我们必须

---

① 参见高篈：《“智慧警务”构想》，载《公安研究》2013 年第 12 期。

② 参见胡丘陵：《论大数据时代的货币数据化建设》，载《湖南社会科学》2013 年第 4 期。

③ Milgram. Stanley. The Small World problem ［J］. Psychology Today, 1967, (2).

注意到，数据库的链接并非没有限制的，大数据技术可能会导致对于与案件无关的个人信息也被归入分析范围，这就会导致个人隐私侵犯的风险，同时也会造成大数据分析的不确定性。因此，我们认为，数据库的链接标准必须要基于直接证据的相关性而产生，对于间接证据所引发的相关性的数据分析应加以限制。

大数据下的目标轨迹分析理论初探

陈 利*

犯罪侦查与犯罪行为的博弈胜负，取决于侦查模式发展水平与犯罪手段的对比关系。随着科技发展，数字信息融入犯罪侦查，由单纯的人工案情分析目标行踪，发展到以人员、车辆、通讯工具、互联网信息、其他信息等入手，可视化的展现目标轨迹的新技术，以至于开辟了一条由传统的痕迹导向侦查的模式转向目标轨迹引领侦查的新思路。各地目标轨迹分析在犯罪侦查中应用实践探索层出不穷，但对目标轨迹理念基础理论研究却较为薄弱，本文尝试提出目标轨迹分析在犯罪侦查中的一般性应用的支撑理论，以期抛砖引玉。

一、目标轨迹分析的理论基础

目标轨迹存在的理论基础包括社会网络分析原理、信息交换原理、数据挖掘技术，只有对上述理论基础进行深入的分析研究，才能从逻辑、哲学层面把握目标轨迹分析在犯罪侦查中的应用。

（一）社会网络结构分析原理

目标轨迹概念的提出，源于国外学者的社会网络结构分析技术（Network analysis）。1999 年荷兰学者 Klerks 在网络犯罪（Network Criminal）和有组织犯罪（Criminal Organicism—OIlS）中引入此概

* 陈利，江西省南昌市人民警察学校教师。

念，2003 年 Mena 提出将网路分析技术与犯罪侦查相结合。[①] 笔者认为，侦查中社会网络结构分析对象是犯罪人的社会交互关系，并不针对单个犯罪人的行为。社会网络结构分析重视通过对犯罪人的社会交互关系，把单个的犯罪人以及与其相关联的主体进行社会关系的网络连接，以说明单个犯罪人之间与社会环境的互动模式，同时表达犯罪主体之间社会关系。即从单个犯罪人的角色到整个犯罪人的社会交互关系。而社会网络结构原理是犯罪侦查中目标轨迹分析的重要理论之一，其主要的作用在于通过目标轨迹信息来判断在某一时空上“显性目标”与高危人员、高危地区是否存在与案件相关的必然联系。通过目标轨迹的查询、检索、比对、碰撞等方式，对各类目标的轨迹信息源进行异同信息碰撞，并围绕碰撞的结果开展甄别。而运用社会网络结构分析可以研究目标源的社会交往的形式、特征，也可以分析不同犯罪主体之间的关系结构，这有助于对目标轨迹源的关系属性和行为的多样化进行认知。

（二）信息交换原理

犯罪过程实际上是一个信息交换的过程，作案人作为一个物质实体，在实施犯罪的过程中同各类物质实体发生接触和互换关系。这种交换关系是在特定时空范围内，非单一客体之间的接触产生信息的转移。犯罪行为的预备、进展、结束阶段的客体之间状况表现出的信息是犯罪转移的信息，轨迹信息则是信息型转移表现形式，即“点”在一定时空运动的作用下，在某客体上遗留能反映其活动状况的信息，如移动电话通讯记录、旅客登记、车辆 GPS 及其上网用户账户都会在一定载体上遗留其活动状况的信息，然而将这些信息按一定条件排序集合的分析结果则是其轨迹信息。

（三）数据挖掘原理

数据挖掘是指在大量的数据结构化和非结构化中提取有用的信

---

① 参见唱友宏、毕晓菲：《谈目标轨迹在侦查思维中的应用》，载《辽宁警官专科学校学报》2008 年第 5 期。

息和知识的过程，在人工智能和机器学习领域也被称为数据库中的知识发现。犯罪侦查过程中实际是个信息发现的过程。传统侦查中，侦查人员利用敏锐的观察力和严谨的逻辑分析来发现与案件的关联信息。而在信息社会中，各种信息呈爆炸式增长，刑事案件侦查中除了要用传统的信息分析技术来发现案件相关信息外，还需要利用数据挖掘技术来发现那些表面与案件无关而实质上与案件相关联的信息。在目标轨迹分析过程中，侦查人员并不是孤立地运用各信息中的显性信息，还需要与其他多种信息和多种侦查手段综合运用，从而挖掘出其中隐含的隐性信息。例如，在某一时空上“显性”目标源的轨迹信息与高危人员、高危地区是否存在与案件相关的必然联系，以及存在何种联系，此时则就需要运用数据挖掘技术。

二、犯罪侦查中目标轨迹分析的主要内容

人、车、卡、账户、物品等都是犯罪侦查中所需要调查和了解的主要内容。因此，目标轨迹分析主要内容指向侦查中的涉案对象。

（一）目标人员轨迹

犯罪侦查中人员轨迹是指与案件相关人在一定时空区域内，其活动位置点和社会交互关系的集合，其中包括：犯罪嫌疑人、证人、被害人，以及与案件相关联的其他人员。视频图像中，人的体貌特征和衣着特征一般比较明显，因此成为分析其活动轨迹的标记。而在犯罪侦查中，分析人员轨迹的作用在于：以犯罪现场中心，发现犯罪嫌疑人，掌握显性目标的活动行踪，并通过信息联查、数据碰撞等技术发现共犯人。遗留涉案人员轨迹信息的主要有视频监控、旅馆住宿人员、暂住人员、上网登记人员、出入境登记、进出航空港等信息。在目标人员轨迹的应用中，查清犯罪嫌疑人的身份信息是侦查破案的关键。根据现有的高危人群、高危地区等信息，利用计算机技术，通过信息比对、信息碰撞等方式，在暂住人员、旅馆住宿人员、网络用户等目标人员信息中，自动发现一

批具有违法犯罪前科、来自高危地区且活动轨迹异常的高危人群。

（二）目标车辆轨迹

车辆轨迹是指涉案车辆在一定的时空区域内，其运动的点和社会交互关系的总和。伴随着当前人、财、物大流动，犯罪行为人作案也突破了地域界限，跳跃作案、流窜作案逐渐成为常态的作案方法。因此，为了达到“犯罪效率”的提升，快速逃避侦查之目的，众多犯罪行为中都利用机动车辆速度上的优势。所以侦查人员根据案件相关条件，筛选出可疑车辆，再通过数据库查询加以甄别，判断重点时空点的可疑车辆是否为同一车辆，并综合掌握涉案车辆相关的信息，以实现“从车到人”的一种侦查方法。车辆活动轨迹的信息主要有车辆出入卡口信息（交通收费站信息）、车辆交通违章处理信息、交通事故处理信息、车辆 GPS 移动轨迹信息、停车点实名信息。一是根据发案情况排查是否有符合时间条件的可疑车辆信息；二是根据知情提供的涉案车辆信息，则需要对每起案件中涉及的车辆活动轨迹进行比对，排查发现是否有符合条件的可疑车辆。

（三）数据卡号轨迹

银行卡、连锁式购物卡、交通卡以及其他商业性卡号在社会生活中广泛使用，商业性卡号通常在注册时都登记有申请人姓名、性别、证件号码、联系电话、联系地址、签名等，信用卡开卡信息还包括直系亲属、紧急联络人、担保人等信息。侦查人员可利用商业性卡号的相关信息查找案件相关人员和判明案件情况。通过对商业性卡号轨迹信息的获取、研判，可以为判断案件性质和作案时间，分析犯罪行为人、受害人及二者的关系人身份资料、生活习性、逃跑方向，获取视频资料，获知犯罪嫌疑人相貌、动作及同行人员等信息提供依据。根据卡类轨迹信息、刷卡消费，获取侦查对象层次、身份、资金流，进而从轨迹信息扩展至关联信息。根据近年来犯罪情况和卡号普及状况，本文主要针对银行卡号的轨迹信息进行论述。

（四）网络账户轨迹

现代社会对于网络的依赖和利用程度大幅上升，网络账户轨迹也成为侦查破案必不可少的途径之一。分析犯罪嫌疑人可能使用到的网络或涉案计算机等具有物理地址的赃物，可以收集有关的网络账户轨迹并循线追踪破案。网络账户轨迹信息是指使用互联网的过程中所遗留在系统中的能反映网络账户轨迹的信息。侦查中可通过互联网信息追踪到目标账户一次或多次出现的 IP 地址，再通过电信部门进行反查，一般可确定网络账户的上网地址，以找到账户实际登录的上网地点，从而判定该网络账户使用情况以及账户社会交互等轨迹信息。

（五）涉案物品轨迹

涉案物品的轨迹是对已知涉案的物品在一定时间活动的状况所反映轨迹的信息总和。涉案物品轨迹在侦查中应用，主要是围绕物品在通过物流渠道进行流转时所反映的信息、GPS 平台所记录的 GPS 用户端设备运动的轨迹信息、移动电话在基站台遗留的通信的轨迹信息，本文主要针对移动电话、GPS 设备的轨迹信息进行论述。

三、犯罪侦查中目标轨迹分析的作用

任何一种侦查手段或技术、方法的诞生都有其实用的价值。而对目标轨迹的分析是侦查人员从实务经验中总结出，经过理论知识的沉积、创新、优化，形成系统性，能有效指导侦查实践活动的办案方法。

（一）发现嫌疑对象

对目标轨迹的排查是根据案件情况，排除无关信息重点发现案件相关的涉案目标源留下的轨迹信息。在判断案件可能涉及人、车、机、网、卡等目标轨迹信息后，需以实地调查和网上信息综合排查来证明，例如：设定一定的条件对目标轨迹信息进行筛选、碰撞，从而确定嫌疑目标。通过目标轨迹分析发现嫌疑对象是当刑事案件发生后，通过现场勘查、现场走访、事主回访等工作获取一定与犯罪有关的人、事、物、事件等要素的轨迹信息，利用警综信息系统中存储的旅客人员信息、交通客运信息、视频监控、网络监控等信息，通过轨迹信息的排查、比对、从而发现符合作案时间的前科人员、高危人员或符合作案条件的可疑人员。

（二）掌握目标行踪

根据出租车 GPS 信息库中涉案出租车的上下客，以及车辆停泊情况，利用车辆经过的路段以及附近企事业单位、商家、宾馆等场所的监控录像或高速公路收费口的监控录像，从中获取犯罪嫌疑人及其同伙的影像资料，或获取犯罪嫌疑人及其同伙的活动规律、落脚点、藏匿处、作案准备过程、作案经过、逃跑方向等信息。也可以对涉案的车辆、人员、物品秘密安装 GPS 设备，主动实施侦查监控，或对日常生活、经营中使用 GPS 设施的车辆、物品的活动情况遗留在终端系统中的轨迹记录进行查询、回放，从而获取其精准的行踪。

（三）寻找共同案犯

在抓获犯罪嫌疑人预审时未交代、明确的部分犯罪嫌疑人未抓获、同案嫌疑人基本情况不清楚的情况下，通过将已知犯罪嫌疑人的信息与在逃同案人员、旅馆住宿人员中的同住、暂住人员、工作对象交往人员、重点人员交往人员、同时被盘查人员等轨迹信息进行交叉比对，以发现、扩展同案犯罪嫌疑人的轨迹信息。例如，通过旅馆住宿人员登记系统查找同住人员，通过先查找到违法犯罪嫌疑人的历次住宿信息，再以违法犯罪嫌疑人入住旅馆名称、入住时间为条件，进行查询，获得当时入住该旅馆的所有人员清单。然后针对该结果进行仔细分析，对同房号、来自同一村镇或同原籍地且姓名相近的人员，以及房间号相近而又同时入住或同时退房人员等上述人员应列为犯罪嫌疑人潜在的关系人或同伙人。

（四）辅助监控目标

对目标轨迹进行辅助监控的作用，首先，根据已知犯罪嫌疑人的活动区域，查询数据库抽取轨迹地旅馆住宿、空港进出、网吧上网、暂住人口、过往车辆治安监控等系统获取目标人员活动的轨迹信息。其次，上述犯罪嫌疑人的轨迹信息与其他关联信息进行数据碰撞、对比，在作案人数、行为特点、体貌特征等基础上，抽出高危地区，设立轨迹信息排查筛选条件，进行数据整合。最后，对符合条件的涉案重点高危人员、车辆的轨迹信息依托情报平台信息核查，可视化的轨迹分析系统按照信息联查方法进行排查，以辅助监控目标。

（五）全面分析案情

犯罪行为包括犯罪的时间、地点、手段方法、侵害对象，犯罪人在现场的活动过程等，对上述因素的认识和了解是开展侦查工作的前提。其中重要的是犯罪实施过程，如实施犯罪前的预谋，进入现场的部分、方法，在现场中心的活动顺序、犯罪逃离部位以及逃离的方向、路线等，全面掌握上述情况需借助对涉案目标源轨迹的分析。其基于涉案目标源的轨迹信息所体现了目标源来自何方、去往何处，中间停留以及与何人发生交互关系的活动状况，它将有助于判断案件的性质、确定侦查方向、范围和对证据真伪的甄别等起到积极的判定作用。

（六）缉捕嫌疑对象

在逃人员之所以能长时间隐匿，其主要原因在于：尽量避免使用本人的身份信息进行活动，公安机关依靠一般的查询比对很难发现其在逃身份。而对目标源的轨迹信息分析发挥着发现其身份的功能。它是以在逃人员本人为轴心，以其父母、妻儿、兄弟等直系亲属为工作点，以同学、朋友、亲戚等关系为支撑点，通过广泛收集各类通讯工具轨迹，通过实地调查、网上查证、技术取证同步跟进，系统性地进行分析、研判、碰撞、挖掘，发现在逃人员的通信工具，利用基站信息确定在逃人员的活动范围和活动轨迹，并对轨迹进行分析，能掌握在逃人员在隐藏地每天外出的时间、目的地、途经地点、外出周期、外出的交通方式等情况，从而为选择最佳抓捕方式进行精确抓捕提供情报支撑。

四、犯罪侦查中目标轨迹分析一般应用

目标轨迹分析在犯罪侦查中的运用分为两个层面，一个是一般技术层面，另一个是具体操作层面。本部分主要针对目标轨迹在警用地理信息系统中的一般运用、目标轨迹在可视化情报分析系统中的一般运用、目标轨迹在刑侦综合信息系统中的一般运用进行论述。

（一）目标轨迹分析在警用地理信息系统中的应用

公安机关打击犯罪、维护治安和服务社会管理的工作职责以及协同作战、快速反应的工作特点，同时城市现代化建设的快速发展，传统的人工熟悉地理环境或依靠普通地图进行警务活动的模式已远不能适应工作要求。以至于要求指挥中心、刑侦、治安、交通、消防、警卫、反恐等相关业务机构需以建立地理信息系统，并对工作业务范围信息叠加进行综合利用。

1. 情报部门中的应用。公安机关的情报部门是为侦查工作提供情报信息服务的机构，其工作对象是与犯罪行为存在一定时空关联的“显性或隐性”人、事、物，因此，侦查情报工作具有很强的时空性。但是，单一、非智能的情报工作方式已经无法适应当前侦查工作的需要。情报部门应设计建立在警用地理信息系统之上的情报管理体系，它将有助于情报数据整合、信息查询，实现对情报对象的有效管理，分析犯罪特征的规律，为优化警力分配；实现对公共事件的紧急应对、为有效指挥提供战略决策。对情报对象的轨迹掌控是通过对象的各类信息，在警用地理系统中输入数据，以找出其活动轨迹关联信息。同时，情报部门可利用警用地理信息系统将某区域或某类案件发现的轨迹信息进行整合，发现内在规律进而

重点打击。对情报对象动态轨迹的掌握也是通过各种信息碰撞，将人员、车辆行驶、通讯工具等轨迹综合分析，对重点人员做到“来能报警、动知轨迹、走明去向、全明掌控”，并通过系统予以可视化展示。

2. 刑侦部门中的应用。刑侦部门主要针对移动电话基站定位应用，它主要用于人员摸排等工作，借助从移动电话运营商取得的基站位置数据以及侦查对象的移动电话通联记录数据，在警用地理信息系统中进行轨迹分析、居住区域分析、活动区域分析等。例如基站查询、定位，即基站扇区信息查询，包括按编号模糊查询、任意点周边查询、空间查询、空间定位、对扇区进行任意点周边查询和扇区内综合查询等。轨迹回放是根据查询选择的各项基站，按照查询的先后顺序进行轨迹回放，可用于行动路线分析、实时跟踪等[①]。通联记录导入、历史轨迹分析是通过导入被侦查的移动电话通联记录，可以进行通联记录的轨迹回放，以确认被侦查人的历史活动中缝。通联记录分析是针对导入的通联记录，可进行基站出现次数的分析、对端通话次数分析、按时间进行频度分析，上述操作都可在 PGIS 中完成。

（二）目标轨迹分析在犯罪情报分析系统中的应用

可视化情报分析包括关系网络分析、流向分析、电话记录分析等，而这些共同特征就是通过各类图形来展示人员、通讯工具、案件、事件及其他事物间的关系，辅助情报人员运用批判思维开展分析。西方情报界对此类方法的正式应用可追溯至 20 世纪 80 年代至 90 年代。至今，可视化情报分析系统不仅成为西方情报界通用的数据处理方式，也得到国际刑警组织、国际警务情报分析员协会的应用和推广。传统的资料分析和调查软件往往奠基于资料库查询、报表技术、资料挖掘等方法，对调查分析中所涉及的大量业务资料

---

① 参见刘持平等：《警务地理信息》，中国人民公安大学出版社 2012 年版，第 214 页。

进行分析呈现，再从中摄取对调查工作有用的情报信息。目前众多国家的侦查、警务、情报机关，仍采用人工分析方法，这种人工分析也是目前大多数调查组织的基础。以目前一些信息处理的现状，人工分析方法经常面临很大的挑战。① 例如：为情报工作提供战略决策、战术支援的情报信息通常是以各种类型表面上无关联性，并且内容繁多，如果单纯采用人工分析方法将难以将大量数据信息，以互相间的关联性呈现出来，因此该种方法有一定的局限性。可视化犯罪情报分析系统在对目标轨迹信息等情报信息的分析中提出全新的可视化情报理念，它与传统情报分析方法的不同之处在于，可视化犯罪情报分析系统是以图形的方式呈现各类轨迹信息之间内在的本质联系，并且以图形的方式呈现信息之间的关联，以挖掘其内在的隐含要素。简言之，通过可视化犯罪情报分析系统可帮助情报分析人员将繁杂、低关联性、低价值的轨迹信息转化为易于理解、高关联、易操作的情报，为分析调查工作提供有效的帮助。可视化犯罪情报分析系统代替了单纯的人工情报分析方法，同时也为快速掌握涉案目标源的轨迹信息分析提供基础，为侦控工作提供时效性的情报支援。

（三）目标轨迹分析在刑侦综合信息系统中的应用

侦查破案是收集、分析和运用各种犯罪信息，揭露、证实犯罪的过程。在当今信息时代，加强刑侦信息化建设，显得尤为重要。现代战争的形态主要是信息战，今天公安机关主要面临着严峻复杂的治安形势，面对狡猾的犯罪分子，侦查破案也一样要依靠打信息战。② 目前我国的侦查体制是协同中各自为战，以应对异地、跨地区、跨省作案形式，但该体制无法使情报共享、情报传达发挥重要

① 参见崔嵩：《情报攻歼全维战法——战术研判方法模型与实战操作》，中国人民公安大学出版社 2013 年版，第 34 页。

② 参见吴建国：《公安信息系统应用教程》，中国人民公安大学出版社 2010 年版，第 234 页。

的作用。从而要求建立覆盖面广、数据信息全、兼容性强的刑侦综合信息系统。既可减少重复劳动，提高工作效率；又可最大限度使情报共享成为可能。涉案目标源的轨迹信息应用中主要体现在当案件发生后，能够借助目标源轨迹信息数据库及时发现目标的轨迹信息掌握其行踪，并通过可视化的情报分析系统将与其相关联的信息进行数据碰撞、对比、串联，从而获取犯罪嫌疑人和同案的信息，以及时定位，缉获犯罪嫌疑人和查获赃物。在案件尚未发生阶段，可以通过目标源轨迹信息数据库发现高危人员、高危地区内目标源的轨迹信息，它有助于发现犯罪、控制犯罪。目标源轨迹信息数据库是以涉案、高危人员的轨迹信息为核心，建立规范化数据库，实现在省级乃至全国范围内对信息数据库的兼容、数据输入、数据查询。而目标源的轨迹信息库是建立在全国人员管理信息系统、旅客信息系统、上网人员登记信息、出入境信息、民航、铁路客运信息、视频监控信息等信息系统之上，综合了人员信息、视频监控、旅馆管理、出入境等信息，从而实现快速查询、检索。例如：重庆市公安局的关注人员轨迹信息库就是刑侦综合信息系统的子系统。①

（四）目标轨迹分析在数据碰撞技术中的应用

数据碰撞是指不同的数据集合之间，设立特定值对不同数据进行交集，产生相同或相类属性数据的过程。例如：假设违法犯罪嫌疑人在 A 地和 B 地作案时，均有住宿记录，抽取 A 地发案时段内和 B 地发案时段内的住宿数据，对两个数据交集进行的碰撞，产生同时满足条件的数据。② 数据比对是指不同数据集合之间，设立某数据集合中特有的数据为条件，在另一类数据集中检索相同数据的过程，例如，在出入境数据集、旅客住宿数据集、交通客运数据集，以姓名为条件检索，查找与未知案件数据集合中特有的数据。

① 参见唐苹：《公安信息技术基础》，中国人民公安大学出版社 2011 年版，第 134 页。

② 参见陈刚等：《信息化侦查教程》，中国人民公安大学出版社 2012 年版，第 115 页。

1. 数据碰撞与数据比对的区别

数据碰撞与数据比对均为特定数据的发现过程，但二者存在应用模式的不同。数据碰撞是在为求得特定数据，在未知数据集合中进行数据交集。例如，假设嫌疑人在 A、B 两地作案时，均有网吧上网记录，抽取 A 地发案时段和 B 地发案时段内的两地网吧上网数据，对两个信息集进行碰撞，以希望交集到相同的数据，为侦查提供依据。数据比对则是已知特定数据，希望求得在其他数据集合中的相同数据，掌握涉案嫌疑人特定信息，则可以利用各类基础类数据（旅馆住宿人员数据、暂住人员数据、网吧人员数据等），进行数据的比对，希望求得相同数据。

2. 数据碰撞的应用范围及类型

数据碰撞技术适用于案件中的犯罪嫌疑人具有多地活动的特征，通过对嫌疑人活动地提取的数据集进行碰撞，以发现犯罪嫌疑人。主要包括：第一，人员轨迹。包括交通客运、视频监控、旅客住宿、行政办证等信息集展开数据碰撞。第二，车辆轨迹。包括 GPS、交通违章、实名停车、高速路段出入等信息集展开数据碰撞。第三，数据轨迹，主要包括：通讯信息、IP 信息、银行卡交易、公交卡号等信息集展开数据碰撞。第四，其他轨迹。嫌疑人的其他轨迹信息可能在多地出现，可以开展其他数据碰撞。数据碰撞分析分为出处相同数据之间的碰撞和出处不同数据之间的碰撞。

（1）出处相同数据之间的碰撞。出处相同数据碰撞是指具有相同属性的数据结构，产生于相同机构或出处的数据（指不同时段内或不同地点内的数据）的相同数据项之间开展的碰撞过程。它主要用于查找同属性数据之间相同人（物）之间的关系。详见表 1。

表 1　出处相同的数据碰撞表

时空地点	目标源	比对源	目的
不同时段不同地域或不同时段、相同地域	旅馆住宿人员数据	旅馆住宿人员数据	查找符合条件的人员数据
	交通客运数据	交通客运数据	查找符合条件的人员数据
	网络账户数据	网络账户数据	查找符合条件的人员数据
	高速公路出入数据	高速公路出入数据	查找符合条件的车辆数据
	车辆 GPS 数据	车辆 GPS 数据	查找符合条件的车辆数据
	通信工具活动数据	通信工具活动数据	查找符合条件的电子数据
	IP 或银行卡交易数据	IP 或银行卡交易数据	查找符合条件的电子数据
	公交卡号数据	公交卡号数据	查找符合条件的电子数据
	其他反映人员（物品）活动活动轨迹的数据	其他反映人员（物品）活动轨迹的数据	查找符合条件的人员或物品数据

（2）异类数据之间的数据。出处不同数据之间的数据是具有不同数据结构，且出处或产生的机构不同（指不同时段内或不同地点内的数据）的数据项开展碰撞的过程。它主要用于查找异种数据之间相同人（物）之间的关系。例如：旅馆住宿数据与网吧上网人员数据之间、旅馆住宿数据与移动电话开户人员数据之间、车

辆租赁数据与交通违章处理人员数据之间等。[①] 详见表2。

表2 出处不同的数据碰撞表

时间、地点	目标轨迹源	比对源	目的
不同时段、不同地域或不同时段、相同地域	旅馆住宿人员数据、交通客运数据、网络账户数据、高速公路出入数据、车辆GPS数据、通信工具活动数据、IP或银行卡交易数据、公交卡号数据、其他反映人员（物品）活动轨迹的数据	旅馆住宿人员数据、交通客运数据、网络账户数据、高速公路出入数据、车辆GPS数据、通信工具活动数据、IP或银行卡交易数据、公交卡号数据、其他反映人员（物品）活动轨迹的数据	根据案(事)件假设情况，查找符合条件的人或物

① 参见陈刚等：《信息化侦查教程》，中国人民公安大学出版社2012年版，第117页。

美国警务战略创新模式评介

梁德阔*

美国警务史经历了政治服务时代、职业化打击犯罪时代和以解决社区治安问题为特征的时代，在后两个时代中美国警务战略的理论和范式层出不穷。20 世纪 60 年代社区警务兴起于美国，随后在其他发达国家推广。社区警务是我国最早从美国引进的警务战略模式，并得到普遍应用，学术界对此研究成果较多。①但在美国几十年的警务战略发展历程中，出现了许多行之有效的警务战略模式，如“破窗”警务、问题导向警务、杠杆警务、第三方警务、热点警务、情报引导警务、循证警务等，这些模式降低了美国的犯罪率，改善了警民关系，国外学者也对它们进行了理论分析和实证研究。遗憾的是，除了社区警务以外，我国学术界对其他警务战略创

* 梁德阔，上海政法学院社会管理学院副教授、博士后，研究方向为犯罪社会学。

① 已有成果介绍了社区警务的基本要素、研究范式、绩效评估、中外比较、经验启示、问题对策等。如熊一新：《中外社区警务之比较》，载《公安大学学报》1999 年第 1 期；栗长江：《美国社区警务概览》，载《公安教育》2002 年第 9 期；王岩涛：《社区警务战略在美国推行的问题及其对中国的启示》，载《上海公安高等专科学校学报》2004 年第 6 期；熊炎：《社区警务绩效评估中的若干问题研究》，载《江西公安专科学校学报》2006 年第 2 期；覃进标：《社区警务本土化的理性反思与实现途径》，载《广西警官高等专科学校学报》2012 年第 2 期。

新模式译介和研究的成果还比较少。[①]本文不仅介绍了美国八大警务战略创新模式的基本要素，还对它们的实际效果进行综合比较分析。

一、警务战略创新模式的基本要素

Moore、Sparrow 和 Spelman 将警务创新分为四种类型：方案创新、管理创新、技术创新和战略创新。[②]同时，他们也认为，这些类别划分并不是截然分离的，将某种创新归为某种类别是一种粗浅的判断。方案创新就是更好地利用组织资源，以达到特定的效果。它通常用逮捕围栏（arrest fence）的方法预防盗窃事件的发生，比如，让警察到学校里进行毒品知识的宣传教育，让警察训练妇女抵抗侵害者的技巧。管理创新是指警察机构变革的创新，即警察机构如何做好准备、执行操作以及为他们的行为负责。这包括用新的方法来考评警察个人或者整个部门的绩效，以及人事政策和实践的变化，比如新的招聘方法、新的训练方法和新的监管关系。技术创新取决于获取或使用新的资源设备，如非致命武器、DNA 鉴定、犯罪地图软件等。

战略创新代表了整个警务工作理念和组织管理取向的变革。这些变革包括警务工作基本目标的重新界定，警察部门活动和服务范围的变化，警官实现他们目标的方式变化，以及警察部门保持和发

① 据笔者在中国知网查阅，主要成果有李本森：《破窗理论与美国的犯罪控制》，载《中国社会科学》2010 年第 5 期；罗林·马兹勒、珍妮·莱斯利：《试论第三方警务》，许韬译，载《公安学刊》2008 年第 3 期；赵金萍：《美国“情报引导警务”的 campstat 模式述评》，载《铁道警官高等专科学校学报》2009 年第 5 期；李仙翠：《美国警方情报引导警务模式及其扩展系统的试行情况》，载《公安研究》2006 年第 5 期；迈克尔·沃恩：《问题导向警务：21 世纪警务新理念》，载《公安学刊》2010 年第 2 期等。而关于热点警务、杠杆警务和循证警务的译介成果少见。

② Moore, M., M. Sparrow, and W. Spelman. 1997. “Innovations in Policing: From Production Lines to Job Shops.” In A. Altshuler and R. Behn (eds.), Innovations in American Government: Challenges, Opportunities, and Dilemmas. Washington, DC: Brookings Institution Press.

展其内外部的重要关系的变化。以毒品犯罪为例，战略创新方法包括：警察部门从“执行法律”向“解决问题”转变（即化解案件）；与社群建立工作关系，以此策略来处理毒品交易问题；将市民满意度作为一项重要的考评尺度。这些创新之所以称之为战略性的，是因为它们包括对警务工作目标或方法基本认识的变化，以及标准警务模式（the standard model of policing）下整个警察工作的主要责任结构的变化。[①]

Weisburd 和 Braga 指出，在20世纪80年代和90年代的美国警务发展过程中，一些在犯罪学领域具有领先地位的学者们，对八大警务战略创新模式提出了截然不同的观点。[②]这些警务战略创新模式包括：[③]社区警务（community policing）、“破窗”警务（“broken windows” policing）、问题导向警务（problem - oriented policing）、“杠杆”警务（“pulling levers” policing）、第三方警务（third - party policing）、热点警务（hot spots policing）、情报引导警务（Compstat）、循证警务（evidence - based policing）。这些模式反映出警察业务的基本变化。随着犯罪率上升和公众对此越来越多的抱怨，如果条件许可的话，警察部门需要提高其工作能力和创新能力。然而，许多警务学者和管理人员指出，通过创新改善警察工作并不是一件简单的事情：一是警察部门拒绝改变，因为他们在实施新的工

① Moore, M. , M. Sparrow, and W. Spelman. 1997. “Innovations in Policing: From Production Lines to Job Shops.” In A. Altshuler and R. Behn (eds.), Innovations in American Government: Challenges, Opportunities, and Dilemmas. Washington, DC: Brookings Institution Press.

② Weisburd, D. and A. Braga. (eds.) 2006. Police Innovation: Contrasting Perspectives. New York: Cambridge University Press.

③ 这并未穷尽该时期警务战略创新的种类。在实践中这些类别之间也有一些相互重叠。例如，运用社区警务的警察部门会通过问题导向警务和“破窗”警务来处理一些专门的犯罪问题。这里所阐述的八大创新对警察任务、实践和战略产生了深远影响，这些实践和战略也广泛影响到美国社区的警务工作。

作程序时将会遇到巨大困难；[①]二是难以证明警察部门的工作绩效得到明显提升，如控制犯罪的有效性和提供服务的社区满意度。这些问题也并不是警务领域所特有的，例如，埃尔莫尔（Elmore）提出，教育领域的创新大多是在20世纪90年代，但很少有证据证明这些创新改进了学校、学生或毕业生的表现。[②]

社区警务[③]早在20世纪80年代就被广泛实施，[④]它是现代警务创新的最早方法之一；到20世纪90年代，社区警务的理念已影响到了美国大多数的警察机构。在实际工作中警察对社区警务的运用

---

① Sparrow, M., M. Moore, and D. Kennedy. 1990. Beyond 911: A New Era for Policing. New York: Basic Books. Capowich, G. and J. Roehl. 1994. "Problem - Oriented Policing: Actions and Effectiveness in San Diego." In D. Rosenbaum (ed.), The Challenge of Community Policing: Testing the Promises. Thousand Oaks, CA: Sage Publications. Sadd, S. and R. Grinc. 1994. "Innovative Neighborhood Oriented Policing: An Evaluation of Community Policing Programs in Eight Cities." In D. Rosenbaum (ed.), The Challenge of Community Policing: Testing the Promises. Thousand Oaks, CA: Sage Publications.

② Elmore, R. 1997. "The Paradox of Innovation in Education: Cycles of Reform and the Resilience of Teaching." In A. Altshuler and R. Behn (eds.), Innovations in American Government: Challenges, Opportunities, and Dilemmas. Washington, DC: Brookings Institution Press.

③ 什么是社区警务？目前学术界和实务部门还没有统一的定义。Robert Trojanowicz 的定义："社区警务应该是一种全方位服务的哲学理念，是一种个性化的警务活动模式，警察常驻某一地区巡逻、工作，与居民一起发现社区的问题，处理社区的问题。"Gaines 指出："在警务活动中，警察加强与社区的联系，对社区居民的要求和重点问题做出更有效的回应。"Wycoff 和 Oettneier 则认为："社区警务以地域为基础，通过警官与居民的相互联系来处理犯罪及日常问题，进而为居民提供服务。"美国休斯顿警察局的定义："社区警务是存在于警方与社区之间的一种相互作用过程，旨在共同发展和解决已经无法适应新的形势，不能有效地控制犯罪。而社区警务在警方与社区之间建立了一种联盟，目的是通过双方的努力，创造更美好的邻里生活。"转引自栗长江：《美国社区警务概览》，载《公安教育》2002年第9期。

④ Trojanowicz, R. 1982. An Evaluation of the Neighborhood Foot Patrol Program in Flint, Michigan. East Lansing, MI: National Neighborhood Foot Patrol Center, Michigan State University. Kelling, G. and M. Moore. 1988. "From Political to Reform to Community: The Evolving Strategy of Police." In Jack Greene and Stephen Mastrofski (eds.), Community Policing: Rhetoric or Reality? New York: Praeger. Greene, J. and S. Mastrofski (eds.). 1988. Community Policing: Rhetoric or Reality? New York: Praeger.

多种多样，并随着时间的推移而有所变化。例如，20 世纪 80 年代，徒步巡逻被认为是社区警务的一个重要部分，而在近期的社区警务方案中，徒步巡逻不再是一个重要的组成部分。社区警务通常与其他警务方案结合在一起开展实施，比如与问题导向警务结合使用，因此很难从其他创新战略中区别出哪些因素是社区警务的重要部分。

社区警务的基本要素：① 一是长期派驻警察在指定区域巡逻。警察徒步或者骑自行车在社区中巡逻。二是社区居民发现问题，与社区警察携手解决问题。社区警察要遵守职业道德，获得社区居民的支持，实施犯罪控制和预防。三是全方位服务。比如，组织社区公益活动，解决社区居民困难等。四是社区警察与非执法团队紧密合作。五是对问题的解决方式进行长期评估。比如，潜在问题分析，居民生活质量及公民对社区警察的满意度调查等。社区警务贯彻“预防为主”“警民合作”两大原则，认为防范比简单打击犯罪更有效，而离开社区居民的积极参与，警察不可能有针对性地预防犯罪。

社区警务的最重要特征之一就是社区成员在界定问题的过程中扮演关键角色，这些问题远非常规的执法问题。正如 Kelling 和 Moore 所言：“整个 1950 和 1960 年代，警察认为他们是法律执行机构，主要工作就是打击犯罪。”“而在‘社区警务年代’，警察的功能扩大，警察的工作包括维护秩序、解决纠纷、提供服务以及其他活动。”②要理解社区警务的早期发展，重要的是弄清楚它所回应的问题：如果不能阻止犯罪，那么警察存在的正当理由是什么？警务工作的目标就是控制犯罪，而警务工作的新任务可以看成是对警

① 参见栗长江：《美国社区警务概览》，载《公安教育》2002 年第 9 期。

② Kelling, G. and M. Moore. 1988. “From Political to Reform to Community: The Evolving Strategy of Police.” In Jack Greene and Stephen Mastrofski (eds.), Community Policing: Rhetoric or Reality? New York: Praeger. pp. 2, 4.

察无法实现这个目标的反应。[①]在过去的30年间，打击犯罪逐渐成为社区警务工作的重点，社区警务模式创新的重要理由就是认识到警察可以解决一些社区问题，这些问题并非传统意义上的犯罪问题，即警务范围要扩大到社区所面临的一系列问题。

1982年3月，威尔逊（James Q. Wilson）和凯林（George L. Kelling）在美国《大西洋月刊》杂志上发表《"破窗"：警察与邻里安全》一文，首次提出"破窗"理论。[②]"破窗"理论认为，犯罪发展是因为警察和市民没有联合起来阻止城市衰败和社会混乱。破窗警务鼓励警察关注社会混乱问题，将犯罪问题放在次要地位或者至少作为警察的第二阶段目标，即警务工作的首要目标是社会混乱问题，其次才是犯罪。Wilson 和 Kelling 认为，社会混乱是造成犯罪问题的一个关键因素，在犯罪情境中，"被忽略的行为导致社区控制因素的破坏"。[③] 他们证明了社会混乱与犯罪之间的联系。

"破窗"警务的核心思想包括两个方面：[④]无序与犯罪是否存在相关性？如果两者相关，那么对无序的干预会降低犯罪的发生吗？这又是两个相互联系的问题。对"破窗"警务的理解，关键要分清四个要素（无序、对犯罪的恐惧、社区控制失效和犯罪）之间的递进关系：无序的环境直接导致人们在此环境中对犯罪产生恐

① Kelling, G., T. Pate, D. Dieckman, and C. Brown. 1974. The Kansas City Preventive Patrol Experiment: A Technical Report. Washington, DC: Police Foundation. Spelman, W. and D. Brown. 1984. Calling the Police: Citizen Reporting of Serious Crime. Washington, DC: U.S. Government Printing Office. Greenwood, P., J. Chaiken, and J. Petersilia. 1977. The Investigation Process. Lexington, MA: Lexington Books.

② James Q. Wilson and George L. Kelling, Broken Windows: "The Police and Neighborhood Safety," The Atlantic Monthly, vol. 249, no. 3 (March 1982), pp. 29 – 38.

③ Wilson, J. Q. and G. Kelling. 1982. "Broken Windows: The Police and Neighborhood Safety." Atlantic Monthly, March: 31.

④ 参见李本森：《破窗理论与美国的犯罪控制》，载《中国社会科学》2010年第5期。

惧，进而削弱该区域社会控制力，最终产生严重的违法犯罪。[①] Wilson 指出，如果不守秩序的人数以算术级增长，那么人们的焦虑程度就会以几何级增长。[②]这表明，少数无序的社会现象也许不会轻易引起违法犯罪，但如果无序活动频繁发生或者无序状态达到一定规模时，犯罪就会出现。因此，警察可以实施规则性干预有效预防和减少区域性无序，防止因无序的增量而出现犯罪问题。但如果没有社区成员的积极参与而仅仅依靠警察有效干预，那么短时间内被清除的无序很快又会滋生，这也是"破窗"警务与社区警务紧密结合的原因。

问题导向警务由格德斯汀（Herman Goldstein）于 1979 年初创，他提出"警察要处理社区里出现的普遍性的犯罪问题"[③]，并认为警察采取不同的方法（即问题导向警务的方法），会对犯罪和其他问题产生积极的影响。为了使工作更加有效率和效果，警察必须收集有关事件的各种信息，即警务工作要掌握问题发生的信息及其根源，并且基于引发问题的基本情况设计合适的应对措施。[④] Eck 和 Spleman 总结说："问题是由基本条件导致的。这些条件可能包括参与人（罪犯、潜在受害者和其他人）的特征，这些人互动的社会环境，物理环境，以及公众应对这些基本条件的方式。这些条件引发的问题又会产生一个或者更多事件。这些源头相同的事件还会表现出差异性，例如，在恶化的公寓、复杂的社会和物理条件下可能会产生盗窃、破坏行为以及其他事件。其中一些事件被警方注

---

① Michael Wagers, William Sousa and George Kelling, "Broken Windows," in Richard Wortley and Lorraine Mazerolle, eds., Environmental Criminology and Crime Analysis, Cullompton: Willan Publishing, 2008, p. 256.

② James Q. Wilson, "Foreword," in George L. Kelling and Catherine M. Coles, Fixing Broken Windows: Restoring Order and Reducing Crime in Our Communities, New York: Touchstone, 1997, p. XIV.

③ Goldstein, H. 1979. "Improving Policing: A Problem - Oriented Approach." Crime and Delinquency 25: 236 - 258.

④ Goldstein, H. 1990. Problem - Oriented Policing. Philadelphia, PA: Temple University Press.

意，这是问题存在的症状。只要造成这些问题的诱因存在，这些事件就会继续下去。”①

Goldstein 指出问题解决的程序和要求：“用更精确的术语认定这些问题，研究每个问题，记录当前警察应对的性质，评价其充分性和现有的权力和资源的充足性，对目前的各种应对方案进行广泛的探索，衡量这些方案的优点，并在其中做出选择。”②问题导向警务的基本要素包括：找出具有互相联系的事件性的问题；查找警务要聚焦的根本性问题；突出最终目标的有效性；进行系统化的调查；区分和准确界定问题；对问题中的多元利益进行分析；跟踪评价当下的警务活动；开放性调查并调整警务策略；采取积极的态势；强化决策的程序性和增加责任；评价最新的警务结果。③

杠杆警务遵循问题导向的路径，综合运用各种警务战略。相对于传统的问题导向警务，杠杆警务会提供更加广泛和全面的策略。杠杆警务的程序和要素包括：选择一个特定的犯罪问题；成立一个跨部门工作小组，组员由执法人员构成；开展研究以确定关键的罪犯、犯罪群体和行为模式；针对罪犯和犯罪群体，设计不同的制裁手段（“杠杆”）阻止他们继续犯罪；聚焦社会服务和社区资源，为目标罪犯和犯罪团体提供服务，与法律预防犯罪相配合；直接与罪犯反复沟通，使他们了解自己为什么会受到这种特别注意。④这

---

① Eck, J. and W. Spelman. 1987. Problem – Solving: Problem – Oriented Policing in Newport News. Washington, DC: National Institute of Justice.

② Goldstein, H. 1979. “Improving Policing: A Problem – Oriented Approach.” Crime and Delinquency 25: 236.

③ 参见李本森：《破窗理论与美国的犯罪控制》，载《中国社会科学》2010 年第 5 期。

④ Kennedy, D., A. Piehl, and A. Braga. 1996. “Youth Violence in Boston: Gun Markets, Serious Youth Offenders, and a Use – Reduction Strategy.” Law and Contemporary Problems 59: 147 – 197. Kennedy, D. 1997. “Pulling Levers: Chronic Offenders, High – Crime Settings, and a Theory of Prevention.” Valparaiso University Law Review 31: 449 – 484. Kennedy, D. 2006. “Old Wine in New Bottles: Policing and the Lessons of Pulling Levers.” In Police Innovation: Contrasting Perspectives, edited by David L. Weisburd and Anthony A. Braga. New York: Cambridge University Press.

些要素概括起来就是选择（特定问题）、合作（执法者）、实施（确定犯罪主体）、设计（制裁措施即杠杆）、聚焦（社会服务）和沟通（内化）。在波士顿，曾以杠杆警务的方法，处理一个“流行”的青少年暴力问题。①

1979 年，Herman Goldstein 提出了扩展警察策略“工具箱”的建议，第三方警务即是依照此建议，把警察资源扩展到“第三方”，第三方资源包括家长、业主、财产主、公共住房机构、房屋和健康监查人员等。所谓第三方警务，就是指警察通过强制和说服方式促使非犯罪群体和各种组织协助警方预防和控制犯罪。第三方警务的关键在于警察利用行政法规、刑事和民事，鼓励和逼迫第三方参与到犯罪控制活动中来。第三方警务的基本要素包括：②主要目的是预防和控制犯罪；发起者应是公共警察部门；关注点是人群（年轻人、帮派成员和毒贩）、地点（年轻人聚集的公园、毒品交易场所和商场）和情境（娱乐场所）；最终目标群是参与违法行为的人（年轻人、帮派成员、毒品交易者、故意破坏者和轻微犯罪者）；直接目标是控制者或管理者（财产所有者、家长、酒吧老板、商店老板、业主）；通过威胁使用或者实际使用一些法律条文以获取相关者的服从。第三方警务大多适用在暴力犯罪、财产犯罪、青少年问题、毒品控制和犯罪多发地等方面。

实证研究证实，犯罪集中发生在一些不相关联的热点地区，③

---

① Kennedy, D. , A. Piehl, and A. Braga. 1996. “Youth Violence in Boston: Gun Markets, Serious Youth Offenders, and a se - Reduction Strategy.” Law and Contemporary Problems 59: 147 - 197.

② 参见罗林·马兹勒、珍妮·莱斯利：《试论第三方警务》，许韬译，载《公安学刊》2008 年第 3 期。

③ Pierce, G. , S. Spaar and L. Briggs. 1988. The Character of Police Work: Strategic and Tactical Implications. Boston, MA: Center for Applied Social Research. Sherman, L. , P. Gartin, and M. Buerger. 1989. “Hot Spots of Predatory Crime: Routine Activities and the Criminology of Place.” Criminology 27 (1): 27 - 56.

第一次对热点警务的考察是明尼阿波利斯热点实验。[①] Sherman 和 Weisburd 研究认为，预防性的巡逻如果集中在特定地方，会更加有效。“如果一个城市 3% 的地方发生一半以上的报警请求，如果城市中 40% 的地方和交叉处超过一年都不需要派往警察，如果要求派往警察的 60% 中，主要记录中每年只有一次要求，那么将警察集中在几个地点比均匀散布更有价值”[②]，即警务部门要重点关注犯罪高发地点。

情报引导警务认为警察可以降低犯罪率并要对其负责。正如 Goldstein 所言，传统警务模式的失败是因为警察机构的组织管理问题，情报引导警务试图克服这种缺陷。[③]因此，情报引导警务较少关注警察使用的警务策略，而较多关注警察机构本身的性质特点。纽约市警察局长 William Bratton 开创并发展了情报引导警务模式，他写道：“我们创造了这样一个系统，其中警察局长以及他的核心执行成员，首先授权，然后询问分局局长，迫使他制定出一个计划来打击犯罪。但事情不应该就此结束。在下一个层次上，应该是分局局长，与局长起着相同的作用，授权并询问排长。然后，在第三个层次上，警察队长要问他的警官……这样层层下去，直到在整个组织中每个人都被授权和调动起来，积极行动、做出评价并获得成功。这在所有的组织中都起作用，无论是 38000 个警察的组织还是梅伯里的乡村免费邮递组织。”[④]情报引导警务的构成原则为：情报及时准确、战术有效、部署快速、后续行动持续，它们是相互融合的有机整体。

---

① Sherman, L. and D. Weisburd. 1995. “General Deterrent Effects of Police Patrol in Crime Hot Spots: A Randomized Controlled Trial.” Justice Quarterly 12: 625 - 648.

② Sherman, L. and D. Rogan. 1995. “Effects of Gun Seizures on Gun Violence: ‘Hot Spots’ Patrol in Kansas City.” Justice Quarterly 12: 629.

③ Goldstein, H. 1979. “Improving Policing: A Problem - Oriented Approach.” Crime and Delinquency 25: 236 - 258.

④ Bratton, W. 1998. Turnaround: How America’s Top Cop Reversed the Crime Epidemic. New York: Random House. p. 239.

情报引导警务的基本要素包括：比较数据统计报告、辖区指挥官简报、犯罪对策会议。其核心是将统计数据（如逮捕和传唤数据、报警电话数据、犯罪类型、犯罪模式、犯罪特点、作案手段、犯罪趋势）及各类信息输入计算机，在此基础上形成统计报告。利用计算机分析软件标出犯罪高发的地点和类型，探究犯罪规律和发展趋势，依此调整警力部署。在管理层面上，本模式的核心因素是责任到人，上层管理者通过辖区指挥官简报可以掌控辖区指挥官的工作情况，辖区指挥官应对所辖区域的警务工作负责，而不是一线警员负责。犯罪对策会议催生了问题解决团队，各级辖区指挥官共享情报信息资源，现场商讨对策措施。

循证警务认为，有效的警务战略要基于科学的证据。循证警务方法源自一个更广泛的公共政策关注和一个更广泛的政策运动，该运动强调在实践中要使用严密的证据（如循证医学）。很多警察的实践是基于传统的临床经验，这往往是刑事司法工作者唯一的指导。循证警务认为，标准的警务模式之所以失败，是因为成功的策略必须基于科学的证据。该方法呼吁发展科学证据，尤其是要扩大警察实践的控制实验研究。①

二、警务战略创新模式的效果比较

Weisburd 和 Eck 认为，警务战略创新使警务工作在两个维度上超越了标准的警务实践：工作方法的多样性和关注重点的层次性（参见下图）。②“工作方法的多样性”维度代表警察实践工作的内容或使用的工具。如下图纵轴所示，工具范围从大多数传统的法律执行到一系列方法的广泛使用。“关注重点的层次性”代表警察工作聚焦或指向的区域，由低到高。

① Sherman, L. 1998. “Evidence – Based Policing.” Ideas in American Policing Series. Washington, DC: Police Foundation.

② Weisburd, D. and J. Eck. 2004. “What Can Police Do to Reduce Crime, Disorder, and Fear?” Annals of the American Academy of Political and Social Science, 593: 42 – 65.

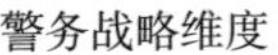

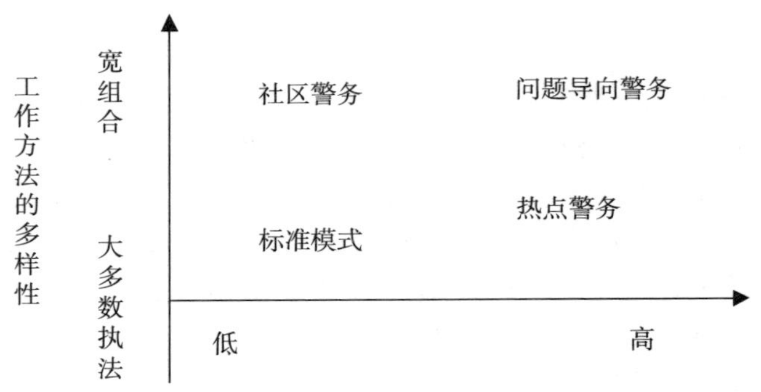

关注重点的层次性

Weisburd 和 Eck 将标准警务实践与热点警务、问题导向警务和社区警务进行了对比。标准警务模式强调法律的执行和执法权力的普遍适用，在两个维度上得分都较低。热点警务在关注重点的层次性维度上得分高，但是在控制热点区域所使用的工具多样性方面得分低。问题导向警务在两个维度上得分率都较高，因为警官运用精心设计的策略来应对分散犯罪问题。社区警务在方法多样性维度上得分高，因为它充分利用社群资源来阻止犯罪，以及推动社区人员参与认定和处理问题。但是，如果社区警务不与问题导向警务相结合，就不能很好地聚焦犯罪问题，而只是在一个管辖范围内提供一套相同的服务。[①]

除了工作方法的多样性和关注重点的层次性这两个维度之外，还可以增加另一个维度，即战略创新对警务目标改变的程度。在标准警务模式之下，警察部门的主要工作是通过阻止和逮捕罪犯来防止严重犯罪，通过法律制裁使罪犯承担刑事责任而维护正义，为身处危难中的人们提供紧急帮助，以及提供一些非紧急情况下的服务

① Weisburd, D. and J. Eck. 2004. "What Can Police Do to Reduce Crime, Disorder, and Fear?" Annals of the American Academy of Political and Social Science, 593: 42 - 65.

(比如交通控制)。[①]本文所探讨的警务战略创新模式并未将以上目标从警务工作任务中剔除，而只是重新安排了这些目标的优先顺序并增加了一些新的目标。按照新的警务战略创新模式要求，一些非犯罪的和非紧急的问题得到了更多的重视。社区警务、问题导向警务与标准警务工作分离程度很大，社区警务以各种表现形式，促使警官与市民共同应对一系列广泛的问题，最显著的问题有社会混乱和环境失调、对犯罪的恐惧等。[②]同样，问题导向警务也为警务工作增加了新的目标，但是它也将警务行动进行了重组，从关注任务单元的事故转变为关注问题的种类，对这些问题的反映完全不同于常规的警务活动。[③]其他战略创新模式对标准警务目标的变革没有这么急剧。例如，如果没有社区警务和问题导向警务的介入，“破窗”警务只是将警务工作任务扩展到社会环境混乱，而并不改变警察处理这些问题的方法手段。[④]

研究表明，犯罪常聚集在一些特定的地方以及侵害者和受害者身上。例如，Spelman 和 Eck 进行了几项研究，预测出美国 10% 的受害者卷入 40% 的受侵害事件，10% 的罪犯卷入超过 50% 的犯罪，

---

① Eck, J. and D. Rosenbaum. 1994. “The New Police Order: Effectiveness, Equity, and Efficiency in Community Policing.” In D. Rosenbaum (ed.), The Challenge of Community Policing: Testing the Promises. Thousand Oaks, CA: Sage Publications.

② Skogan, W. 2006. “The Promise of Community Policing.” In Police Innovation: Contrasting Perspectives, edited by David L. Weisburd and Anthony A. Braga. New York: Cambridge University Press.

③ Eck, J. 2006. “Science, Values, and Problem – Oriented Policing: Why Problem – Oriented Policing?” In Police Innovation: Contrasting Perspectives, edited by David L. Weisburd and Anthony A. Braga. New York: Cambridge University Press.

④ Sousa, W. and G. Kelling. 2006. “Of ‘Broken Windows,’ Criminology and Criminal Justice.” In Police Innovation: Contrasting Perspectives, edited by David L. Weisburd and Anthony A. Braga. New York: Cambridge University Press. Taylor, R. 2006. “Incivilities Reduction Policing, Zero Tolerance, and the Retreat from Coproduction: Weak Foundations and Strong Pressures.” In Police Innovation: Contrasting Perspectives, edited by David L. Weisburd and Anthony A. Braga. New York: Cambridge University Press.

以及10%的地方是60%的犯罪发生地点。[①]在实践中，引发问题的基本条件和减轻犯罪问题的结果干预，很可能在这些区域重叠。例如，对帮派暴力问题的分析，揭示出许多帮派暴力实质上是报复性的，[②]今天的罪犯会成为明天的受害者，反之亦然。分析也揭示出帮派暴力常常聚集在城市的某些特定区域。[③]因此，为了减少帮派暴力事件发生，警察干预最好聚焦在特定的区域、罪犯和受害者。

当警察部门集中全力在可以确定的风险上时，比如犯罪热点、重复受害者和严重犯罪者，他们可以阻止犯罪和混乱。[④]最强有力的证据来自对热点警务行动的评估。[⑤] Braga从五项随机控制实验研究和四项准实验研究发现，热点警务项目达到了犯罪控制目标，并未将犯罪转移到其他地区。[⑥]这些犯罪控制效果在很多地方得以实

① Spelman, W. and J. Eck. 1989. "Sitting Ducks, Ravenous Wolves, and Helping Hands: New Approaches to Urban Policing." Public Affairs Comment, 35 (2): 1 -9.

② Decker, S. 1996. "Gangs and Violence: The Expressive Character of Collective Involvement." Justice Quarterly 11: 231 -250.

③ Block, Carolyn R. and Richard Block. 1993. "Street Gang Crime in Chicago." Research in Brief. Washington, DC: National Institute of Justice, U. S. Department of Justice. Kennedy, D., A. Piehl, and A. Braga. 1996. "Youth Violence in Boston: Gun Markets, Serious Youth Offenders, and a Use - Reduction Strategy." Law and Contemporary Problems 59: 147 -197.

④ Braga, A., D. Kennedy, and G. Tita. 2002. "New Approaches to the Strategic Prevention of Gang and Group - Involved Violence." In Gangs in America, Third edition, edited by C. Ronald Huff. Thousand Oaks, CA: Sage Publications. Eck, J. 2003. "Police Problems: The Complexity of Problem Theory, Research and Evaluation." In J. Knutsson (ed.), Problem - Oriented Policing: From Innovation to Mainstream. Monsey, NY: Criminal Justice Press.

⑤ Weisburd, D. and A. Braga. (eds.) 2006. Police Innovation: Contrasting Perspectives. New York: Cambridge University Press. Skogan, W. and K. Frydl (eds.). 2004. Fairness and Effectiveness in Policing: The Evidence. Committee to Review Research on Police Policy and Practices. Committee on Law and Justice, Division of Behavioral and Social Sciences and Education. Washington, DC: The National Academies Press.

⑥ Braga, A. 2001. "The Effects of Hot Spots Policing on Crime." Annals of the American Academy of Political and Social Science, 578: 104 - 125. Braga, A. 2005. "Hot Spots Policing and Crime Prevention: A Systematic Review of Randomized Controlled Trials." Journal of Experimental Criminology, 1 (3): 317 - 342.

现，包括一般的犯罪热点[①]，高发的暴力犯罪地点[②]，枪支暴力热点[③]，以及街头毒品交易[④]。此外，在研究紧邻地点转移的五次评估中发现，热点警务行动还最有可能对目标热点紧邻的周边区域产生“犯罪控制辐射效果”。[⑤]

从简单的没有控制组的前后比较到随机试验，评估设计非常严谨，评估表明，如果恰当地聚焦特定的犯罪问题，问题导向警务确实能够有效地预防犯罪。[⑥]研究发现，问题导向警务能够有效控制很多特定的犯罪和混乱问题，比如公寓楼的入室盗窃[⑦]，卖淫嫖娼[⑧]，便利店抢劫[⑨]，在酒吧和俱乐部里因过度饮酒发生的

① Sherman, L. and D. Weisburd. 1995. "General Deterrent Effects of Police Patrol in Crime Hot Spots: A Randomized Controlled Trial." Justice Quarterly 12: 625 – 648.

② Braga, A., D. Weisburd, E. Waring, L. Green Mazerolle, W. Spelman, and F. Gajewski. 1999. "Problem – Oriented Policing in Violent Crime Places: A Randomized Controlled Experiment." Criminology, 37 (3): 541 – 580.

③ Sherman, L. and D. Rogan. 1995. "Effects of Gun Seizures on Gun Violence: 'Hot Spots' Patrol in Kansas City." Justice Quarterly 12: 673 – 694.

④ Weisburd, David and L. Green. 1995. "Policing Drug Hot Spots: The Jersey City DMA Experiment." Justice Quarterly 12 (3): 711 – 736.

⑤ Clarke, R. V. and D. Weisburd. 1994. "Diffusion of Crime Control Benefits: Observations on the Reverse of Displacement." Crime Prevention Studies, 2: 165 – 183.

⑥ Sherman, L. and J. Eck. 2002. "Policing for Prevention." In L. Sherman, D. Farrington, B. Welsh, and D. MacKenzie (eds.), Evidence – Based Crime Prevention. New York: Routledge. Weisburd, D. and J. Eck. 2004. "What Can Police Do to Reduce Crime, Disorder, and Fear?" Annals of the American Academy of Political and Social Science, 593: 42 – 65. Skogan, W. and K. Frydl (eds.). 2004. Fairness and Effectiveness in Policing: The Evidence. Committee to Review Research on Police Policy and Practices. Committee on Law and Justice, Division of Behavioral and Social Sciences and Education. Washington, DC: The National Academies Press.

⑦ Eck, J. and W. Spelman. 1987. Problem – Solving: Problem – Oriented Policing in Newport News. Washington, DC: National Institute of Justice.

⑧ Matthews, R. 1990. "Developing More Effective Strategies for Curbing Prostitution." Security Journal, 1: 182 – 187.

⑨ Hunter, R. and C. R. Jeffrey. 1992. "Preventing Convenience Store Robbery through Environmental Design." In R. Clarke (ed.), Situational Crime Prevention: Successful Case Studies. Albany, NY: Harrow and Heston.

暴力事件[①]。关于第三方警务的科学证据也来自各种严谨的组合研究。但 Mazerolle 和 Ransley 的研究报告声称，第三方警务在处理毒品问题、暴力犯罪问题和年轻人犯罪问题中效果更加显著。[②]

杠杆警务战略对于控制惯犯群体的暴力行为有显著效果。[③]尽管没有使用随机控制试验设计的"黄金标准"来评估杠杆警务战略，五项准实验和四项简单评估研究发现，杠杆警务能够有效预防暴力犯罪。在波士顿[④]、芝加哥[⑤]、印第安纳波利斯[⑥]、洛厄尔[⑦]以

---

① Homel, R., M. Hauritz, R. Wortley, G. McIlwain, and R. Carvolth. 1997. "Preventing Alcohol – Related Crime Through Community Action: The Surfers Paradise Safety Action Project." In Ross Homel (ed.), Policing for Prevention: Reducing Crime, Public Intoxication, and Injury. New York: Criminal Justice Press.

② Mazerolle, L. and J. Ransley. 2006. "The Case for Third – Party Policing." In Police Innovation: Contrasting Perspectives, edited by David L. Weisburd and Anthony A. Braga. New York: Cambridge University Press.

③ Braga, A. 2001. "The Effects of Hot Spots Policing on Crime." Annals of the American Academy of Political and Social Science, 578: 104 – 125. Wellford, C., J. Pepper, and C. Petrie (eds.). 2005. Firearms and Violence: A Critical Review. Committee to Improve Research Information and Data on Firearms. Committee on Law and Justice, Division of Behavioral and Social Sciences and Education. Washington, DC: The National Academies Press. Kennedy, D. 2006. "Old Wine in New Bottles: Policing and the Lessons of Pulling Levers." In Police Innovation: Contrasting Perspectives, edited by David L. Weisburd and Anthony A. Braga. New York: Cambridge University Press.

④ Braga, A. 2001. "The Effects of Hot Spots Policing on Crime." Annals of the American Academy of Political and Social Science, 578: 104 – 125.

⑤ Papachristos, A., Meares, T., and J. Fagan. 2006. "Attention Felons: Evaluating Project Safe Neighborhoods in Chicago." Paper presented at the annual meeting of the Law and Society Association, Baltimore, Maryland.

⑥ McGarrell, E. F., Chermak, S., Wilson, J., and N. Corsaro, N. 2006. "Reducing Homicide Through a 'Lever – pulling' Strategy." Justice Quarterly, 23: 214 – 229.

⑦ Braga, A., G. Pierce, J. McDevitt, B. Bond, and S. Cronin. 2006. "The Strategic Prevention of Gun Violence Among Gang – Involved Offenders." Unpublished report. Cambridge, MA: John F. Kennedy School of Government, Harvard University.

及洛杉矶[①]进行的准实验评估表明，使用杠杆警务战略处置犯罪问题的城市和地区比那些没有使用的城市和地区，暴力犯罪事件大幅减少。在巴尔的摩[②]、明尼阿波利斯[③]、斯托克顿（加州）[④] 和高点（北卡罗来纳州）[⑤]进行的简单的前后评估研究，也发现了类似的犯罪预防效果。这些证据为杠杆警务项目进一步的发展、研究和评估提供了经验基础。[⑥]

作为一种综合性的警务战略，社区警务没有发现具有预防犯罪的效果。[⑦]现有的研究表明，未聚焦的面向社区的策略（如徒步巡逻、事务所、通讯和社区会议）并未减少犯罪和混乱的发生；然而，强有力的证据表明，社区警务策略减少了人们对犯

---

① Tita, G. , Riley, K. J. , Ridgeway, G. , Grammich, C. , Abrahamse, A. , and P. Greenwood. 2003. Reducing Gun Violence: Results from an Intervention in East Los Angeles. Santa Monica, CA: RAND Corporation.

② Braga, A. , D. Kennedy, and G. Tita. 2002. "New Approaches to the Strategic Prevention of Gang and Group – Involved Violence." In Gangs in America, Third edition, edited by C. Ronald Huff. Thousand Oaks, CA: Sage Publications.

③ Kennedy, D. and A. Braga. 1998. "Homicide in Minneapolis: Research for Problem Solving." Homicide Studies, 2 (3): 263 – 290.

④ Wakeling, S. 2003. Ending Gang Homicide: Deterrence Can Work. Perspectives on Violence Prevention, No. 1. Sacramento, CA: California Attorney General' s Office/California Health and Human Services Agency.

⑤ Coleman, V. , Holton, W. , Olson, K. , Robinson, S. , and J. Stewart, J. 1999. "Using Knowledge and Teamwork to Reduce Crime." National Institute of Justice Journal, October: 16 – 23.

⑥ Welsh, B. , and D. Farrington. 2001. "Toward an Evidence – based Approach to Preventing Crime." Annals of the American Academy of Political and Social Science, 578, 158 – 173.

⑦ Mastrofski, S. 2006. "Community Policing: A Skeptical View." In Police Innovation: Contrasting Perspectives, edited by David L. Weisburd and Anthony A. Braga. New York: Cambridge University Press.

罪的恐惧感。[①]现有的关于“破窗”警务犯罪控制效果的实验证据是混杂的。[②]警察部门使用“破窗”警务战略是否减少了犯罪，这仍然不得而知。犯罪趋势数据的简单分析表明，在当地的警察部门运用了情报引导警务战略之后，该城市的犯罪减少了。[③]然而，由于情报引导警务常常与其他犯罪预防行动联合使用，如“破窗”警务和热点警务，因此很难区分出情报引导警务在任何可观察到的犯罪控制效果中的影响。[④]此外，在纽约和其他 3 个城市，进一步分析揭示出可观察到的犯罪下降开始于情报引导警务实施之前。[⑤]

---

① Weisburd, D. and J. Eck. 2004. “What Can Police Do to Reduce Crime, Disorder, and Fear?” Annals of the American Academy of Political and Social Science, 593: 42 - 65. Skogan, W. and K. Frydl (eds.). 2004. Fairness and Effectiveness in Policing: The Evidence. Committee to Review Research on Police Policy and Practices. Committee on Law and Justice, Division of Behavioral and Social Sciences and Education. Washington, DC: The National Academies Press.

② Sousa, W. and G. Kelling. 2006. “Of ‘Broken Windows,’ Criminology and Criminal Justice.” In Police Innovation: Contrasting Perspectives, edited by David L. Weisburd and Anthony A. Braga. New York: Cambridge University Press. Taylor, R. 2006. “Incivilities Reduction Policing, Zero Tolerance, and the Retreat from Coproduction: Weak Foundations and Strong Pressures.” In Police Innovation: Contrasting Perspectives, edited by David L. Weisburd and Anthony A. Braga. New York: Cambridge University Press.

③ Silverman, E. 2006. “Compstat’ s Innovation.” In Police Innovation: Contrasting Perspectives, edited by David L. Weisburd and Anthony A. Braga. New York: Cambridge University Press.

④ Weisburd, D. and A. Braga. (eds.) 2006. Police Innovation: Contrasting Perspectives. New York: Cambridge University Press.

⑤ Eck, J. and E. Maguire. 2000. “Have Changes in Policing Reduced Violent Crime? An Assessment of the Evidence.” In A. Blumstein and J. Wallman (eds.), The Crime Drop in America. New York: Cambridge University Press. Weisburd, D., S. Mastrofski, A. M. McNally, R. Greenspan, and J. Willis. 2003. “Reforming to Preserve: Compstat and Strategic Problem Solving in AmericanPolicing.” Criminology and Public Policy, 2, 421 - 456. Weisburd, D., S. Mastrofski, J. Willis, and R. Greenspan. 2006. “Changing Everything so That Everything Can Stay the Same: Compstat and American Policing.” In Police Innovation: Contrasting Perspectives, edited by David L. Weisburd and Anthony A. Braga. New York: Cambridge University Press.

在运用情报引导警务的城市，尚未证明情报引导警务是有效的犯罪控制战略。

循证警务尚未被作为一种整体警务模式进行实验检验。[①]循证警务的警察部门基于一个坚实的研究基础上制定政策和进行警务实践，这个研究基础已经被证明是对控制犯罪有效的策略。[②]尽管一个循证的警务方法可能会使证据超越于经验之上，对限制警察警务革新能力产生意想不到的影响，[③]但是没有证据表明，运用循证方法会降低警察部门控制犯罪和社会混乱的有效性。

三、对警务战略创新模式的不同反应

除了对标准警务模式犯罪控制效果的考量之外，20 世纪 80 年代和 90 年代的警务创新也受到以下两方面因素的驱使：社区对于警察服务的不满以及警察部门逐渐意识到市民对警察行动还有更多的需求。市民参与警务是社区警务项目的核心要素，[④]从中我们可以获得很多关于市民对于这些项目的反应信息。总的来说，基础深厚的社区警务行动有效地降低了人们对于犯罪的恐惧感，改善了警

① Welsh, B. 2006. "Evidence - based Policing for Crime Prevention." In Police Innovation: Contrasting Perspectives, edited by David L. Weisburd and Anthony A. Braga. New York: Cambridge University Press.

② Sherman, L. 1998. "Evidence - Based Policing." Ideas in American Policing Series. Washington, DC: Police Foundation.

③ Moore, M. 2006. "Improving Police Through Expertise, Experience, and Experiments." In Police Innovation: Contrasting Perspectives, edited by David L. Weisburd and Anthony A. Braga. New York: Cambridge University Press.

④ Skogan, W. 2006. "The Promise of Community Policing." In Police Innovation: Contrasting Perspectives, edited by David L. Weisburd and Anthony A. Braga. New York: Cambridge University Press.

察与他们所服务的社区之间的关系。[①]社区警务战略促进了市民和警察的直接参与，比如社区警务站、市民合同化巡逻、社区警务协商等工作策略，这有效地降低了人们对犯罪的恐惧感和对社区发生犯罪的担忧。[②]

社区警务也增强了警察的合法性。市民的支持和合作与警察合法性密切相关，[③]如果市民将警察部门视为具有合法性的法律权威机构，他们会更愿意与之合作和遵守法律。[④]公众会对警察执行其权威的方式进行评估，而公众对于警察部门合法性的判断会受到这种评估的影响。[⑤]现有的证据表明，警察通常会遵守限制其权力的法律。[⑥]然而，与白人相比，少数民族群体一直对警察持有较低的

① Weisburd, D. and J. Eck. 2004. "What Can Police Do to Reduce Crime, Disorder, and Fear?" Annals of the American Academy of Political and Social Science, 593: 42 - 65. Skogan, W. and K. Frydl (eds.). 2004. Fairness and Effectiveness in Policing: The Evidence. Committee to Review Research on Police Policy and Practices. Committee on Law and Justice, Division of Behavioral and Social Sciences and Education. Washington, DC: The National Academies Press.

② Pate, T. and W. Skogan. 1985. Coordinated Community Policing: The Newark Experience. Technical Report. Washington, DC: Police Foundation. Wycoff, M. and W. Skogan. 1986. "Storefront Police Offices: The Houston Field Test." In D. Rosenbaum (ed.), Community Crime Prevention: Does it Work? Thousand Oaks, CA: Sage Publications. Brown, L. and M. Wycoff. 1987. "Policing Houston: Reducing Fear and Improving Service." Crime and Delinquency, 33: 71 - 89.

③ Tyler, T. 2004. "Enhancing Police Legitimacy." Annals of the American Academy of Political and Social Science, 593: 84 - 99.

④ Tyler, T. 1990. Why People Obey the Law. New Haven, CT: Yale University Press.

⑤ Tyler, T. 1990. Why People Obey the Law. New Haven, CT: Yale University Press. Tyler, T. 2004. "Enhancing Police Legitimacy." Annals of the American Academy of Political and Social Science, 593: 84 - 99.

⑥ Skogan, W. and T. Meares. 2004. "Lawful Policing." Annals of the American Academy of Political and Social Science, 593: 66 - 83.

信心。[1]社区警务改进了市民对于警察行动的评价。[2]例如，社区警务实行8年之后，对芝加哥市警察的有效性、反应和行为进行评价，该市居民的评价有很大改进；更为重要的是，拉丁裔、非洲裔美国人和白人的评价都改善了。[3]由此可见，社区警务战略创新有助于增加少数民族群体对警察的信任度。

社区警务会影响市民对警察的满意度，对此课题有着越来越多的系统研究，而关于其他警务战略创新对警察—社区关系影响的研究明显缺乏。这种断裂值得注意，因为研究表明，警力集中的犯罪预防效果与其对警察—社区关系的潜在有害影响之间存在张力。[4]毫无疑问，合法性与警察预防犯罪和保持社区安全的能力有关。然而，警察也需要公众的支持与合作来有效预防犯罪。在犯罪情况严重的社区，其居民通常会要求更强有力的法律实施，但他们仍然希望警察以受人尊敬和合法的方式努力控制犯罪。[5]居民不希望家庭成员、朋友和邻居受到法律实施的不公正对待，或者受到过于激进的警官的虐待。如果公众对警察的信任和信心遭到破坏，居民将会

---

① Tyler, T. 2004. "Enhancing Police Legitimacy." Annals of the American Academy of Political and Social Science, 593: 84 - 99.

② Skogan, W. 2006. "The Promise of Community Policing." In Police Innovation: Contrasting Perspectives, edited by David L. Weisburd and Anthony A. Braga. New York: Cambridge University Press.

③ Skogan, W. G. and L. Steiner. 2004. Community Policing in Chicago, Year Ten. Chicago: Illinois Criminal Justice Information Authority.

④ Meares, T. 2006. "Third - Party Policing: A Critical View." In Police Innovation: Contrasting Perspectives, edited by David L. Weisburd and Anthony A. Braga. New York: Cambridge University Press. Rosenbaum, D. 2006. "The Limits of Hot Spots Policing." In Police Innovation: Contrasting Perspectives, edited by David L. Weisburd and Anthony A. Braga. New York: Cambridge University Press. Taylor, R. 2006. "Incivilities Reduction Policing, Zero Tolerance, and the Retreat from Coproduction: Weak Foundations and Strong Pressures." In Police Innovation: Contrasting Perspectives, edited by David L. Weisburd and Anthony A. Braga. New York: Cambridge University Press.

⑤ Tyler, T. 2004. "Enhancing Police Legitimacy." Annals of the American Academy of Political and Social Science, 593: 84 - 99. Skogan, W. and T. Meares. 2004. "Lawful Policing." Annals of the American Academy of Political and Social Science, 593: 66 - 83.

诉讼、不愿意遵守法律以及退出现有的伙伴关系，警察预防犯罪的能力就会被削弱。[①]非法的警察行动所产生的政治后果，将会严重阻碍警察部门运用新的控制犯罪方法。

这种困境在其他地方被描述为“信任困境”[②]。若要增强公众对政府机构工作能力的信任，创新是必不可少的。但是在公众允许政府机构真正创新之前，必须确信这些机构有能力创新。[③]警察部门应该受到鼓励，寻求有效的策略来聚焦一些确定的风险（如犯罪热点、重复受害者和高犯罪率的罪犯）。然而，警察部门在实施这些犯罪预防方法的时候，也必须小心谨慎。例如，坊间证据表明，作为减少犯罪和混乱的合法方式，“破窗”警务战略受到广泛的社区支持。[④]但是，当“破窗”警务被曲解成所谓的“零容忍”警务时，不分青红皂白的攻击性执法会对警察—社区关系产生负面影响。[⑤]为了避免所采取的方法引起社区强烈的负面反应，警察部门应该鼓励和接受社区参与到他们的犯罪预防工作中来。在波士顿，黑人牧师参与到警方领导的杠杆警务的暴力预防战略中来，有助于执法机构寻求更加具有进取性和攻击性的策略，也不会因为缺

---

① Tyler, T. 1990. Why People Obey the Law. New Haven, CT: Yale University Press. Tyler, T. 2001. "Public Trust and Confidence in Legal Authorities: What Do Majority and Minority Group Members Want From Legal Authorities?" Behavioral Sciences and the Law, 19: 215 - 235.

② Altshuler, A. and R. Behn. 1997. "The Dilemmas of Innovation in American Government." In A. Altshuler and R. Behn (eds.), Innovations in American Government: Challenges, Opportunities, and Dilemmas. Washington, DC: Brookings Institution Press.

③ Altshuler, A. and R. Behn. 1997. "The Dilemmas of Innovation in American Government." In A. Altshuler and R. Behn (eds.), Innovations in American Government: Challenges, Opportunities, and Dilemmas. Washington, DC: Brookings Institution Press.

④ Sousa, W. and G. Kelling. 2006. "Of 'Broken Windows,' Criminology and Criminal Justice." In Police Innovation: Contrasting Perspectives, edited by David L. Weisburd and Anthony A. Braga. New York: Cambridge University Press.

⑤ Taylor, R. 2006. "Incivilities Reduction Policing, Zero Tolerance, and the Retreat from Coproduction: Weak Foundations and Strong Pressures." In Police Innovation: Contrasting Perspectives, edited by David L. Weisburd and Anthony A. Braga. New York: Cambridge University Press.

乏社区参与而不能实施。[①]

在其背离标准警务模式的程度上，八种警务战略创新都有所不同。最轻程度背离其准军事化分层的组织架构，继续按照事件驱动和反应策略行事，以及保持警察对犯罪问题权力的创新，警察更易于采纳。热点警务只是将传统的执法活动集中在犯罪高发地点。警察熟悉热点警务方法，因为长期以来这些方法运用在问题区域，暂时性地加强执法水平。尽管执法工具被以一种新的方法使用，杠杆警务的威慑战略将现有的司法活动聚焦于惯犯群体。"破窗"警务致力于拘捕轻罪犯人来控制社会混乱，以及达到减少严重犯罪这个最终成效。各种警务战略（如热点警务、"破窗"警务和杠杆警务）受到执法者的欢迎，主要是因为这些战略最大限度地运用新方法盘活传统策略，获得较大的成效。大部分美国警察机构都实行情报引导警务，情报引导警务更多地用来加强警察组织传统的科层制军事模式，而较少地关注警务工作实践的创新。[②]

尽管绝大部分美国警察机构都声称，社区警务的某种形式是他们工作中的一个重要组成部分，事实上警察普遍拒绝采用。这不足为奇，因为社区警务包括对现存警察组织的最激进的变革。Skogan 和 Mastrofski 在研究报告中阐明了社区警务三个核心因素——市民参与、问题解决和去中心化，在实际运用中有许多不足之处。[③]市民通常被用作信息资源而不是创造公共安全的参与伙伴。警官更青

---

① Braga, A. , and C. Winship. 2006. "Partnership, Accountability, and Innovation: Clarifying Boston's Experience with Pulling Levers." In Police Innovation: Contrasting Perspectives, edited by David L. Weisburd and Anthony A. Braga. New York: Cambridge University Press.

② Weisburd, D. and A. Braga. (eds.) 2006. Police Innovation: Contrasting Perspectives. New York: Cambridge University Press.

③ Skogan, W. 2006. "The Promise of Community Policing." In Police Innovation: Contrasting Perspectives, edited by David L. Weisburd and Anthony A. Braga. New York: Cambridge University Press. Mastrofski, S. 2006. "Community Policing: A Skeptical View." In Police Innovation: Contrasting Perspectives, edited by David L. Weisburd and Anthony A. Braga. New York: Cambridge University Press.

睐执法而不是发展和实行多种多样的问题导向反应。大多数“社区导向的”警察机构并未实现组织变革，而这种变革对于让决策权威去中心化到社区层面是必不可少的。同样，现有关于问题导向警务的研究表明，在问题导向过程的所有阶段，警官都遭遇重重困难。①问题分析通常是虚弱无力的，使用的还是传统的执法行动。实践中的问题导向警务只是 Herman Goldstein 提出的一个肤浅的版本。②第三方警务与社区警务、问题导向警务关系密切，因此实施第三方警务的警察部门也会遭遇类似的实践问题。

要对现存的警察实践和组织架构进行最激烈变革的警务战略，在实施过程中会遭遇最大的困难，这不是无稽之谈。尽管如此，现有的证据仍然表明警察的态度逐渐转向愿意采用这些新战略。在整个美国，不仅媒体广泛报道警务实践创新，而且警官对于社区警务和问题导向警务理念的看法也越来越积极。正如 Skogan 所总结的那样，很多研究表明，一旦参与社区警务实践，警官的看法就会发生积极的转变，他们对工作满意度和社区的看法也产生积极的结果，以及更加支持在该地区实施社区警务战略。③警察史表明，警务创新模式的全面发展需要经过很长的时间。标准警务模式本身也是针对所谓的警务“政治服务时代”腐败而残暴的警察实践的一种变革。最初阶段，改革运动的推进非常缓慢；1920 年，只有几个警察部门可以称之为“专业的”或者说实施标准警务模式的基本原则。直到 20 世纪 50 年代，美国所有的警察部门才真正按照 Wilson、August Vollmer 和其他改革者所设立的

---

① Weisburd, D. and A. Braga. (eds.) 2006. Police Innovation: Contrasting Perspectives. New York: Cambridge University Press.

② Goldstein, H. 1990. Problem - Oriented Policing. Philadelphia, PA: Temple University Press.

③ Skogan, W. 2006. “The Promise of Community Policing.” In Police Innovation: Contrasting Perspectives, edited by David L. Weisburd and Anthony A. Braga. New York: Cambridge University Press.

准则组织起来。①

四、警务战略创新的发展趋势

警务工作将不会持续高速创新，因为现在的氛围与过去几十年相比完全不同了。20 世纪 80 年代和 90 年代，美国标准警务模式失败，警务工作面临的很大压力，现在不存在了。美国整体犯罪率下降，联邦为促进创新项目所提供的资金非常有限。现有的研究证据表明，警务战略创新并非像警察部门所言的那样效果明显，但总的来说，这些警务创新在预防犯罪和提升社区满意度方面还是起着重要作用。警务实践的犯罪控制效果已被证实，②也得到过去 15 年美国犯罪率下降趋势的强化。联邦调查局（FBI）的统一犯罪报告揭示出该指数的犯罪率下降了 33%，从 1990 年的每 10 万居民 5820 到 2005 年的每 10 万居民 3899。③尽管没有任何单一的因素（如警务创新）被认为是 20 世纪 90 年代犯罪减少的原因，④但是在大多数警务工作的圈子里，也没有人再持 20 世纪 70 年代和 80 年代那种警务创新“什么用也没有”的观点了。⑤ 我们不期待发生像过去 30 年那样的巨大的战略创新。相反，我们希望进一步细化我们的认识，譬如警务方面“什么在起作用”，在什么情况下，特定的策略可能起作用，以及为什么这些策略能够有效改善警察工作

---

① Walker, S. 1992. The Police in America: An Introduction. Second edition. New York: McGraw - Hill.

② Skogan, W. and K. Frydl (eds.) . 2004. Fairness and Effectiveness in Policing: The Evidence. Committee to Review Research on Police Policy and Practices. Committee on Law and Justice, Division of Behavioral and Social Sciences and Education. Washington, DC: The National Academies Press.

③ http: //www. fbi. gov/ucr/05cius/data/table_ 01. html.

④ Blumstein, A. and J. Wallman. 2000. "The Recent Rise and Fall of American Violence." In A. Blumstein and J. Wallman (eds.), The Crime Drop in America. New York: Cambridge University Press.

⑤ Gottfredson, M. and T. Hirschi. 1990. A General Theory of Crime. Stanford, CA: Stanford University Press.

绩效。

当然，美国警务战略创新也面临一些机遇。美国最近暴力犯罪有所增加，这引起美国许多市长和警务人员的关注。联邦调查局2005年报告称，从1991年以来美国暴力犯罪率在增加。[①]从全国范围来看，2004～2005年凶杀增加了5%。在较小的城市，凶杀增加了12.5%。[②]记者、学术界和实务工作者认为，近期凶杀增加与城市帮派暴力复苏和获得枪支密切相关。[③]尽管暴力犯罪率和凶杀数量远未接近20世纪90年代初期的水平，[④]但是城市市长和警务人员都在向联邦政府施加压力，要求重新资助警务项目来应对这些令人担忧的暴力犯罪增加问题。[⑤]相对于其他刑事司法制度，以及大学和研究机构来说，警察在研究和评估方面是非常开放的。[⑥]警察将会一如既往地与研究者合作，更好地理解犯罪问题、社区关注的问题、警察行为和警察机构的结构问题。这些合作会帮助警察部门进一步细化工作实践，使其变成更加有效果、更加公平、更加有效

① 暴力犯罪率从2004年的每10万居民463.2上升到2005年的每10万居民469.2。

② 100万及以上人口的城市，凶杀仅增加0.5%。然而，人口在25万到49万9999的城市，凶杀增加9.4%；人口在10万到24万9999的城市，凶杀增加12.5%；人口在5万到9万9999的城市，凶杀增加12.4%。在FBI的初步报告中，有关凶杀中使用武器的数据没有公布，该报告来源于：http：//www.fbi.gov/ucr/2005preliminary/05jan－dec.pdf。

③ Johnson, K.（2006）. “FBI Reports Increase in Violent Crimes in 2005.” USA Today, June 13, p.4A. Mansnerus, L. 2006. “Small Cities in Region Grow More Violent, Data Show.” The New York Times, June 15, p.1.

④ 1991年，有24703起凶杀事件，暴力犯罪率是每10万居民758.2。2005年，有16692起凶杀事件，暴力犯罪率是每10万居民469.2。

⑤ Police Executive Research Forum. 2006. Chief Concerns: A Gathering Storm - Violent Crime in America. Washington, DC: Police Executive Research Forum.

⑥ Skogan, W. and K. Frydl (eds.). 2004. Fairness and Effectiveness in Policing: The Evidence. Committee to Review Research on Police Policy and Practices. Committee on Law and Justice, Division of Behavioral and Social Sciences and Education. Washington, DC: The National Academies Press.

率以及更加负责的机构。[①]

在接下去的几十年里，各个警察部门需要调整管理方式以适应其组织机构，发展一套支持策略以解决社区犯罪的本质问题，通过这两个方面继续将创新实践制度化。各个地方警察部门的行政安排和犯罪预防干预措施肯定是不同的，因为警察在处理地方犯罪问题上越来越专门化。警察创新将会继续演变，从一套静止不变的“生产线”到每一项警务任务都被当作一个需要新方法、新挑战的“工作坊”。[②]警察部门也需要改进绩效测量措施，能够从许多维度来评估警察所创造的价值，这些维度包括：减少犯罪被害；让罪犯负责；降低恐惧感和增强个人安全；保证公共空间的安全；公平、高效和有效地使用财政资源；公平、高效和有效地使用武力和权威；满足服务对象需要（即从服务对象那里获得合法性）。[③]

美国警察部门既要保持目前的运转轨迹，又要重新设置保障本土安全需要，这是在“9·11”事件之后提出来的。“9·11”事件提出了对恐怖主义威胁的关注，以及履行警察对于保卫国土安全的承诺。对于警察部门来说，这在很多方面是一种新的危机，因为他们的目标要进一步扩展到阻止将来可能发生的恐怖袭击和应对潜在的灾难性事件。一方面，这种新的需要强调收集恐怖网络的情报、逮捕恐怖分子和保护可能的目标，它会让警务工作退回到一个更加专业的模式，这个模式是远离社区的。事实上，确实存在倒退的可能，因为联邦财政将支持力度和注意力放在保障本土安全方面，社

① Skogan, W. and K. Frydl (eds.). 2004. Fairness and Effectiveness in Policing: The Evidence. Committee to Review Research on Police Policy and Practices. Committee on Law and Justice, Division of Behavioral and Social Sciences and Education. Washington, DC: The National Academies Press.

② Moore, M., M. Sparrow, and W. Spelman. 1997. “Innovations in Policing: From Production Lines to Job Shops.” In A. Altshuler and R. Behn (eds.), Innovations in American Government: Challenges, Opportunities, and Dilemmas. Washington, DC: Brookings Institution Press.

③ Moore, M. 2002. Recognizing Value in Policing. Washington, DC: Police Executive Research Forum.

区犯罪预防工作获得的资助急剧减少。另一方面，这种危机也会创造出一种新的创新资源，因为警察部门仍会尽力保持他们在应对犯罪和社区问题方面所取得的成功。美国司法部社区导向警务服务办公室已经主办了关于使用社区警务战略应对本土安全挑战的工作组会议和大会。①

① U. S. Department of Justice. 2004. Applying Community Policing Principles Post 9/11: Homeland Security Working Session. Washington, DC: U. S. Department of Justice, Office of Community Oriented Policing Services.

犯罪防控的司法经验

司法改革背景下的检察大预防格局调整

——以直辖市检察院分院为研究视角

刘敬新*

开展职务犯罪预防一直是检察机关的重要业务工作，本着党中央“标本兼治、综合治理、惩防并举、注重预防”的方针，在保持惩治腐败高压态势的同时，以推进惩办和防治腐败体系建设为基点，力争为做到干部清正、政府清廉、政治清明发挥最大作用。从当前的检察工作来看，拓展从源头上防治职务犯罪工作已经取得较好的法律效果、政治效果和社会效果；在此基础上，进一步研究树立大预防工作理念，开展预防刑事犯罪、预防职务犯罪、预防诉讼违法三项预防职能整合，构建检察机关大预防格局。

一、检察机关开展预防违法犯罪工作的支撑

（一）古今中外的理论支撑

孟德斯鸠说：“一个良好的立法者关心预防犯罪，多于惩罚犯

* 刘敬新，北京市人民检察院第二分院反贪局办公室职务犯罪预防科科长、检察员、法学博士。

罪，注意鼓励良好的风俗，多于施用刑罚。”[①] 古今中外的经验充分表明，预防和减少犯罪成效最高的办法是社会预防。犯罪是即成灾害，打击是不得已的手段，预防才是目的；刑罚只是治标，社会预防才是治本。[②] 思想家们提出不同的预防和控制犯罪的对策，但是在运用何种对策能够对犯罪进行有效防控上，各家观点不一，而且随着社会发展变化而不断得到推进。

在远古时期，我们的先人就提出“刑期于无刑”（《尚书·大禹谟》），意思是：用刑罚惩罚是为了不再有人受到刑罚制裁。春秋战国时期，以孔子为代表的儒家学说认为：“苛政猛于虎”、“德主刑辅”、“以惩去刑”，这些著名的论断无一不是在观察及分析犯罪现象、成因及后果的基础上，从不同角度提出的预防和控制犯罪的社会对策思想。可见，如今我们把预防违法犯罪工作作为刑事政策的基本价值取向是无可争议的。

欧洲19世纪以前涌现出一大批启蒙思想家，在其思想体系中论及犯罪、犯罪成因、犯罪对策的不在少数，如卢梭、托尔斯泰、孟德斯鸠等。从贝卡里亚局限于犯罪行为本身的犯罪原因研究到龙勃罗梭集中于犯罪人的犯罪原因分析，过渡到菲利的“三元论”（社会、个体和自然环境）罪因，直到李斯特明确提出犯罪的实质是个社会问题，犯罪是社会环境与个人因素综合作用的结果，由此犯罪社会对策的思想初露端倪。菲利提出：“通过改变最易改变的社会环境，立法者可以改变自然环境及人的生理和心理状况的影响，控制很大一部分犯罪，并减少相当一部分犯罪。我们深信，一个真正文明的立法者，可以不过多地依赖刑法典，而通过社会生活和立法中潜在的救治措施来减少犯罪的祸患。最先进的国家依靠有效的社会改良基础上的刑事立法的有益的、预防性的影响来减少犯罪的经验都证明了这一点。”[③] 发展到两大法系的近现代社会，英

① ［法］孟德斯鸠著：《论法的精神》，商务印书馆1978年版，第83页。

② 参见王牧：《中国犯罪对策研究》，吉林人民出版社2004年版，第200页。

③ ［意］菲利：《实证派犯罪学》，中国政法大学出版社1987年版，第43页。

美法系的通说虽然认为并无“刑事政策”概念，但也有人认可广义刑事政策概念。例如，英国南安普顿大学法学院教授 Andrew Rutherford 曾指出：“刑事政策包括刑事司法程序所有环节关涉与犯罪作斗争以及保护公民不受不公正或压抑对待而与犯罪斗争的一切措施，涉及防卫犯罪（更恰当地说是减少犯罪）的方方面面，涵盖社会针对犯罪现象所作出的全部反应内容。”[①] 在大陆法系中，从 19 世纪末实证主义学派普林斯（Prins）等人提出“社会防卫”概念，到 20 世纪末法国法学家、犯罪学家马克·安赛尔（Marc Ancel）提出：“社会防卫要通过人文学科的研究提出符合时代要求，对打击、预防犯罪更有效的反应方式和战略。”[②] “社会防卫”的内涵实现了从单纯的“打击犯罪防卫”向“打击、预防犯罪防卫”并重的转变。在我国，著名犯罪学家王牧教授指出：“从战略上看，中国犯罪预防面临三个困难问题，必须予以解决。这三个问题是：从以惩罚为主向预防为主的观念转变问题、法治刑法与犯罪预防的冲突问题和犯罪社会预防的有效性问题。”[③]由此可见，无论是国际还是国内，也无论是英美法系还是大陆法系，现代刑事政策在不断完善刑事惩罚政策的同时，都更加注重社会预防政策，更加注重把“预防”作为刑事政策的核心和基本价值取向。

在当今学术界，普遍认为犯罪预防是犯罪学及整个犯罪科学的最终归宿，被誉为犯罪科学理论的“皇冠”。犯罪预防有广义和狭义两种理解。广义的犯罪预防，是指一切防止犯罪发生和再发生的措施的集合及过程。亦称犯罪前、犯罪中、犯罪后的罪前、罪中、罪后预防。其特点是不限于犯罪发生之前的预防，还包括犯罪中的阻遏措施和犯罪发生后的惩罚与改造方法。狭义的犯罪预防，是指在犯罪发生之前，主动采取措施，使犯罪行为被防患于未然，亦称

① 谢望原：《论刑事政策对刑法理论的影响》，载《中国法学》2009 年第 3 期。

② 马克·安赛尔：《从社会防护运动角度看西方刑事政策新发展》，王立宪译，载《中外法学》1989 年第 2 期。

③ 王牧：《中国犯罪对策研究》，吉林人民出版社 2004 年版，第 195 页。

犯罪前预防。主要是指综合治理的三道防线（预防、惩罚、改造）或者六大工作范围（打击、防范、教育、改造、建设、管理）中的一道防线或一方面工作。[①] 检察机关的相关工作职责当然包括犯罪前对犯罪行为的防患于未然，犯罪中的犯罪阻遏措施和犯罪后的惩罚与改造的预防措施。

（二）现实法律条文的支撑

我国的根本大法《宪法》第 129 条规定："中华人民共和国人民检察院是国家的法律监督机关。"《宪法》赋予检察机关法律监督权，所谓法律监督，就是为了保证宪法和法律的统一正确实施，对国家机关、国家工作人员和公民执行法律和遵守法律情况所进行的监察、督导活动，实质就是防止违法。[②] 法律监督是法律实施的一种保障机制，涵盖了法律实施的全过程和各个方面，根本目的就在于预防和消除法律实施过程中出现的违法行为，保证法律的统一正确实施。这是检察机关开展预防违法犯罪工作的宪法基础，检察机关在履行法律监督职能过程中天然具有预防违法犯罪的价值追求，且所预防的犯罪不应仅限于职务犯罪，亦应拓展到预防刑事犯罪和预防诉讼违法，这本是法律监督应有之义。

我国《刑事诉讼法》在任务和基本原则部分第 2 条规定，"正确应用法律，惩罚犯罪分子，保障无罪的人不受刑事追究，教育公民自觉遵守法律，积极同犯罪行为作斗争，维护社会主义法制"。可见，"教育公民自觉遵守法律"是《刑事诉讼法》的任务，也是该法所规制的司法机关的任务。该法第 266 条第 1 款规定："对犯罪的未成年人实行教育、感化、挽救的方针，坚持教育为主、惩罚为辅的原则。"从我国国家"五权"架构来看，检察权是作为独立的国家权力存在的，检察机关理应承担预防违法犯罪的责任。

---

① 参见魏平雄、赵宝成、王顺安等：《犯罪学教科书》（第二版），中国政法大学出版社 2008 年版，第 262 页。

② 参见许道敏：《预防职务犯罪关涉深层次检察改革》，载《检察日报》2003 年 6 月 3 日。

《人民检察院组织法》第4条第2款规定："人民检察院通过检察活动，教育公民忠于社会主义祖国，自觉地遵守宪法和法律，积极同违法行为作斗争。"全国人大常委会1991年通过的《关于加强社会治安综合治理的决议》中对贪污贿赂、渎职等职务犯罪的综合治理进行了规定，并且规定了检察机关在综合治理中的职责。这些是检察机关开展预防违法犯罪工作的基础。

（三）三项预防的相关法律文件支撑及面临的挑战

在职务犯罪预防方面，2000年，最高人民检察院成立职务犯罪预防厅，颁布了《关于进一步加强预防职务犯罪工作的决定》，要求检察机关预防职务犯罪工作努力实现从分散状态到集中管理、从初级形式预防到系统全面预防、从检察机关的部门预防向与社会预防相结合的"三个转变"，加强预防职务犯罪工作的规范化、专业化、社会化、法制化建设，推进中国特色检察机关预防职务犯罪工作机制。2007年2月27日，最高人民检察院第十届检察委员会第72次会议通过《人民检察院预防职务犯罪工作规则（试行）》（以下简称《规则》），该《规则》为规范人民检察院预防职务犯罪工作，提高工作水平，是根据中共中央《建立健全教育、制度、监督并重的惩治和预防腐败体系实施纲要》和最高人民检察院《关于进一步加强预防职务犯罪工作的决定》等有关规定，并结合检察工作实际制定的。该《规则》明确规定：人民检察院在党委统一领导的职务犯罪综合防治工作格局中，按照标本兼治、综合治理、惩防并举、注重预防的反腐倡廉战略方针，立足检察职能，积极配合、协助有关部门开展职务犯罪预防工作。2014年，最高人民检察院为进一步加强检察机关预防职务犯罪工作，强化预防措施，健全预防制度，增强预防实效，提高预防业务规范化和专业化水平，制定《人民检察院预防职务犯罪工作实施细则》，以适应新时期依法治国和廉政建设的需要，充分发挥检察机关的法律监督职能，有效遏制和减少职务犯罪。党的十八大报告强调我们党面临的更加尖锐的四大危险之一就是腐败危险，报告明确指出，反对腐败、建设廉洁政治，是党一贯坚持的鲜明政治立场，是人民关注的重大政治问题，这个问题解决不好，就会对党造成致命伤害，甚至亡党亡国。反腐倡廉必须常抓不懈，拒腐防变必须警钟长鸣；要坚持中国特色反腐倡廉道路，坚持标本兼治、综合治理、惩防并举、注重预防方针，全面推进惩治和预防腐败体系建设，做到干部清正、政府清廉、政治清明。党的十八大对反腐倡廉作出的新部署，表明检察机关必须进一步加大查处和预防职务犯罪工作力度。

在刑事犯罪预防方面，检察机关以参与社会管理综合治理的形式积极开展刑事犯罪预防工作，尤其是预防未成年人刑事犯罪，许多实践经验已成功地吸收到相关法律之中。早在 1999 年，我国就制定了《预防未成年人犯罪法》，明确对未成年人犯罪预防坚持教育、感化、挽救的原则。近年来，我国未成年人犯罪年龄趋于低龄化，14 周岁至 16 周岁未成年人犯罪案件逐年上升，涉罪未成年人中，80% 左右没有完成初中教育，外来未成年人犯罪比率占 70% 左右，北上广等经济较发达地区占比更高。各地检察机关依法履行职责，坚持少捕慎诉少监禁原则，对涉罪未成年人进行教育、感化、挽救工作，成效明显。[①] 从十二届全国人大四次会议“两高”的报告来看，共计 9 次提及“未成年人”，足以凸显党和国家对撑起法律“保护伞”确保未成年人健康成长的重视。2015 年，最高人民检察院成立未成年人检察工作办公室，出台未成年人司法保护八项措施，严惩性侵、拐卖、虐待未成年人的犯罪。近年来，未成年人刑事犯罪居高不下的态势，使检察机关如何更好地预防未成年人刑事犯罪的需求更加迫切。2016 年起，最高人民检察院将编写《未成年人检察年度报告》，记录反映未成年人检察工作情况，集中分析、总结、研判检察机关未成年人检察工作形势、特点和规律，这对预防未成年人犯罪又是一大进步。

在诉讼违法预防方面，检察机关通过强化法律监督，可以有效防止侦查机关、审判机关和执行机关的诉讼违法。同时，检察机关

---

① 参见《最高检：今年起将编写〈未成年人检察年度报告〉》，载《民主与法制时报》2016 年 3 月 12 日。

加强自身执法监督制约，如对职务犯罪案件逮捕决定权上提一级、实行自侦部门讯问犯罪嫌疑人全程同步录音、录像等，防止自身诉讼违法。因此，检察机关开展预防违法犯罪工作已经具备实践基础。但是，任何诉讼违法行为，归根到底是对人权益的损害，但近年来，随着我国人权事业的发展，法律规定也愈加详细。2012 年 3 月，《刑事诉讼法》将“尊重和保障人权”写入总则部分，在具体条文中规定“不得强迫任何人自证其罪”；完善非法证据排除制度，保障律师辩护权的依法充分行使，保证被采取强制措施人及其家属的合法权益，保障被判处死刑被告人的权利等。《刑事诉讼法》把保障人权提升到一个全新高度，对检察机关加强诉讼违法预防提出了更高要求。

二、构建检察机关大预防格局的重点考量

由于犯罪危害的严重性和刑事司法机关打击与惩戒犯罪经费开销巨大，世界各国都十分重视犯罪的事先防范和治理。我国缺乏犯罪经济学的财务损害统计，但不言自明其危害是巨大的，财物损失是惊人的。如果我们将预防犯罪工作做在犯罪已然之前，控制与减少犯罪行为的实际发生，就可以减少许多不必要的损失，使人类本来就很枯竭的财富得到节省。此外，也可以减少因犯罪发生后国家刑事司法机关为揭露犯罪，惩罚与改造犯罪所耗费的人力、物力和财力。[①] 在新形势下，检察机关应当积极地探索预防违法犯罪工作新思路，整合预防职务犯罪、预防刑事犯罪、预防诉讼违法三项预防职能，努力构建检察机关大预防格局。本文认为，在整合“三项”预防职能构建检察机关大预防格局中要做好以下几个问题的考量。

（一）基本原则考量

1. 全面预防原则。职务犯罪预防作为检察机关目前预防的主要业务条块，一直认真贯彻惩防并举、预防在前的原则，积极参与

① 参见魏平雄、赵宝成、王顺安等：《犯罪学教科书》（第二版），中国政法大学出版社 2008 年版，第 265 页。

惩治和预防腐败体系建设，各级检察院均配备专职人员从事该项工作，各项机制不断完善，成绩是有目共睹的。普通刑事犯罪特别是青少年犯罪预防也是检察机关积极推进的工作，未成年人保护与案件办理的未来走向应当是综合保护和全面保护，涉及刑事、民事、行政、儿童福利等各个方面，检察机关亦应拓宽视野，着眼于未来发展。未成年人检察不应以定罪量刑和定分止争为最终目的，而应以案件事实为切入点，探究案件发生的原因，采取干预手段，改善未成年人的心理状况、家庭教育和社会环境，帮助陷入困境的未成年人回到正常轨道，把帮助和挽救，预防其再犯和警诫同龄人作为办案的中心任务。诉讼违法预防事关对诉讼活动的法律监督，包括对检察机关内部各处室执法办案活动的监督，以保障案件当事人合法权益为目标，严格防止各种诉讼过程中的违法行为，力求程序公正和实体公平。

2. 对内与对外相结合原则。对内实行一体化，明确各部门责任，形成共同负责、各司其职、互相配合的运行模式，各部门严格依照法定职权开展工作，不能由预防部门或者预防协调机构承担全部工作任务，大包大揽，越权办事。对外实行社会化，紧紧依靠人民群众，充分利用各类社会资源，走开放型预防违法犯罪之路。

3. 可操作性与实践性原则。这是犯罪对策从理论转化为预防、治理、控制、消灭犯罪的实践的可能性，即任何预防手段都必须具备可操作性，而非在理论层面运行；同时，各项预防手段在实践中接受考验，淘汰不适用的，发扬有效果的。因此，综合运用既有的预防调查、案例分析、检察建议、警示教育、预防咨询、行贿犯罪档案查询六种专业化预防手段，切实抓好宏观预防、同步预防、个案预防和系统预防，这在普通刑事犯罪预防和诉讼违法预防上具有普遍借鉴意义。针对重点领域、重点环节和重点人员的犯罪案件，认真总结案发规律特点，发现该单位、行业或者领域的体制、机制、制度缺陷，提出源头治理防范的对策建议，推动完善权力监督制约机制。此外，加强各类犯罪风险预测和对策研究，推动有关部门加强监管、完善制度、堵塞漏洞，从制度层面约束和减少犯罪现象发生。上述犯罪对策的实践经验不断转换为理论成果加以推广和发展，而不断发展的理论成果又在实践中作用于犯罪的预防，二者相辅相成才有意义。

4. 动态适应与平衡原则。犯罪对策的动态适应性是指犯罪对策不是一成不变的，它本身也随着犯罪情况而不断变化完善、调整结构、合理布局，它是动态运作的体系。[①] 人类社会是动态发展的，犯罪行为在不同时期有不同的特征，犯罪现象多种多样，同类型的犯罪也有多种表现形式，社会领导者在不同时期由于社会矛盾的尖锐程度不同而关注度有所侧重或者倾斜，也就注定了预防犯罪方面司法机关的职能作用、侧重点应有强大的适应性，只有与社会现实达到动态平衡才能实现预防、治理、控制犯罪的目的，而且这种适应必须是动态的、主动的、灵活的适应。

（二）预防机制考量

整合“三项”预防职能构建检察机关预防违法犯罪工作大格局，从实践来看重点应当建立健全以下三个机制：

1. 领导机制。预防违法犯罪工作是全党、全社会的共同任务。要充分借鉴预防职务犯罪领导机制，形成领导有力、上下贯通、协调一致、运转高效的预防工作领导机制。在对内组织管理上，预防部门承担全院大预防工作的组织协调、统筹规划、规范管理和检查监督职责。在对外社会化上，形成一个统一的对外窗口；充分调动各方面的力量，坚持专门预防和社会预防相结合、专门工作和群众路线相结合，形成社会化预防违法犯罪格局。

2. 协调配合机制。检察机关内部实行“检察工作一体化”机制是充分发挥整体效能行之有效的途径，站在全面发挥法律监督职能提升预防工作实效的高度，统筹各部门预防资源，对预防工作进行全局性谋划，实行系统化推进、体系化落实、项目化建设。在检察机关与外部协调配合上，要在运转更加灵活高效上下功夫，把各

① 参见王牧：《中国犯罪对策研究》，吉林人民出版社2004年版，第134页。

部门各单位的预防违法犯罪工作的优势与检察机关专业化预防优势紧密结合起来，形成网格化体系，让每个人感受到自己身处强大的预防网络之中，从而形成社会工作合力。

3. 情报信息共享机制。在信息化和大数据的时代背景之下，做好预防违法犯罪工作必须仰赖于全面的信息和数据支持。检察机关内部预防职务犯罪的信息有一定程度的共享，例如北京市检察院预防部门能够掌握全市各分院和区县院的预防职务犯罪信息，只有部分区县院的预防部门负责人有权共享到本院的刑事犯罪信息。因此，下一步的工作要实现检察机关内部的信息互通共享。近年来在多方努力之下，部分检察机关与其他司法机关、行政执法单位的信息、情报交流已经开始建立通道，比如工商执法信息、部分国有银行的信息、公安户籍信息、缴纳热力费用的信息等，下一步要继续推进和加强信息交流，争取最大限度实现信息和数据共享。

（三）工作重点考量

1. 预防职务犯罪重点考量惩防体系建设。预防职务犯罪是以建设廉洁政治为目标，力求做到干部清正、政府清廉、政治清明；职务犯罪预防体系是惩防体系建设的有机组成部分，惩防体系包括六个方面：教育、制度、监督、改革、纠风、惩治，其核心问题是教育、制度、监督。教育的目标是增强自律性，而制度和监督体现的是他律性，制度是静态的他律，而监督则是动态的他律。从人的社会化过程看，人的规范意识的形成是他律的结果，是被动接受规范的约束，人们会自发地想摆脱规范的约束，于是，这就涉及人性具有恶的趋向这种假设。依据这种假设，我们才能理解为什么对权力的约束必须是全程的、全方位的，为什么任何一种外部他律出现疏漏之时，违法或者犯罪行为会发生。现实中，虽然有的贪官声明自己违法犯罪是因为不学习、不懂法，但事实上却未必，其贪腐原因更多是对他律的拒绝。当消除不了权力主体主观上的贪念，就设计各种条件阻止其贪婪行为得逞，增加贪腐的难度和被发现的概率。制度和监督是防止贪腐的基本前提，而教育的目的是促使权力主体遵守制度接受监督，即使教育失效，制度和监督所发挥他律功能，可以使权力主体想贪没有机会，是建立预防体系不可不考虑的问题。①

2. 预防刑事犯罪重点考量社会和谐稳定。一是预防刑事犯罪是以维护和谐稳定为目标，力求营造人民安居乐业的良好环境。预防未成年人犯罪除具有预防刑事犯罪的一般目标追求外，更多的是保护未成年人合法权益，促进未成年人健康成长。检察机关应结合检察职能全方位开展预防未成年人犯罪的法制宣传，促进把法制宣传融入学校的德育教育中，增强学生的法治意识；积极开展未成年人犯罪调研活动，适时发出检察建议，督促学校加强思想道德教育与素质教育；积极参与青少年维权岗建设，发动全社会关爱和保护未成年人，共同给未成年人创造良好的生活环境和学习环境。

二是对于普通刑事犯罪，发挥检察机关对于社会管理的法治保障作用，高度重视热点敏感案件处理，加强矛盾纠纷排查化解。积极参与构建立体化治安防控体系，结合检察职能，重点开展社会治安动态和对策研究。依法履行批捕、起诉等职能，严厉打击黑恶势力刑事犯罪、严重暴力犯罪、多发性暴力侵财犯罪，保持对重、特大刑事犯罪打击的高压态势。贯彻宽严相济刑事政策，探索繁简分流、专业分类的办案模式，对轻微犯罪以及初犯、偶犯，落实逮捕必要性审查制度，坚持少捕慎捕，减少不必要的羁押，推进当事人达成和解的轻微刑事案件的宽缓处理，贯彻“依法减少判刑，扩大非罪处理；依法减少监禁刑，扩大适用非监禁刑和缓刑”要求。

3. 预防诉讼违法重点考量对当事人权益的保护。预防诉讼违法是以保障案件当事人合法权益为目标，防止各种诉讼过程中的违法行为，力求程序公正和实体公平。与检察院相关的主要是刑事司法问题，刑事司法的核心是司法公正。司法不公已经严重影响了司法机关执法者的形象，破坏了司法机关的权威，影响到法治环境的建设。广义的刑事司法，既包括法官的审判活动，也包括检察官、

① 参见张建升、郝银飞、白建军、皮艺军：《检察机关如何开创预防职务犯罪工作新局面》，载《人民检察》2009 年第 13 期。

警察等人员的执法活动。刑事司法的主体是法院、检察院、公安机关，对象是刑事案件的当事人及其他诉讼参与人，包括犯罪嫌疑人、被告人，刑事案件的受害人及案件中的证人、鉴定人等诉讼参与人。① 做好预防诉讼违法的工作也是一个系统工程，需要多个部门的协调配合，各司其职。主要考量以下几个方面：

一要考量对诉讼活动中徇私枉法行为的监督。从立案到批准逮捕，侦查终结，提起诉讼，判决生效，执行全过程的监督均不可少，忽视任何一个环节都是对整体司法行为的破坏。

二要考量对侵犯诉讼参与人权力的监督。诉讼过程中，只有对诉讼参与人作为“人”应当享有的权利和人格尊严保护得当，诉讼程序公正本身的价值才能得以实现，让所有诉讼参与人体会到程序的公正，从而对案件实体判决的公正性减少质疑，进而产生自信，这才是“让正义以看得见的方式及时实现”，才是法治所追求的目标。

三要考量检察机关自身执法监督。加强各个执法环节的监督制约，即对执法程序进行全方位、全环节、全过程监督。严格执行执法办案有关审批制度、备案审查制度、请示报告制度和责任追究制度，确保各种办案纪律制度规定落到实处。

三、市检察院分院大预防格局的调整

以检察工作一体化机制为指导，对三项预防职能进行整合，建立涵盖“三项”预防的各部门履行职责、协作配合的工作格局。

（一）检察院内部的大格局调整

格局调整主要体现在：在检察院内部成立大预防领导小组，各有关业务部门负责人担任组员，由“一把手”检察长统一领导；预防部门负责领导小组的日常工作，鉴于分院的预防部门设在反贪局办公室，建议司法改革后负责预防工作的主任检察官负责日常工

① 参见王牧：《中国犯罪对策研究》，吉林人民出版社 2004 年版，第 111 页。

作，直接对分管检察长负责，形成领导有力、上下贯通、协调一致、运转高效的预防领导机制。在对内组织管理上，预防部门承担全院大预防工作的组织协调、统筹规划、规范管理和检查监督职责，在对外社会化上，形成统一的对外窗口，原有职务犯罪预防部门的工作内容不收缩，不将现有工作职责分出去，也不扩大工作外延，不增加应由其他部门承担的工作；各业务部门承担相关预防任务，原来重视不到位、开展不到位的刑事犯罪预防与诉讼违法预防分工抓到位。

（二）检察院内部预防业务的分工协作

以“检察工作一体化”为基础，建立查办案件、诉讼监督和预防工作的联动机制，充分发挥检察机关各业务部门的职能作用与优势，积极运用与检察职责相适应的预防工作方法，紧密结合执法办案、法律监督工作，切实加强领导协同、分工协作、预防介入、信息交流、线索发现和处理、承办督办、回复备案等工作。各业务部门设立一名预防工作联络员，负责与预防部门之间、与其他业务部门之间的沟通联系，联络员一般选择该部门具体从事预防工作的干警。

1. 职务犯罪预防部门的职责。一是做好全院预防工作的组织协调、统筹规划、规范管理和检查监督职责，掌握各业务部门开展“三项预防”的工作，根据各业务部门的实际需求，适时安排预防部门干警参与协助涉及预防工作具体事务，做好预防统计、评估和考核预防效果。二是组织开展好预防工作理论与应用的研究，收集、研究和利用好预防违法犯罪信息，总结推广好预防违法犯罪工作的经验做法，牵头协调好各业务部门之间预防工作的信息交流，分类管理好预防工作的相关资料档案以及文书备案。三是积极开展个案预防、行业预防、专项预防、预防调查，针对相关行业领域、系统环节、单位部门职能职责的运行情况，积极拟定预防项目，充分运用座谈走访、询问讯问、查阅资料等预防调查手段，及时发现和研究可能导致违法犯罪发生的体制、机制、制度和管理监督方面的原因，及时提出预防违法犯罪的对策建议，帮助建立长效防控机制。四是积极构建社会预防网络，探索建立以检察机关预防部门为日常办事机构的社会化网络预防组织，健全与社会化网络预防相适应的各项机制，将预防工作与党委政府反腐倡廉、辖区社会管理创新有机结合，力求全方位、多领域、多层次地整体推进违法犯罪预防工作。

2. 职务犯罪侦查部门的预防职责。查办案件本身就是针对犯罪嫌疑人的特殊预防，加大查办职务犯罪案件的力度，坚持“老虎”“苍蝇”一起打，有案必办、有腐必惩，始终保持惩治腐败的高压态势，实现打防结合，以打促防的目的。在侦查过程中，适时对犯罪嫌疑人、证人、知情人以及犯罪嫌疑人家属开展法制宣传，针对发案单位在管理、制度等方面存在的问题，帮助发案单位建章立制，规范管理。侦查结束后，做好案后回访工作，了解检察建议落实情况，切实巩固提高预防效果；对所查办案件的犯罪形态、原因和趋势进行分析研判，掌握类案特点规律，开展预测预警。

3. 侦查监督部门的预防职责。这涉及对诉讼违法的检查监督，应在审查批准逮捕的工作中开展预防，注重对公安机关提请逮捕案件、职务犯罪侦查部门报捕案件的办案程序、事实证据、法律依据以及逮捕必要性进行全方位综合审查，注意从中发现诉讼违法隐患或诉讼违法行为。注重对社会关注度高、危害后果严重以及新型性、典型性、普遍性的刑事案件进行分析，研究作案人群、作案动机、作案手段，总结发案环境、发案规律、发案原因，提出预防刑事犯罪的对策建议，对刑事案件易发多发的社区、村组及时发出检察建议，促进平安建设。

4. 未成年犯罪检察部门的预防职责。主要是对青少年违法犯罪进行剖析，坚持教育为主、惩罚为辅，慎用强制措施，通过走访座谈、亲情会见、回访帮教等方式，达到教育挽救的效果。为拓展未成年人保护与犯罪预防工作空间，争取各方支持创造条件，毕竟“没有社会支持体系就没有少年司法，因为少年司法关注的是行为人而不是行为，关注的是行为人的回归而不是对行为的惩罚”。

5. 公诉部门的预防职责。在审查起诉过程中开展诉讼违法预防，加强对所受理案件侦查程序、实体证据的审查，通过审查案卷材料，讯问犯罪嫌疑人，及通过其他诉讼参与人了解案件情况，及时发现案件侦查过程中可能存在的违反诉讼程序或办案纪律、侵害当事人合法权益等诉讼违法行为。在出庭支持公诉中发挥法律监督职能，发现审判机关在审理环节、庭审过程可能存在的诉讼违法行为。在起诉书中详细分析证据采信，重点阐述法律适用，注重对各类刑事案件的起因、形成、规律、特点、危害进行分析，研究预防刑事犯罪的对策建议。

6. 二审部门的预防职责。在案件审查中开展预防，对不服法院生效裁判的申诉案件，下级院按照审判监督程序提请的抗诉案件，本院按照审判监督程序提请最高人民检察院的抗诉案件，法院自行启动的再审案件的审查，综合分析程序、事实、证据和法律，从申诉、抗诉、再审的理由发现问题，依法使用法律监督手段进行预防和纠正。出庭参加刑事二审、申诉、抗诉案件、法院自行启动再审案件的诉讼活动，注重从中发现可能存在的诉讼违法行为，依法使用法律监督手段进行预防和纠正。

7. 民事行政检察部门的预防职责。加强对民事裁判结果监督的同时，注重对民事调解、民事执行活动监督，通过规范检察机关调取或查阅相关案卷材料工作，民事申诉案件检调对接、再审检察建议、提起诉讼和参与诉讼等方式及时发现民事审判活动中可能出现的诉讼违法行为，对出现的违法隐患或已发生的诉讼违法行为酌情采取口头纠正、检察建议、发出纠正违法通知等预防、纠正手段。加强对人民法院受理的行政诉讼案件立案、审判、裁决活动以及原、被告等其他诉讼参与人在诉讼过程中活动的法律监督，依法监督纠正违法裁判以及损害国家利益、社会公共利益的行政赔偿调解。

8. 监所检察部门的预防职责。充分发挥驻监、驻所检察的职能，利用与监管场所的监控、监管信息联网技术手段，加强对监管执法活动的监督，防止和纠正监管机关（部门）、监管人员在监管执法活动中出现的违法问题，提出预警通报，或发出纠正违法通知、检察建议。通过建立减刑、假释和保外就医案件提请呈报前内部审查制度，对减刑、假释、保外就医以及暂予监外执行的审查，健全减刑、假释案件提请监督与出庭监督间的分工负责、协调配合机制，防止和纠正诉讼违法问题。对发现的徇私舞弊减刑、假释、暂予监外执行等职务犯罪案件线索，及时移送有关部门处理。

9. 控告申诉检察部门的预防职责。注重在接访中解决问题，释法说理，提供法律咨询，开展法制宣传，依法保障控告人、申诉人、投诉人合法权益，及时处理分流举报人提供的线索，依法维护被错告人、被诬告人权益，防止因矛盾化解不畅引发违法犯罪等社会问题。控告申诉部门“面对面”做好联系群众、引导群众、服务群众的工作，拉近检察机关与人民群众的距离，拓宽人民群众有序参与检察工作的途径。

总而言之，法律监督是预防工作的本质属性，检察院内部预防职能整合，植根于各业务部门的执法办案工作。因此，检察院的预防职能必须找准与执法办案工作的结合点，实现惩防并举、标本兼治的法律监督工作整体效能。

论检察建议在社会治安防控中的适用

邹建华*

一、检察建议适用于社会治安防控的动因分析

检察建议是检察机关参与社会治安综合治理的手段和形式之一，是人民检察院在办理案件过程中，发现有关单位或者组织在制度与管理方面存在问题与漏洞，具有再次发生犯罪的隐患，影响社会治安和综合治理问题，以口头或书面形式建议有关单位或组织及时制定或完善相关规章制度，加强管理，排除滋生犯罪隐患，铲除犯罪土壤的非诉讼检察活动。

检察建议这种检察活动形式，最早是在20世纪50年代检察机关的一般监督工作中，根据《人民检察院组织法》的规定，参照苏联的经验，而提出和实行的。随着一般监督工作被取消，检察建议这种检察活动也被弃置不用。在实行改革开放的新的历史条件下，由于历史的和现实的、国内的和国外的各种消极因素的影响，各种危害社会治安的刑事犯罪和破坏社会主义市场经济的犯罪骤然大量增加，是各种社会矛盾和弊端的集中反映，也与国家行政工作和企业管理中的某些缺失有关，仅仅依靠刑事制裁手段已经不能奏效。为此，中共中央于1981年提出对社会治安实行“综合治理”的方针，采取政治的、法律的、经济的、行政的、教育的等综合措

---

* 邹建华，江苏省南通市开发区人民检察院检察长。

施，防止和减少犯罪的发生。为了贯彻执行这一方针，各级检察机关在坚决打击刑事犯罪和经济犯罪的同时，积极开展了各种形式的综合治理活动。检察建议就是综合治理的形式和手段之一。这种活动，在1981年中共中央提出综合治理的方针之后就开始了。1983年上半年，最高人民检察院规定了检察建议书的基本格式。最高人民检察院原检察长杨易辰在全国检察长会议上指出："各级检察机关要通过办案，对于有关单位在工作上、制度上存在的问题，积极提出检察建议，督促健全制度。"检察建议的推行，预防和减少了犯罪的发生，促进了社会治安的"综合治理"。因为检察建议①是连接诉讼领域与非诉领域的桥梁和纽带，能够将办案的能量从诉讼领域辐射到非诉讼领域，使得检察机关的法律监督权延伸至广阔的社会治安防控活动中去。

我国《宪法》规定检察机关是国家的法律监督机关，无论是从字面意思理解，还是从制度上解读，检察机关毫无疑问不仅担负起对《刑事诉讼法》、《民事诉讼法》、《行政诉讼法》等程序法实施的监督，还应担负起对刑法等实体法律的监督职责，换句话说，检察机关的法律监督权不能仅仅停留于诉讼领域，还应该体现在非诉讼领域。但是事实上，根据法律的授权，我国的检察机关的法律监督权基本上被束缚在了诉讼领域，其享有的法律监督权也都局限在刑事诉讼、民事诉讼和行政诉讼等诉讼领域。检察机关对非诉讼形式的法律活动缺少具体部门法的授权，成为法律监督的"盲区"。但是检察建议的产生大大拓展了检察机关的活动空间。这体现在检察建议以办案为后盾，从发生的具体案件中追溯犯罪产生的原因，特别是制度方面的原因，这样就把诉讼中的问题前置于非诉讼领域，同时用以产生违法或犯罪风险的充实事由，推进相关制度

① 由于理论界对检察建议的性质存在法律监督说、社会责任说等多种观点，笔者认为其是法律监督权的延伸与补充，从属于法律监督权，其不仅包括预防职务犯罪类的检察建议和参与社会综合治理的检察建议，还包括近年来民行部门尝试对行政机关诉讼外监督的督促履行职责类的检察建议。本文自始至终是建立在这种观点之上的。

的革新，借以调整非诉讼领域的社会关系，可以说，将办案的能量传递到了非诉讼领域，进而扩大了检察机关在非诉讼领域的影响力，进而将检察机关的法律监督活动拓展到社会治安防控领域中去。可想而知，如果没有检察建议的参与，检察机关作为社会治理的重要主体其活动领域会局限在狭小的诉讼领域，同时办案的能量也会堆积在诉讼领域，不仅是一种资源的巨大浪费，同时也大大降低了检察机关在社会治安防控活动中的影响力。毫不夸张地说，检察建议在实践中已经成为检察机关最重要的非诉讼检察活动。

二、检察建议在社会治安防控中的适用价值

（一）检察建议适用于社会治安防控具有价值认同

社会治安防控的首要价值追求是法治精神。这种法治精神在整个社会治安防控活动集中表现为宪法和法律具有最高的权威，法律得到统一正确实施，法制保持高度统一，一切社会关系都毫无例外地纳入宪法和法律的范围加以调整，依法建立的各项制度具有可靠性、稳定性和可预测性。[①] 法治精神对包括政府、企业、社会组织、私人机构等在内的一切社会治安防控主体的要求是一致的，那就是能够运用“法治思维和法治方式”来处理在社会治安防控中出现的各种复杂问题。检察建议是检察机关在履行法律监督职能的过程中，发现被建议对象有引发犯罪的隐患，而以书面形式建议对方纠正的检察行为，因此，其在性质上是检察机关法律监督权的拓展与延伸，以法律统一正确实施为终极目标，毫无疑问检察建议本身就体现了法治精神。更为重要的是检察建议的运行能够将这种法治精神传递给被建议对象，不仅要求其自觉“运用法治思维和法治方式”解决社会治安防控中的问题，而且为其指明了明确的方向，大大提高了各社会治安防控主体预防犯罪的能力。

---

① 参见莫纪宏：《论“国家治理体系和治理能力现代化”的“法治精神”》，载《新疆师范大学学报》（哲学社会科学版）2014 年第 3 期。

（二）检察建议适用于社会治安防控具有方式认同

“以威吓力为基础的强制不是法律的本质要素，将制裁视为法律的唯一刺激力是对法律的极大误解，法律的主要作用是引导和协调，其主要手段不是强制而是促进。”① 检察建议作为法律监督权的一种运行方式，其不同于一般的具有强制性的公权力，其自身不具有强制性，是典型的弱权力行为，淡化了权力色彩，化制裁为预防，化对抗为协商，化斗争为合作，具体表现在检察建议的采纳和发挥的作用，靠的不是权力的权威，而是建议本身的说服力、检察机关的专业性和法治的权威，它以建议的形式提出，希望或者要求对方应该做什么、应该不做什么以及怎么做，其本意就是充分尊重对方在社会治安防控中某些领域的主体地位，以提醒的方式唤起对方的预防犯罪发生的主体意识和自觉行动，而不是包办代替。对于有理有据、切中要害的检察建议，被建议对象自然会高度重视，积极回应，体现出了检察建议的影响力。对于不符合实际情况或者不具有针对性和有效性的检察建议，被建议单位也可以说明理由后，不予采纳。检察建议这种协商性适应了社会治安防控方式由“管制”向“服务”、“协商”的转变，符合社会治安防控的内在需要和基本规律。

（三）检察建议适用于社会治安防控具有主体认同

社会治安防控是重要的社会治理活动，符合社会治理的一般规律。在党的十八届三中全会以前，我们强调的是社会管理，而非社会治理，社会管理与社会治理的区别是显著的，其中之一就是体现在主体的差别上，社会管理的主体是一元化的，主要是政府；而社会治理的主体是多元性的，不仅包括政府，而且还包括非政府组织、企业、社会团体、私人机构，毫无疑问检察机关也是社会治理的重要主体。在作用的发挥上，更加重视企业、社会团体、私人机

① ［英］尼尔·麦考密克、内塔·魏因贝格尔：《制度法论》，周叶谦译，中国政法大学出版社 2004 年版，第 47 页。

构等非政府组织的作用，在某些领域，认可非政府组织在社会治理中的主导作用。正是由于社会治理的主体多元性，所以社会治理更强调治理过程中的合作，即政治国家与公民社会的合作、政府与非政府的合作、公共机构与私人机构的合作、强制与自愿的合作，形成一种多元合作共治的格局。相对检察监督的一对一的单向性特征，检察建议更具有灵活性，可以就同一社会治安防控问题向多个部门或者机构发出建议，呈现一对多的特征，具体来说，作为社会治理重要主体的检察机关在办案过程中发现社会治安防控存在的产生犯罪隐患问题，然后进行原因分析，推导出产生问题的多个原因，然后根据原因追溯相关的职能部门，所以，针对同一社会治安防控问题，检察机关有可能发出多份检察建议。所以说，检察建议的运行符合社会治安防控主体的多元化规律，其在社会治安防控中的运用具有科学性。

以上足以表明，检察建议在某种程度上就是为了社会治安防控而生的，其在社会治安防控中的适用从应然性角度讲，就是“对症下药”，应该发挥出巨大的作用。

三、检察建议在社会治安防控中的适用路径及最优条件

检察建议向谁发，通过谁来落实办案中发现的社会治安防控问题，换句话说，办案的能量是如何传递到被建议对象，是否全靠检察建议的威信，是否还需要介入行政、管理或者其他第三方力量，来达到解决社会治安防控的问题，这就是检察建议的适用路径问题，表面上看似乎不是一个问题，甚至很多人认为，检察建议理所当然应该发送至案发单位。实际上，从实现社会治安防控效果最大化的角度来讲，检察建议的适用路径是个错综复杂，有待深入研究的问题，在社会治安防控活动中应该秉持“具体情况具体分析”的态度加以区分。

（一）直接发给案发单位，通过唤醒其主体意识启动解决问题的程序

这是“点对点”直线式的路径，也是最常见的检察建议适用

路径，其适用频率最高并不代表其能在所有的社会治安防控活动中发挥良好的作用。从实现社会治安防控效果最大化的角度出发，适用这种检察建议：（1）发案单位出现犯罪的客观原因是相关制度的不健全，常见的是财务制度、仓库（进销）管理制度、资金管理制度、资产管理制度、考勤制度、保密制度、用章制度、人事制度等；（2）发案单位能够自己启动相关制度的修改程序①；（3）建议的问题专业性不强，或者说建议问题的专业性虽然很强，但是检察干警的知识面足以覆盖到，深度和广度与专业人员相比差距较小，实践中有些案件涉及招投标、评估、质检、专利等高度专业化的问题，对其中相关问题的分析，需要相当的专业知识，这些都不是普通检察人员所具备的，所以做出上述限制，目的在于提高检察建议的针对性、可操作性，防止检察建议的非专业化损害检察建议本身的严肃性和权威性。例如，2013 年本院公诉部门办理南通某石化有限公司失窃硫磺一案发出的检察建议。在该案中被告人张某某和李某某趁为某公司运送硫磺的机会窃取该公司硫磺。承办人在办理该案时对犯罪成因进行了分析，发现该公司的外包制度存在漏洞，对外包人员管理不到位等问题。这些问题是造成案件发生的客观原因，建议该公司完善外包制度，并根据近年来查办类似案件的发案规律，向该公司提出了“在和外包人员签订承包协议时，明确外包人员的权利义务，加强对其所雇佣人员的管理和监督”等具体建议，防止此类案件的再次发生。某公司针对建议书中所提出的问题，采纳了本院的检察建议，并联系公司实际情况，积极认真地进行了整改，有效预防了犯罪的再发生。

---

① 例如，2012 年南通市开发区人民检察院在办理南通某公司会计挪用公款案件时，发现该公司的财物制度漏洞是出现犯罪的客观原因，但并未向其建议修改完善财物制度，因为该财物制度是其集团公司制定的，其无权修改该制度，而是向其集团公司发了一份检察建议，最终通过集团公司完善了财物制度。

（二）发给案发单位的上级主管部门，通过行政管理手段转化为现实力量[①]

这类检察建议的适用路径不是办案检察机关与发案单位“点对点”直线式的，而是检察建议作用的发挥要通过第三方的力量，检察建议只是起到启动程序的作用，最终问题的解决依靠第三方力量。适用这种路径的检察建议一般应符合以下条件：（1）案件中发现的问题政策性、专业性和行业性特征突出；（2）案发单位产生的问题较为复杂，检察人员不能够作出透彻化的分析；（3）第三方的机构对案发单位存在主管、隶属等关系，能够独立启动解决相关问题的程序；（4）检察建议对第三方具有足够权威。例如，2015 年本院公诉部门在办理倪某某等人共同妨害公务案件过程中，发现本区某街道没有对拆迁后土地采取有效的管理措施，以致发生了群众抢种土地的事情。在这个过程中，群众为了达到强行占有土地的目的，发生了多起故意伤害、寻衅滋事和故意毁坏财物等刑事案件，严重影响社会治安形势。在发生群众抢种土地之风后，该街道亦没有及时回收土地，导致 1000 多亩土地被群众抢种。发现该问题后，承办人及时对问题进行了分析，鉴于拆迁以后土地的使用管理政策性较强，本院在发出检察建议时并没有对拆迁以后土地的管理使用作出具体建议，而是要求该街道本着土地资源利用效率最大化的原则，加强对拆迁后土地的行政管理，防止抢种和土地资源闲置现象的发生，从根本上杜绝犯罪产生的根源。

① 例如，2011 年本院办理了本区国税局一干部受贿案，通过对案情的分析，案发的原因较为复杂，涉及减税、税收优惠、税务稽查等专业问题，于是本院向其上级部门市国税局建议查明制度漏洞，预防案件的再次发生，最终通过第三方的力量解决了暴露的社会治理问题。

（三）发送给制度的制定者（决策者），通过制度修正从根本上解决社会治安防控中的问题[①]

这类检察建议的适用路径也是曲线式的，它的特点是通过追溯问题产生的源头，在第一环节上完善相关制度，预防后续环节出现问题。其适用条件如下：（1）发案单位出现犯罪的客观原因是相关制度或者说政策的不健全；（2）案发单位只是这种制度、政策的执行者而非制定者；（3）这种制度或政策不需要通过非常复杂的程序就能够修改；（4）发出检察建议的单位应该是政策制定者（通常是党委和政府）的同级检察机关，如果是下级检察机关的建议应当层报相应上级检察机关。例如，2014 年本院公诉部门办理了多起发生在本区某农贸市场上的故意伤害案件，承办人对这些故意伤害案件进行了专门的分析，发现了其中一些共同规律：首先故意伤害的地点都是在本区某街道的农贸市场；起因都是争占摊位的民间纠纷。后来承办人发现负责管理该农贸市场的街道办事处制定的农贸市场管理制度不合理，并没有建立固定摊位的现代农贸市场管理制度，导致农贸市场上的摊主争抢摊位，以致造成了多起故意伤害案件，严重威胁到农贸市场上的社会治安形势。对此，本院公诉部门在办理完案件以后，撰写了检察建议分析了产生故意伤害的原因，提出了完善农贸市场管理制度的具体建议，并把这份建议发给了制定农贸市场管理制度的街道办事处，而没有将该建议发给农贸市场管理办公室，因为该部门并不是制度的制定者，其无权修改完善制度。如果将检察建议发给该办公室必将影响检察建议的效力。

---

① 例如，2007 年本院办理了多起村干部贪污土地补偿款案件，经过分析，发现本区政府制定的土地补偿款管理制度不完善是犯罪的重要诱因，于是针对此问题，向区政府发出建议修改制度。

四、检察建议在社会治安防控实践中的作用考察——基于南通市开发区检察院近 5 年来检察建议工作的实证分析

检察建议在社会治安防控中到底发挥多大的作用，仅靠理论上的分析远远不够，归根结底还是要接受实践的检验，“实践才是检验真理的唯一标准”。笔者以所在的基层检察院近 3 年来发出的检察建议为分析对象，考察检察建议在社会治安防控中的作用。近 5 年来，开发区人民检察院发出的检察建议共计 79 份，其中 2011 年发出 13 份，2012 年发出 17 份，2013 年发出 16 份，2014 年发出 17 份，2015 年发出 16 份。这些检察建议呈现出以下特点：

1. 问题绝大部分来源于办案。在发出的 79 份检察建议中，从办案中发现社会治安防控问题的有 72 份，占总数的 87%，另外 7 份检察建议中有 3 份来源于新闻媒体的报道，另外 4 份来源于信访渠道。这些充分说明检察建议是检察机关办案的“副产品”。

2. 建议内容的分类[①]：一是在办理侵财案件的过程中，发现治安保卫工作上的漏洞，具有再发生盗窃案件风险的，建议相关单位完善安全防范制度的 20 份，占到总数的 25%。二是在办理侵犯人身安全暴力犯罪中，发现社会治安管理上的漏洞，具有再次发生暴力犯罪隐患的，建议公安机关和相关单位完善治安管理的有 16 份，占到总数的 20%。三是在办理食品安全事故案件中，发现相关职能部位履职不到位的问题，具有再次发生食品安全犯罪问题隐患的，建议相关职能部门加强食品生产安全监管 10 份，占总数的 13%。四是在办理涉及环境保护案件中，发现相关部门履职不到位问题，具有再次发生危害环境安全犯罪隐患的，建议环保部门加强环境保护执法 8 份，占总数的 10%。五是在办理重大责任事故案件中，发现违章作业和违章指挥等现象，具有再次发生安全事故可能的，建议相关单位健全安全生产责任制度的 3 份，占到总数的 4%。六是在办理

① 由于一份检察建议往往包括很多内容，上述分类只代表其主要内容，并不包括建议的全部内容。

贪污贿赂案件中，发现发案单位在管理上存在漏洞，具有再犯罪隐患的，建议相关机构健全财物管理制度的共15份，占到总数的19%。七是通过检察信访渠道或新闻媒体，发现相关执法部门不履行职责损害社会公共利益有滋生犯罪隐患的，建议相关部门依法履行职责保护社会公共利益的7份，占到总数的9%。

3. 对检察建议的反馈情况，在发出的79份检察建议中，得到对方书面回复的有76份，占总数的96%，这充分说明了被建议单位对检察建议的重视，也说明了检察建议在社会治安防控中的有效性。

4. 检察建议的发送对象，在发出的79份检察建议中，有41份发送给了行政机关，占总数的52%；有3份发送给了事业单位，占总数的4%；有35份发送给了企业，占总数的44%。

5. 从检察建议发出后的效果来看，检察建议在社会治安防控中的成效是非常显著的，具体体现在两个方面：一是近5年来接受检察建议的单位都未曾发生过影响社会治安防控的刑事案件；二是随着本区工业化的推进，本区外来人口持续增加，总人口数量不断增长，但是侵财类犯罪基本保持稳定，侵犯人身权的暴力犯罪明显下降。

以上数据充分说明了检察建议是检察机关参与社会治安防控的一种好形式和手段，它对建议相关单位完善制度，督促相关执法部门依法履行职责，预防犯罪的发生，维护良好的社会治安形势，具有重要意义。从社会学的角度讲，检察建议是检察机关向社会其他单位、部门提供的一种“公共产品”，该“产品”是检察机关办案过程中产生的“副产品”，为社会有关部门、单位所需要，可以通过体制、机制、制度、管理等方面引起一定的变化，起到减少犯罪发生的作用。

五、检察建议在社会治安防控中的适用问题及前瞻

当前，检察建议以其独特的视角在社会治安防控中发挥出了显著的成效，但是在肯定其成绩的同时，不得不承认还有一些影响检察建议在社会治安防控中发挥作用的因素。

一是通过检察建议参与社会治安防控的自觉性还有待加强。检察建议工作需要办案机关对犯罪原因进行精确分析，还要起草相关文书，并经过审批、送达和反馈、回访等程序，需要消耗检察机关部分精力。检察建议虽然在一定程度上讲，就是为了参与社会治安综合治理而产生的，但是由于当前检察机关办案任务重、人员编制少等客观原因，一些检察机关“就案办案”，把全部的精力都用在了办案上，把自己变成办案机器，对办案中发现的影响社会治安形势的隐患问题采取了视而不见的态度，没有充分利用好办案资源，影响了检察机关在社会治安防控中的作用发挥。

二是检察建议本身质量不高。质量是检察建议工作的生命线，直接影响检察机关参与社会治安防控的效果。检察实践中主要问题为内容千篇一律，个性化不足，甚至出现公式化问题，发现的问题和原因大多比较直观，缺乏对犯罪原因和问题的深层次分析，找不出问题的实质和根源，缺少在个案的基础上总结分析某一行业部门存在的潜在性问题，难以从专业性的角度提出解决问题的方法，建议简单，抓不住要害，不能对症下药，针对性、系统性、建设性不强，改进措施不够具体，缺乏可操作性，存在“头痛医头，脚痛医脚”问题，难以赢得被建议单位的内心认同。

三是检察建议法律依据不足。从检察实践来看，检察建议事实上已经发展成为一个具有自身特色和丰富内涵的权力结构体系，是一项实践中的权力[①]。但是作为一种公权力，其法律依据模糊，比较原则，主要体现在以下方面[②]：一是《宪法》第 129 条、《人民检察院组织法》第 1 条和第 4 条；二是三大诉讼法的总则中有关规定，为检察建议的实施提供了原则性的规定；三是对某些领域适用的检察建议也有最高人民检察院的有关司法解释予以具体规定；四是在某些地方还有地方人大的立法作出了具体规定。可以看出，检察建

① 参见万毅、李小东：《权力的边界：检察建议的实证分析》，载《东方法学》2008 年第 1 期。

② 参见吕涛：《检察建议的法理分析》，载《法学论坛》2010 年第 2 期。

议作为检察实践中运行的一项权力缺少法律的明确规定，其法律依据不足。根据公权法定的原理，一切公共权力都要有法律的明确授权。检察建议法律依据不足的问题，已经并且事实上影响了检察建议在社会治安防控中的适用效果，一方面表现为其权威性不够，少数被建议对象对其置之不理；另一方面，检察干警对检察建议的运用一定程度上存在“羞羞答答”的问题。所以，从未来的发展趋势来看，检察建议需要解决自身的法律依据问题或者说接受法律的规范，只有这样才能实现其在社会治安防控中广泛而有效的适用。这是释放检察建议在社会治安防控中作用发挥的根本之路。当前《人民检察院组织法》即将修改。立法机关应该充分利用这一契机，尽快在《人民检察院组织法》中，增加将检察建议权纳入人民检察院职权范围的规定。同时，界定检察建议权的概念，并明确履行该项职权的对象范围、适用程序和方式、建议书的内容、落实保障和补救措施等相关事宜。在其他有关法律和法规中，也需要补充相对应的落实内容。这其中，应当规定被建议单位在接到检察建议后作出答复的时限、方式、答复的事项、异议的补救措施和无正当理由拒绝应当承担的责任等内容，以便确保检察建议权行使适当，能够充分发挥预防犯罪和其他违法问题发生，保障和维护良好的社会治安形势。

略论刑事审判实践视域中的刑事司法政策

——基于最高人民法院工作报告的实证研究

赵　刚[*]

李斯特曾言:“最好的社会政策就是最好的刑事政策。”笔者亦以为然,社会政策无疑是预防犯罪的治本之策。但面对当前居高不下的犯罪率,刑事司法政策更能发挥威慑效应,有效实现刑罚目的,业已成为司法机关控制犯罪的现时选择。笔者现以最高人民法院工作报告为主要研究素材,以此探求刑事审判工作如何贯彻刑事司法政策,并在实践中怎样更好地维持两者的良性互动关系,以期能为推进犯罪学刑事政策专题研究有所裨益。

一、惩办与宽大相结合刑事司法政策的嬗变轨迹(1949~1965)

(一)镇压与宽大相结合时期(1949~1956)

新中国成立初期,从1949年10月中华人民共和国成立到1956年,是基本完成社会主义改造的时期,在此期间出现了新中国第一次犯罪高峰,体现出新旧政权交替时期的混沌—有序运动轨迹。仅1950年全国发生的各种刑事案件就有50余万件,当时人口总数是5.5亿,犯罪率为9.3‰,每10万人立案数为93.02件,新中国第一

* 赵刚,天津市滨海新区大港人民检察院助理检察员、法律硕士。

次犯罪高峰的形成主要是由于旧政权和旧社会的残留分子对新政权的仇视、颠覆和破坏造成的。当时留在大陆的溃散武装就有200多万人，反动党团骨干60万，会道门300多种、道首80多万。这些旧社会遗留下来的反动势力是犯罪主体，犯罪形式以反革命破坏颠覆为主，仅从1950年春季到秋季的半年中，就有近4万名干部和群众被反革命分子杀害。相伴而生的，还有严重的破坏社会主义经济秩序犯罪。面对严峻的犯罪形势，毛泽东于1950年6月6日在党的七届三中全会上所作的《为争取国家财政经济状况的基本好转而斗争》中指出“必须坚决地肃清一切危害人民的土匪、特务、恶霸及其他反革命分子。在这个问题上，必须实行镇压与宽大相结合的政策，即首恶者必办，胁从者不问，立功者受奖的政策，不可偏废”。1956年4月25日，毛泽东又在《论十大关系》的讲话中再次强调对待反革命分子要采取“杀、关、管、放”的区别对待政策。

1949年10月22日，最高人民法院正式成立。作为巩固人民民主专政政权的国家司法机关，最高人民法院在指导思想上是以“毛主席所指示的对反革命分子的镇压与宽大相结合的政策，亦就是我们人民法院处理反革命分子的政策”[①]。积极运用镇压与宽大相结合的刑事司法政策开展刑事审判工作，投入惩治犯罪的斗争。1950年发布的《政务院、最高人民法院关于镇压反革命活动的指示》中强调在“镇反”工作中必须要贯彻执行“镇压与宽大相结合”，即首恶者必办，胁从者不问，立功者受奖的政策，以达到团结人民、孤立和肃清反革命分子的目的。[②] 1956年6月1日，最高人民法院提出的《1955年肃清反革命分子斗争审判工作经验初步总结》进一步强调，对反革命分子必须要全面贯彻执行“镇压与宽大相结合”的政策和“坦白从宽、抗拒从严、立功折罪、立大功受奖”的政策。当时，“为了迅速镇压反革命活动，对于死刑复核，中央授权各大行政

---

① 1951年10月28日沈均儒在政协全国委员会第一届第三次会议上的发言。

② 参见马克昌主编：《刑法学全书》，上海科学技术文献出版社1993年版，第556页。

区的最高人民法院分院或者各省人民政府”①。最高人民法院对死刑适用非常审慎，在刑事审判中创立了死刑缓期两年执行的刑罚制度。对于依法惩处的反革命分子，除其中极少数罪大恶极者依法判处死刑外，其余绝大部分都判处了徒刑，实行劳动改造。最高人民法院执行镇压与宽大相结合的刑事司法政策的效果较好，刑事案件数量呈下降趋势，从1950年的51万件，经过短短7年的治理，到1956年急剧下降到18万件，其中反革命案件1956年比1955年下降了40%以上②，每年平均发生的各种刑事案件29万起，按人口平均，犯罪率为4.15‱。也就是说，在新中国成立后的头7年之中，平均每年每1万人当中，有4.5人走上犯罪道路，③ 刑事审判工作促进了人民民主专政政权的巩固。

表1 1950~1956年全国公安机关刑事案件立案统计表④

年份	人口数（亿人）	刑事案件立案数（万件）	犯罪率（%）	相比上年变化比率（%）
1950	5.5	51	0.93	——
1951	——	33.3	——	-35
1952	5.9	24	0.42	-27.9
1953	——	29.2	——	20.3
1954	——	39.2	——	34.2
1955	6.3	32.6	0.37	-16.9
1956	6.4	18	0.28	-44.7

（二）惩办与宽大相结合时期（1957~1965）

1957年至1965年是开始全面建设社会主义的10年，随着我

---

① 1950年6月17日《最高人民法院工作报告》。

② 1957年《最高人民法院工作报告》。

③ 参见张小虎主编：《犯罪学研究》，中国人民大学出版社2007年版。

④ 表1及后表的数据主要来源历年《最高人民法院工作报告》和《中国法律年鉴》等中的统计资料。

国国内大规模的疾风暴雨式的群众阶级斗争的基本结束，1956 年 9 月 15 日，刘少奇在中共八大上的政治报告中首次提出了“惩办与宽大相结合政策”的名称：“我们对反革命分子和其他犯罪分子一贯地实行惩办和宽大相结合的政策，凡是坦白的、悔过的、立功的，一律给以宽大的处置……”[①] 1956 年 9 月 19 日，罗瑞卿在中共八大所作的《我国肃反斗争的主要情况和若干经验》的发言中指出：“党在肃反斗争中的严肃与谨慎相结合的方针，体现在对待反革命分子的政策上，就是惩办与宽大相结合的政策，它的具体内容就是：首恶必办，胁从不问，坦白从宽，抗拒从严，立功折罪，立大功受奖。惩办与宽大，两者是密切结合不可偏废的。”“我们对于反革命分子实行惩办与宽大相结合的政策，其目的就是要把一切可以改造的反革命分子，都改造成对社会有用的人，从根本上肃清反革命活动。”[②] 从而首次完整地归纳出惩办与宽大相结合政策六个方面的传统内容，“镇压与宽大相结合政策”从此被“惩办与宽大相结合政策”所取代。囿于时代局限性，该政策是针对镇压反革命犯罪提出的，以后随着时代的进步，才逐渐发展为适用于所有犯罪的刑事政策。惩办与宽大相结合的刑事政策的根本意义就是，根据犯罪行为的社会危害性和犯罪行为人的人身危险性不同，分别不同情况，实行区别对待，在认定处理上宽严结合，有宽有严，惩办少数，改造多数。

人民法院刑事审判工作严格贯彻党的“惩办与宽大相结合的刑事司法政策”，对于稳定治安形势，降低犯罪率发挥了重要作用。如在开展肃清斗争的刑事审判工作中，本着正确、合法、及时的要求，严厉惩治了反革命罪犯和其他破坏社会秩序的刑事罪犯。在 1957 年的整风和反右派斗争中，最高人民法院还是注重把握法

---

① 《刘少奇选集》（下），人民出版社 1985 年版，第 254 页。

② 罗瑞卿：《我国肃反斗争的主要情况和若干经验》，法律出版社 1956 年版，第7～8 页。

律政策界限，注意依法从宽的方面，重视改造方针，坚持少杀原则。1962 年在农村社会主义教育运动和城市五反运动中，最高人民法院重申“从实际出发，依靠群众，调查研究，实事求是，重证据不轻信口供，证据口供都必须经过查对，反对逼供信”①。对于死刑案件严格控制，除了极少数罪大恶极非杀不可的罪犯以外，对罪该处死但民愤不大或者有其他从轻情节的，判处死刑缓刑执行，或者判处无期、有期徒刑。凡是可杀可不杀的都坚持不杀，通过采取改造的办法，把他们改造为新人。刑事司法政策的贯彻实施为社会政策的执行创造了良好的条件，使犯罪呈现出急剧下降的趋势。1964 年和 1965 年全国发生的各种刑事案件总数，按人口平均犯罪率都降到了接近 1956 年和 1960 年的水平。这一时期刑事犯罪的主要特点是：从作案主体来看，新滋生的刑事犯罪分子和人民内部的蜕化变质分子明显增多；从犯罪类型来看，侵财犯罪突出，占 70%。特别是以盗窃犯罪为主体，主要表现为盗窃粮食、耕牛、农具等生产资料，以及诈骗和投机倒把等。据公安部统计，1961 年凶杀案件占全部案件的 1.99%，诈骗案占 1.56%，抢劫案占 1.7%，强奸案占 1%，盗窃案占 81%。其中，盗窃案从第一次刑事犯罪发案高峰的 58.4% 上升到 81%，上升幅度最大。但总体来看，中国大陆的治安状况在五六十年代是世界上犯罪发生率最低的国家之一。

① 1964 年 12 月 26 日《最高人民法院工作报告》。

表 2　1957～1965 年刑事犯罪发案数量统计表

年份	人口数（亿人）	刑事案件立案数（万件）	犯罪率（%）	相比上年变化比率（%）
1957	——	29.8	——	——
1958	——	21.1	——	-29.2
1959	6.72	21	0.298	——
1960	6.62	22.2	0.3364	6.1
1961	6.59	42.2	0.6407	——
1962	——	32.5	——	-23.1
1963	——	25.1	——	-22.6
1964	7	21.5	0.31	-14.3
1965	7.2	21.6	0.31	——

二、“严打”刑事司法政策的嬗变轨迹（1977～2003）

（一）“严打”刑事司法政策萌芽阶段（1977～1982）

总结文革中破坏法制，制造大批冤假错案的历史教训，1979年7月6日公布的《中华人民共和国刑法》在第1条中以基本法律的形式明确了“惩办与宽大相结合的政策”，并使其在后来的刑事司法实践中发挥了基础和先导作用。但“文革”的流毒尚存，而且随着经济改革开放进程的推进，破旧立新带来的新旧制度摩擦和空隙，也使刑事犯罪分子有机可乘，我国的犯罪形势趋于严峻，青少年成为犯罪主体，青少年犯罪在整个刑事犯罪案件中所占比例从五六十年代的20%～30%猛增到70年代末的60%，80年代初则达到70%～80%。从犯罪类型上看，以强奸、流氓、抢劫、盗窃等骚扰型为主，严重侵害了广大群众的人身权利和财产权利。

表 3　1977～1982 年全国公安机关刑事案件立案统计表

年份	刑事案件立案数（万件）	犯罪率（‰）	相比上一年变化比率（%）
1977	54.8	——	12.2
1978	53.6	0.66	——
1979	63.6	0.77	18.8
1980	75.7	0.89	19
1981	89	0.74	17.6
1982	74.3	0.57	——

“惩办与宽大相结合的刑事司法政策”随着犯罪形势的发展有所调整，趋向于“惩办从严”。特别是 1979 年 9 月起先后发生的上海“控江路事件”、“北京火车站自杀式爆炸案”等一系列恶性刑事案件更坚定了中央领导“从严惩办”的决心。1979 年 11 月 22 日至 26 日，彭真在全国城市治安会议上，根据社会治安形势严峻的状况，首先提出极少数杀人、抢劫、强奸、放火、爆炸和其他严重破坏社会秩序的犯罪（“六类”案件）依法从重从快打击，实现社会治安综合治理的思路。1982 年 1 月 11 日，中共中央下发《紧急通知》，针对走私贩私、贪污受贿等高发犯罪，提出“对那些情节严重的犯罪干部，首先是占据重要职务的犯罪干部，必须依法逮捕，加以最严厉的法律制裁”。1982 年 3 月 8 日，五届全国人大常委会据此通过了《关于严惩严重破坏经济的罪犯的决定》，将原来配置刑罚较轻的走私、套汇、投机倒把牟取暴利罪、盗窃罪、贩毒罪、盗运珍贵文物出口罪和受贿罪的法定最高刑提升为死刑。1982 年 4 月 3 日，《中共中央关于打击经济领域中严重犯罪活动的决定》公布。上述规定充分发挥了刑事司法政策的威力，严重打击了少数犯罪分子，挽救了一大批有违法犯罪行为的人。据 1982 年《最高人民检察院工作报告》统计，全国投案自首、坦白交代违法

犯罪行为的已有44874人，其中向检察机关投案自首、坦白交代的就有6959人。此时的人民法院“坚决执行了党和国家规定的打击少数、争取教育多数的方针和惩办与宽大相结合的政策。根据城市治安会议精神，对于少数杀人、抢劫、强奸、爆炸、放火等严重破坏社会秩序的犯罪分子，尤其是这几类罪犯中的惯犯、教唆犯和共同犯罪的首要分子，坚决依法从重从快惩处，对其中极少数罪大恶极、情节特别严重的罪犯，依法判处了死刑，从而沉重地打击了犯罪分子的嚣张气焰，保护了人民的利益。对于大多数其他的刑事犯罪分子，分别罪行大小、情节轻重，依法适当判处；对可判刑可不判刑的，不予判刑，由公安部门收容劳动教养，或者交由工厂、街道、学校或家长进行帮教，促使他们向好的方面转化。对青少年失足犯罪的，立足于教育、感化、挽救，依法从宽处理”①。同时对某些案件还突出从重从快要求“对于现行的、数额巨大的、情节严重的案件，特别是国家机关和企业事业单位内部的干部犯罪案件，包括一些占据重要职位的负责干部犯罪案件，以及他们与社会上不法分子共谋进行的案件，集中力量抓紧审理，在查清事实的基础上依法从重从快判处”②。人民法院在1978～1982年一审刑事年均数比“文革”10年期间年均数多出6.78余万件，通过紧张繁重的刑事审判工作，有效地发挥了对敌专政和保护人民这两方面的专政职能，在遏制社会治安恶化的斗争中，起了积极的作用。

表4　1966～1982年全国各地法院审理一审刑事案件比较表

年份起止时间	一审刑事案件数	年均值
“文革”期间	120余万件	12万余件
1978～1982年	93.9万余件	18.78余万件

① 1983年《最高人民法院工作报告》。

② 1982年《最高人民法院工作报告》。

（二）20世纪80年代初第一次“严打”斗争（1983～1987）

针对日趋严峻的犯罪形势，1983年7月19日，邓小平在北戴河同当时的公安部部长刘复之谈话中强调：“为什么不可以组织一次、二次、三次严厉打击刑事犯罪活动的战役？……现在是非常状态，必须依法从重从快集中打击，严才能治得住。”①1983年8月25日，中共中央作出了《关于严厉打击刑事犯罪活动的决定》，“决定以三年为期，组织一次、两次、三次战役，按照依法从重从快、一网打尽的精神，对刑事犯罪分子予以坚决打击”。1983年9月2日，全国人大常委会通过了《关于严惩严重危害社会治安的犯罪分子的决定》和《关于迅速审判严重危害社会治安的犯罪分子的决定》，标志着严厉打击社会治安领域犯罪活动“严打”斗争的正式开始。这次“严打”斗争，即使不将1982年1月至1983年4月底对经济犯罪的“严打”斗争计算在内，从1983年8月至1987年1月，在全国范围内开展了三次较大的严打行动，第一阶段是1983年8月至1984年7月，第二阶段是1984年8月至1985年12月，第三阶段从1986年4月上旬到国庆节，加上收尾工作，历时3年零5个月。随后，中央一直坚持“严打”政策，如：从1989年4月开始，公安机关开展打击流窜犯罪的专项斗争；1991年9月3日，中央社会治安综合治理委员会部署了为期3年的反盗窃斗争；1993年2月，全国23个省、区、市开展了查禁卖淫嫖娼专项斗争，7个省、自治区组织了打击拐卖妇女儿童犯罪的专项整治；1993年3月12日，中央社会治安综合治理委员会部署开展围歼“车匪路霸”专项斗争；1994年7月至年底，在全国城乡开展了一场严厉打击严重刑事犯罪、大力整顿治安的斗争；1995年3月，再次进行“打拐”专项斗争等。

---

① 曹风等：《中国“严打”十八年》，载《警方》2001年第6期。

表 5 1983～1991 年全国公安机关刑事案件立案统计表①

年份	刑事案件立案数（万件）	犯罪率（‰）	相比上一年变化比率（%）
1983	61	0.57	-22.1 -
1984	51.4	——	-15.7
1985	54.2	——	5.4
1986	54.7	——	0.1
1987	57	——	4.3
1988	83	——	45.1
1989	197	——	138.2
1990	221.7	——	12.7
1991	2236	——	6.7

全国各级法院在“严打”斗争中对杀人犯、强奸犯、抢劫犯、爆炸犯、放火犯、重大盗窃犯、流氓犯罪集团等七个方面的严重犯罪分子坚持执行依法从重从快方针。1986 年提出“两打”即突出严厉打击严重危害社会治安和严重破坏经济的犯罪活动，加强了对严重经济犯罪活动的打击。1987 年对贪污、受贿、走私、诈骗、投机倒把等严重经济犯罪分子判处 10 年以上有期徒刑、无期徒刑、死刑的，比较 1985 年增加了 61.72%。曾任最高人民法院院长的肖扬就表示：“国家安全是一个国家生存和发展的根本条件，稳定是压倒一切的大事。”“多年来的经验表明，依法从重从快打击严

① 参见魏平雄、赵宝成、王安顺主编：《犯罪学教程》，中国政法大学出版社 1998 年版，第 125～132 页。1987 年、1988 年全国较为普遍地存在严重的立案不实现象，相当数量（约 30%～50%）的实际发生刑事案件没有列入统计。这种状况直到 1989 年大力纠正立案不实问题时才有所好转。

重刑事犯罪，是遏制犯罪急剧上升的有效措施。”从 1983 年 8 月开始的全国性“严打”斗争，在当时也确实起到了严厉打击犯罪、维护社会治安、保障社会主义经济建设进行的作用。“‘严打’扭转了对严重危害社会治安、公共安全的犯罪活动打击不力的局面，社会治安较‘严打’前的非正常状态有了明显好转，刑事犯罪率从 1981 年的万分之八点九和 1982 年的万分之七点四降了下来，1983 年为万分之六，1984 年为万分之五，1985 年、1986 年、1987 年均为万分之五点二。”① 就全局而言这标志着，社会治安情况较之 1983 年 8 月“严打”以前，是明显好转的。但也应看到“严打”斗争的历史局限性，如在严打行动期间，公、检、法三家是联合办案的，三家各派一到两个人，坐在一起共同审问，一次定型，审判效率的提高有时是以牺牲公正为前提的，快审快判，冤假错案必然难以避免。同时，“严打”的历史效果也难以巩固，治标的边际效应逐年递减。

表 6　1986～1989 年团伙犯罪数量表②

年份	查处违法犯罪团伙（个）	团伙成员数（人）
1986	46883	214736
1987	52608	235886
1988	66851	287443
1989	95121	388880

（三）20 世纪 90 年代中期第二次严打斗争（1996 年 4 月～1997 年 2 月）

第一次严打的威慑作用递减后，各种严重暴力犯罪的犯罪诱因一起在积累和发挥作用，社会处于另一个犯罪高峰期的大幅上升阶段。

---

① 1988 年《最高人民法院工作报告》。

② 参见刘尚煜主编：《黑社会犯罪与对策》，群众出版社 1997 年版，第 1[illegible]6 页。

表7 1992~1997年全国公安机关刑事案件立案统计表

年份	刑事案件立案总数（件）	每10万人立案率（%）
1992	1582659	138.5
1993	1616879	140
1994	1660734	141
1995	1690407	142.5
1996	1600716	140
1997	1613629	140

其中严重暴力犯罪数量有所增长。

表8 几类主要刑事案件立案情况表 （单位：件）

年份	杀人	伤害	强奸	抢劫	盗窃		制贩毒品	非法制贩枪支弹药
					总数	大案		
1997年（1~9月）	19751	48691	31013	99560	720002	309268	33926	987
1996年（1~9月）	19550	49196	33482	113581	755755	297217	26588	3635
1997年与1996年相比%	1.03	-1.03	-7.37	-12.34	-4.73	4.05	27.6	-72.85

自1990年以来，严重危害社会治安案件中的青少年所占比重一直维持在55%以上。同时，团伙犯罪突出，被查获的团伙成员占整个抓获人员总数的比例已由严打期间的29%上升到35%，一些流氓恶势力，如山东的“海泉帮”、上海的“震中帮”等已向黑社会犯罪集团演变。

表 9　1991 ~ 2000 年我国刑事案件立案与团伙（集团）犯罪状况统计表①

年份	刑事案件立案数（起）	升降比例（%）	团伙（集团）数（个）	升降比例（%）	团伙（集团）成员数（人）	升降比例（%）
1991	2365709	6.70	134435	8.20	506649	-9.85
1992	1582659	-49.48	121760	-9.34	463102	-8.60
1993	1616879	2.12	151279	24.34	575175	24.20
1994	1660734	2.64	152297	0.67	574539	-0.11
1995	1690407	1.76	147654	-3.05	546529	-4.80
1996	1600716	-5.61	136171	-7.78	495836	-9.28
1997	1613629	0.80	105900	-2.22	381405	-23.08
1998	1986068	18.75	102314	-3.39	361927	-5.11
1999	2249319	11.70	102157	-0.15	352446	-2.26
2000	3637307	61.7	74000	-38.05	294000	-19.87

第二次全国性“严打”的重点是杀人、抢劫、强奸等严重暴力犯罪和流氓犯罪、涉枪犯罪、毒品犯罪、恶势力犯罪以及黑社会性质的犯罪等严重刑事犯罪。1988 年至 1992 年最高人民法院就持续强调“两打”的要求，即一方面坚持依法从重从快的方针，严厉打击严重危害社会治安的犯罪活动，依法严惩杀人、抢劫、爆炸、强奸等犯罪分子，特别是带有黑社会性质的犯罪集团，另一方面要严厉打击严重经济犯罪分子，促进廉政建设。1993 年至 1997 年，全国各级法院继续严厉打击严重危害社会治安的犯罪，严厉惩治各类经济犯罪，强力维持社会秩序。在第二次“严打”斗争中，

① 参见张小虎主编：《犯罪学研究》，中国人民大学出版社 2007 年版，第 56 页。

“最高人民法院和地方各级人民法院坚持‘严打’方针不动摇，认真执行刑法和刑事诉讼法，依法严惩严重刑事犯罪……地方各级人民法院结合本地区社会治安的实际，适时开展“严打”专项斗争，对群众反映强烈、社会影响大的重大恶性案件，依法快审快判，以震慑犯罪，鼓舞正气”①。对比 1985 年至 2011 年的数据，可以看出全国各级法院一审刑事审判工作在第二次“严打”斗争中发挥了遏制刑事案件急剧上升的势头。

表 10 1985～2003 年（部分）全国各级法院一审刑事案件数与判处罪犯数对比表

年份	一审刑事案件数（件）	判处罪犯数（人）
1985	246000	277000
1986	298000	325000
1987	292136	326374
1988	313306	368790
1989	392564	482658
1990	459656	582184
1991	427607	509221
1993	403267	451920
1994	482927	547435
1995	496082	545162
1996	572058	614323
1998	480000	530000
1999	539000	600000
2003	735535	933967

① 1999 年《最高人民法院工作报告》。

续表

年份	一审刑事案件数（件）	判处罪犯数（人）
2004	644248	767951
2005	683997	844717
2006	701379	889042
2008	768130	1007304
2009	767000	997000
2010	779641	1006420
2011	840000	1051000
2012	986229	1173276

（四）21世纪初第三次严打斗争（2001年4月~2002年12月）

2001年4月至2002年底开展的第三次全国性严打的直接导火索是2001年3月16日石家庄特大爆炸案。其实施背景是：1983年首开先例之后，国家又于1996年和2000年组织了两次全国性“严打”。不过，1983年严打之后，刑事犯罪率下降的局面只维持了两年，1986年就开始回升，一直持续上升到1996年，不得不再次进行全国性的集中“严打”；之后，1997年刑事案件下降，但1999年以后又大幅度回升，直到2000年底又被迫开展第三次“严打”。

表11　1998~2005年全国公安机关刑事案件立案统计表

年份	刑事案件立案总数（件）	每10万人立案率（%）
1998	1986068	139
1999	2249319	——
2000	3637307	——
2001	4457579	——
2002	4436712	——

续表

年份	刑事案件立案总数（件）	每 10 万人立案率（%）
2003	4393893	——
2004	4718122	——
2005	4648179	——

第三次全国性的“严打”以“打黑除恶”为龙头，分为三个阶段，三条战线。第一个阶段从 2001 年 4 月到 5 月；第二个阶段从 2001 年 6 月到 2002 年 6 月；第三个阶段从 2002 年 7 月至 2002 年底。第一条战线，以深入开展全国性的“打黑除恶”为龙头，开展打击严重暴力犯罪和多发性侵财犯罪专项斗争；第二条战线，全国开展治爆缉枪专项行动；第三条战线，整顿和规范市场经济秩序，打击经济领域的犯罪。第三次严打的重点是遏制故意杀人、强奸、抢劫等侵害广大人民群众人身权利和财产权利，严重危害社会秩序的严重暴力犯罪。

表 12　2001～2005 年全国刑事犯罪一览表

年份	人口数（万人）	立案数（件）	立案数（件）			
			杀人	强奸	抢劫	盗窃
2001	127627	4457579	27501	40600	352216	2924512
2002	125235	4436712	26276	38209	354926	2861727
2003	126035	4393893	24393	40088	340077	2940598
2004	126143	4718122	24711	36175	341908	3212822
2005	126113	4648179	20700	33709	332185	3158707

全国各级法院在刑事审判工作中积极贯彻“严打”政策，开展专项斗争，2003 年最高人民法院工作报告就指出，“人民法院以维护社会稳定为己任，坚决依法惩处各类刑事犯罪。五年来，共审结一审刑事案件 283 万件，比前五年上升 16%，判处犯罪分子 322

万人，上升 18%”。从 1999 年以来的《最高人民法院工作报告》也可以看出，1998 年至 2005 年，全国各级法院仍是继续坚持“两打”方针不动摇，通过刑事审判来体现“严打”的刑事司法政策。

表 13 全国各级法院审理一审刑事案件数 （单位：万件）

年份起止时间	一审刑事案件数	年平均数
1983 ~ 1987	169. 2955	33. 8591
1988 ~ 1992	201. 6357	40. 32714
1993 ~ 1997	243. 7426	48. 74852
1998 ~ 2002	283	56. 6
2003 ~ 2007	338. 5	67. 7
2008 ~ 2012	441. 1	88. 22

三、“宽严相济”刑事司法政策的嬗变轨迹（2003 ~ 2013）

“严打”是打击严重刑事犯罪活动的长期方针，是社会治安综合治理的首要一条。在“严打”期间破获的各类案件，一律从重从快处理，这是解决一定时期中突出的社会治安问题的重要手段。“严打”斗争虽然在严惩严重犯罪、维护社会稳定方面固然收到了阶段性的惩治效果，但却因缺乏配套健全的刑事政策体系而收不到预防长效，控制不了犯罪多发高发态势。出现严打越猛犯罪越多的怪现象，全国各级法院总处于被动应付、疲于招架的境地，这可以从《最高人民法院工作报告》所公布的重刑案件和无罪案件的比较中反映出来。《最高人民法院工作报告》未披露 1949 年至 1977 年的刑事案件完整数，但从 1983 年起，最高人民法院基本上公布了一审刑事案件数以及判处刑罚的大致情况。人民法院判处的刑罚量刑，重刑率即判处 5 年以上有期徒刑直到死刑的比例，在“严打”初期，达到 42%，到 1986 年、1987 年有所降低，分别为 39. 65% 和 38. 18%，年平均为 25%，但是到了 2005 年和 2006 年又有所反弹，重上40%，甚至高达45%，这是历史的最高点，但是此后又出现较低的重刑率，2008年为15.787%，出现轻刑化趋势。一方面是重刑率不断降低，另一方面则是刑事案件数、刑事罪犯数的不断攀升。这说明，“严打”政策所提倡的从重从快打击犯罪，法院重刑率提高即使可以暂时压制犯罪态势，但现实证明并不能有效控制住犯罪。①

表14　全国各级法院判处重刑比例、宣告无罪人数对比表

年份	判处重型罪犯数比例（%）	宣告无罪人数（人）
1985	42	——
1986	39.65	12060
1987	38.18	占0.7
1988	30.8	2039
1989	34.24	1582
1990	36.99	1912
1991	36.199	1983
1993	38.48	2000
1994	38.04	2153
1995	40.34	1886
1996	43.18	2148
1998~2002	25	共29521人，年均5904人
2005	41.03	2162
2006	45.118	1713
2003~2007	18.18	共14000人，年均2800人
2008	15.787	——
2009	16.3	

① 参见吴如玉：《关于刑事政策与刑事审判互动关系的实证研究》（2012年第四届中国法治论坛论文集交流论文）。

因此，2004 年《最高人民法院工作报告》在总结 2003 年工作时首次提出刑事审判工作要体现“宽严相济、罚当其罪的立法精神”，宽严相济的刑事司法政策的内涵又陆续在随后的《最高人民法院工作报告》中得到丰富和发展，并贯穿到刑事审判各个环节，成为刑事审判工作的主线。“依法惩罚犯罪，依法保障人权……对罪行极其严重、社会危害极大的犯罪分子，坚决依法核准死刑；对罪行虽然严重，但具有法定从轻、减轻处罚情节的，或依法可不必立即执行死刑的依法改判；对事实不清、证据不足的，依法发回重审，充分体现宽严相济、罚当其罪的立法精神……”① 2004 年 12 月 7 日，时任中央政法委书记罗干在全国政法工作会议上对最高人民法院“宽严相济”的提法表示认可，并在讲话中进一步明确指出：“要认真贯彻宽严相济的刑事政策。对严重危害社会治安的犯罪活动必须严厉打击，绝不手软。对具有法定从宽条件的应依法从宽处理。”大大提高了其在所有刑事政策中的地位。2005 年《最高人民法院工作报告》在总结 2004 年工作时说：“坚持‘严打’方针和宽严相济的刑事政策，严把案件事实关、证据关、程序关和适用法律关，加强司法领域的人权保障。对罪行极其严重的，依法核准死刑；对罪行虽然极其严重，但有法定从轻、减轻处罚情节或者不是必须立即执行的，依法改判死缓或无期徒刑。”2006 年《最高人民法院工作报告》在总结 2005 年工作时说：“贯彻宽严相济的刑事政策，对罪当判处死刑但具有法定从轻、减轻处罚情节或者不是必须立即执行的，依法判处死缓或无期徒刑。”2006 年中共十六届六中全会通过的《中共中央关于构建社会主义和谐社会若干重大问题的决定》又进一步要求：“实施宽严相济的刑事司法政策。”这就首先从全党、全国的高度强调了该政策对构建社会主义和谐社会的重要性，确立了其作为我国基本刑事政策之一的应有地位。据此，2007 年、2008 年的最高人民法院工作报告中不再提“严打”

---

① 2004 年《最高人民法院工作报告》。

政策，而是重申“严把事实关、证据关、程序关和适用法律关，加强司法领域的人权保障”。并提出宽严相济的刑事司法政策。最高人民法院把“严打”方针融入宽严相济的刑事政策里，在2007年报告中，最高人民法院在报告附件中对宽严相济刑事政策做出解释，即宽严相济的刑事政策是我国根据罪刑法定、罪刑相适应和适用法律人人平等的原则确立的准确惩罚犯罪的刑事政策。一方面，要毫不动摇地坚持“严打”方针，对危害国家安全犯罪、黑社会性质组织犯罪、严重暴力犯罪以及严重影响人民群众安全感的多发性犯罪，坚持依法严厉惩罚。另一方面，对于具有法定从轻、减轻情节的，依法从宽处理；对于具有酌定从宽处罚情节的，也要依法予以考虑，最大限度地减少社会对立面。该报告在安排2007年工作时特别强调：“认真执行宽严相济的刑事政策，最大限度减少社会对立面。”以后的《最高人民法院工作报告》从服务大局、“保增长、保民生、保稳定”等战略决策出发，继续“认真贯彻宽严相济刑事政策，坚持实事求是、区别对待、宽严依法、宽严适度”①。

四、刑事审判实践与刑事司法政策互动关系的法理评析

（一）刑事审判随着国家刑事司法政策变迁而动态界定宽严范围和惩处重点

刑事司法政策是刑事审判的灵魂所在，对于刑事审判具有重要的指导意义。我国刑事司法政策尽管在不同的历史时期表现出不同的特点，但从根本上讲还是一脉相承的，是一个承继、发展和完善的过程。惩办和宽大相结合刑事司法政策就是我国基本的刑事政策之一，是中国共产党领导人民在长期对敌斗争和打击犯罪中总结出来的，它的形成经历了从镇压与宽大相结合到惩办与宽大相结合政策的演变过程，“严打政策”是对惩办与宽大刑事司法政策的现实调整，但由于片面强调了“从重从快”的严，在实践层面存在严

① 2012年《最高人民法院工作报告》。

打边际效应递减问题，故影响“惩办与宽大相结合刑事司法政策”的社会影响力，1997年修正后的《刑法》删除了“惩办与宽大相结合刑事司法政策”的原则规定。新时期提出的宽严相济的刑事司法政策是对惩办与宽大相结合刑事司法政策与严打刑事司法政策的辩证扬弃，它将严打方针吸纳其中，并适应了刑法宽缓化的趋势，以宽济严，具有极强的生命力。人民法院在不同的历史时期，根据刑事司法政策的变迁来动态界定刑事审判的宽与严范围，确定不同阶段的惩处重点和方向。在系列刑事司法政策的指导下，人民法院审时度势，根据当时的社会治安状况和犯罪形势，慎重掌握处刑的宽严标准和轻重尺度，以更好地服务于经济社会发展的需要。一般来说，社会发展较为平稳时期，社会治安状况较好时，刑罚以宽、轻为主；在社会振荡较大，社会治安较差，犯罪率大幅度增长时，要以严、重为主。如果哪一类犯罪突出，严重影响社会治安时，就严厉打击哪一类犯罪。如新中国成立初期，“镇反”是中心任务，人民法院刑事审判工作严格贯彻“镇压与宽大相结合的刑事司法政策”，配合党和政府坚持肃清一切危害人民的土匪、特务、恶霸及反革命分子；经过政治斗争的洗礼和刑事审判的打击，旧社会遗留的反革命力量及反动分子大为减少，人民法院在20世纪50年代中期和60年代初期以“惩办与宽大相结合的刑事司法政策”为指导，将刑事审判的打击重点转向新滋生的财产犯罪和人民内部的蜕化分子；人民法院在三次“严打”斗争中，根据犯罪形势的变化，强调“两打”方针，即打击严重危害社会治安的犯罪及严厉惩治严重经济犯罪。2008年以后则“重点惩处严重暴力犯罪、严重影响群众安全感的多发性侵犯财产犯罪、恐怖犯罪、黑社会性质组织犯罪和严重破坏社会主义市场经济秩序的犯罪；依法惩处重大安全生产责任事故犯罪，贪污、贿赂、渎职等国家工作人员职务犯罪，促进廉政建设和反腐败工作深入开展”①。同时，最高人民法院还做到当宽则宽，以宽济严。如在“镇反”运动中，

① 2009年《最高人民法院工作报告》。

对凡是坦白的、悔过的、主动的，一律给予宽大处理。在严打斗争中，“对具有法定从宽情节的，如未成年人犯罪、犯罪未遂、犯罪以后自首包括其亲属送来归案、检举其他犯罪分子经查证属实有立功表现的，等等，依法从宽判处。对拘捕后坦白交代罪行，认罪态度好的，也酌予从宽。……对有轻微违法行为的人，继续执行教育、感化、挽救的方针，积极促使和帮助有关单位和家长落实帮教措施”①。2008 年以来，最高人民法院认真贯彻宽严相济的刑事司法政策，对一些重点、敏感案件采取坚决而又慎重的方针。总之，最高人民法院在不同时期根据犯罪态势和国家政治经济发展大局，有效地确定了刑事审判宽与严的重点，为刑事审判有效贯彻刑事司法政策发挥了重点作用。

（二）刑事审判工作准确把握刑事司法政策界限，有效调节、控制宽与严的幅度

政策在本质上是“国家或政党为实现一定历史时期的路线而制定的行动准则”②，一经制定并颁行便为国家机关所遵循，并在较长时期内对社会公共生活发挥指导作用。刑事政策则是政策的子概念，同各种具体政策一样也是随着国家的产生而产生的，近代政党出现后，政党又开始领导刑事政策的制定。但“刑事政策”作为学术名词则是德国费尔巴哈于 1801 年在其所著的《德国刑法教科书》中首先提出的。他认为：“刑事政策是国家据以与犯罪作斗争的惩罚措施的总和，是立法国家的智慧。”③ 刑事司法政策刑事政策中，属于刑事综合政策的，主要指社会治安综合治理政策（社会管理综合治理政策）、刑事立法政策、刑事司法政策、刑罚执行政策等，具体刑事政策则包括未成年人刑事政策、死刑刑事政策等。本文论域中的刑事司法政策专指国家和政党为了有效地惩治

---

① 2010 年《最高人民法院工作报告》。

② 参见中国社会科学院语言研究所词典编辑室编：《现代汉语词典》（第五版），商务印书馆 2005 年版，第 1741 页。

③ ［日］大谷实：《刑事政策学》，黎宏译，法律出版社 2000 年版，第 76 页。

和预防犯罪，依据本国一定时期的犯罪形势及其成因而制定出一系列刑事司法准则，刑事司法机关则根据这一系列准则适用刑事法律惩处犯罪。刑事司法政策的参与主体主要是刑事司法机关，包括侦查机关、检察机关、审判机关和刑罚执行机关；在适用对象上主要是针对犯罪嫌疑人、被告人、罪犯等刑事犯罪人，在具体措施上主要是通过刑事实体法、刑事程序法、刑事执行法等刑事法律运作机制对犯罪这种危害社会的行为加以惩处、预防和遏制，其中适用刑事法律惩处犯罪是首要的刑事司法工作。笔者认为刑事审判政策本身是刑事司法政策的下位政策，必须要以刑事司法政策为指导，但这种指导关系不是僵化的指导，而是一种弹性的指导，刑事审判政策要在刑事司法政策的上下区间内，根据经济社会的发展和治安形势的变化，尤其要根据犯罪情况的变化，在法律规定的范围内，适时调整从宽和从严的对象、范围和力度，切忌一味从重单纯求快或宽大无边。在 1957 年整风和反右派斗争中，最高人民法院依然重申要从实际出发，依靠群众，调查研究，实事求是，重证据不轻信口供，证据还必须经过查对，并反对逼供信，在从重从快的同时，应注意依法从宽的一面。但是，在 1978 年以前左倾思想占上风的历史环境下，最高人民法院以阶级斗争理论为纲，将自己的审判职能进一步弱化和虚化，突出大规模的群众政治运动的核心地位，将自己的政治生命附着于这种政治运动所带来的对其运作机理的彻底冲决上面来，[①] 刑事审判工作偏离了刑事审判政策的指导，违法从重从快，无限上纲上线的情况屡有发生，制造了不少冤假错案。最高人民法院原院长江华总结经验教训提道："必须坚持实事求是，反对主观主义。这是十年浩劫中审判工作的一条重要教训。要做到实事求是，首先要对对敌斗争形势作出符合实际的估计。要做到实事求是，还要坚持调查研究，重证据，不轻信口供，严禁逼供信。

① 参见叶飞：《最高人民法院政治任务的变化——以 1950～2007 年最高人民法院工作报告为中心》，载：中国民商法律网—理论法学，网址：http：//www. civillaw. com. cn/article/default. asp？ id =41851，访问时间：2014 年 3 月 3 日。

要做到实事求是，还必须克服怕右不怕‘左’的思想倾向。人民法院审判案件必须正确地执行国家的法律，严格依法办事。这是另一条重要的教训。严格依法办事，必须坚持人民法院独立进行审判，只服从法律，这是社会主义法制的一项重要原则。判处冤假错案的教训，集中到一点，就是审判工作必须遵循‘事实为根据，法律为准绳’这个根本原则。”① 从以后的《最高人民法院工作报告》反映的刑事审判工作信息来看，全国各级法院贯彻执行刑事司法政策的过程中，都是坚持“以事实为根据，以法律为准绳”的原则，在刑事审判工作中做到“该宽则宽，当严则严，宽严相济，罚当其罪”。

（三）刑事审判实践中存在的一些重实体轻程序、重政策轻法律、重严打轻预防等问题制约刑事司法政策的正确贯彻实施

犯罪率居高不下，是一个世界性的趋势。据近年来的《最高人民法院工作报告》的统计数据反映：改革开放以后，随着经济转轨、社会转型及利益格局调整等复杂原因，社会治安状况恶化，刑事案件数量持续增长，尤其在1997年新刑法颁布之后，刑事案件的审判数量更是呈直线上升趋势。而同期审判人员的增加则非常缓慢，案多人少的矛盾日益突出。从2006年至2010年法院审结案件数量增长了28.57%，而同期法官人数仅增加了3000人，增长比例1.58%，两者相差18倍之多。同时，面对严峻的犯罪高发势态，从1983年至2006年，“严打”始终成为刑事审判的主线。最高人民法院在1993年、1998年、2003年总结“五年工作”的要点中也不再提惩办与教育相结合的刑事政策，而是强调“严打”。虽然在2004年最高人民法院工作报告中不再提“严打”政策，但是在2005年、2006年最高人民法院工作报告中依然坚持“严打”方针不动摇。这说明，从1983年至2006年，“严打”已经由临时

① 1980年《最高人民法院工作报告》。

性政策而转化为固定的刑事政策。[①] “严打”延续了二十多年，一些地方法院对此已经形成刑事审判的路径依赖，运动式执法在某种程度上已经形成一种制度惯性，加之在案多人少的现实压力下，部分法院的刑事审判法官指导思想存在偏差，对 2008 年以来国家实施的宽严相济的刑事政策的理解把握不准：如有的不同程度地忽视刑事诉讼程序的独立价值，重实体轻程序，只注重从实体上给予被告人一个自以为公正的刑事判决，却不注重保护其程序上的合法权益；有的重政策轻法律，倾向于运动式的刑事审判模式，在“突击立法”环境中和“严打高压”形势下放弃了“以事实为根据，以法律为准绳”的基本原则，一味地强调配合公、检两家，忽视必要的监督制约，甚至放弃了对法律的坚守，因“有罪推定”“疑罪从有”而制造了佘祥林故意杀人案、杜培武故意杀人案、赵作海故意杀人案等冤假错案，证实了地方法院在“严打”斗争中执行刑事司法政策中的种种不理性行为已经严重影响到刑事审判的质量，损害了司法公信力；有的重打击轻预防，形成选择性执法。如尽管从 1988 年起，最高人民法院就在强调“两打”：“一方面，坚持依法从重从快的方针，严厉打击严重危害社会治安的犯罪活动；另一方面，严厉打击严重贪污、贿赂等经济犯罪分子，促进廉政建设。”[②] 从数据来看，从 1985 年至 2006 年重刑率始终保持在 30.8% 至 45%，刑事案件依然上升，贪污、贿赂、渎职等职务犯罪案件也始终居高不下。面对普遍刑事犯罪和职务犯罪“双高双升”的态势，一些地方法院却不能根据刑事司法政策适时作出反应和调整，其刑事审判工作已经固化为仅注重对暴力犯罪、多发性侵财犯罪从重从快打击的僵化“严打”模式，而忽视了对侵蚀国家政权基础的贪污、贿赂犯罪的打击，从 1986 年到 2013 年，贪污、贿赂等职务犯罪案件与普通刑事犯罪相比，未充分体现出从重

① 参见吴如玉：《关于刑事政策与刑事审判互动关系的实证研究》（2012 年第四届中国法治论坛论文集交流论文）。

② 1989 年《最高人民法院工作报告》。

从快的严打方针。一些地方法院对职务犯罪未体现出从严惩处，保持一种宽容的态度，应当从重或者从严惩处的犯罪反而得到重罪轻判，[①] 直接违背了最高人民法院“两打”方针，不利于预防职务犯罪，促进廉政建设价值目标的实现。

表 15　1986～2011 年犯罪各类数据统计表　（单位：件）

年份	经济犯罪案	暴力犯罪、侵财犯罪案	贪污、贿赂等职务犯罪案
1986	78133	——	——
1987	60691	684945	——
1988	55180	——	——
1989	76758	——	16905
1990	88184	——	24749
1991	40366	——	28466
1992	——	——	——
1993	27463	237164	7872
1994	30793	276809	9465
1995	13452	274914	32934
1996	——	322382	15827
1997	——	——	——
1998	18468	——	——
1999	22657	539000	157482
2000	——	——	17931
2001	21603	340571	20120
2002	——	——	——

① 参见吴如玉：《关于刑事政策与刑事审判互动关系的实证研究》（2012 年第四届中国法治论坛论文集交流论文）。

续表

年份	经济犯罪案	暴力犯罪、侵财犯罪案	贪污、贿赂等职务犯罪案
2003	14775	238949	22986
2004	13955	228174	24184
2005	15082	238738	24277
2006	16679	245274	23733
2007	——	——	——
2008	21674	——	——
2009	66000	267000	25912
2010	——	265397	27751
2011	——	690000	27000

（四）刑事审判应与刑事司法政策在刑事法治框架内保持良性互动关系

1. 刑事审判活动与刑事司法政策在价值目标上具有一致性

刑事审判，即“国家为了保护公民、法人和其他社会组织的合法权益，惩治并抑制犯罪，维持社会秩序，根据刑事诉讼法确定的程序，通过运用法定方式，查清犯罪事实，追究犯罪人的刑事责任并对其适用刑法规定的刑罚或相似措施的活动”，刑事审判的具体指导准则是刑事审判政策，笔者认为刑事审判政策包含基本政策与具体政策，基本政策与国家的刑事司法政策基本上是等义的，而具体的刑事审判政策则是多义的，如未成年人刑事审判政策、老年人刑事审判政策、减刑假释刑事审判政策等。具体的刑事审判政策是刑事司法政策的一个下位概念，两者作为公共政策具有共性价值，都是为推进刑事法治，惩治和预防各类刑事犯罪，保障公民自由人权，实现公平正义，维护法律秩序，促进社会和谐。因此，我国总体的刑事政策，如惩办与宽大相结合的刑事政策、“严打”刑事政策、宽严相济刑事政策等，作为刑事审判的非制定法源，尽管其不是刑事审判的直接断案依据和援引条款，但在不同程度上制约并推动着刑事审判实现刑事法治的价值目标，而且往往对最终裁判结果产生实际影响，帮助实现法律效果与社会效果的统一。如刑事审判法官通过对刑事政策相关精神的准确把握，有助于全面理解立法者意图，理解法条内涵，使之更具有可操作性，从而充分发挥自由裁量权作出公正判决；遇到一些内容需要规定但是法律没有规定或者规定得不完善的情况，刑事审判政策弥补了法律的不足，为法官在审判实践中正确地适用法律提供了依据；特定时期的刑事政策往往能够在审判人员对法律规定无所适从的情况下起到指引作用，提高审判效率。如2010年最高人民法院制定的《关于贯彻宽严相济刑事政策的若干意见》，作为导向性指针直接指导各级法院正确把握刑事司法政策，引导其在具体个案中确定从宽与从严的重点或者范围，在很大程度上起到了纠偏提效的积极作用。同时，刑事司法政策又以刑事审判实践为基础，通过刑事审判检验政策实效，并不断实现自我更新与完善。如我国“严打”刑事政策过分强调刑罚惩办的一面，或者为“重重”的一面，逐渐脱离法治进程中的社会实际，不能适应世界刑罚轻缓化的发展趋势，也不利于我国建设社会主义和谐社会的根本目标。刑事审判工作在2004年对“严打”政策进行了微调，对一些轻刑犯罪依法从宽，在审判实践中收到良好效果，并为党和国家所肯定，对促进“宽严相济刑事司法政策”的出台有一定的司法影响。

2. 刑事审判活动与刑事司法政策在实践层面又存在发生冲突的可能性，两者应统一于刑事法治的价值目标

刑事政策是根据与刑事犯罪作斗争的需要，结合具体历史时期的任务以及时代特点，制定出来的对刑事工作具有指导意义的方针、路线。刑事政策是刑事法律的灵魂，刑事法律是刑事政策的条文化，与法律的稳定性、权威性、具体性相比，政策具有灵活性、指导性和原则性。刑事政策的制定以犯罪态势为前提，其产生与犯罪形势紧密相关，往往出于弥补法律漏洞的目的，用针对性的规定来解决现实矛盾，以期最及时、有效地惩罚犯罪。刑事政策的制定

以法律规定为界限。刑事政策对刑事审判意义重大，不仅影响刑事审判的价值目标取向，而且对刑事审判具有强力的制约作用，正因如此，刑事政策必须遵守和坚持法律的基本精神和原则。但新中国成立后，在一个较长的时期内，没有刑法典，代替其的主要是刑事司法基本政策和具体政策，也是刑事审判工作的基本依据。我国刑法典制定之后，特别是在依法治国成为我国基本方略时，刑事法才成为刑事政策的基石，刑事政策必须要在刑事法治的框架内对刑事审判发挥指导作用。但刑事政策对刑事审判有时也有一些不当影响，主要体现在：刑事政策作为政策性规定，往往只是一些抽象性要求并不会对某类犯罪规定严格的定罪量刑标准。同时，刑事政策与刑事法律相比缺乏稳定性，它是特定时期由于犯罪形式的变化而产生的，其改变和执行受到的约束和限制比较小，容易出现以言代政、以政代法、破坏法治、扩大法官自由裁量权，滋生司法腐败等情况，这样一来，由于刑事政策适用过程中的随意化，难免造成刑事审判标准的不一致，从而影响司法公正。当然，刑事政策适用过程中出现的诸多问题，有政策本身的因素，也要看到审判人员司法理念在其中所起的作用。二审改判的风险、社会舆论压力、被害人上访等方面的压力都可能对法官的刑事裁判产生影响。去除这些不可预期的非理性因素，笔者还是坚持认为，刑事政策是特定时期党和国家打击和预防犯罪的产物，法律的稳定性决定了政策的指导是必要的，它能够在相关案件的办理过程中对审判人员的裁决特别是量刑起到较为明显的指引作用。但是，刑事政策不能取代刑事法律。在两者发生冲突的时候，刑事审判应当服从刑事法律，坚守法治底线。

刑事冤假错案实证研究报告*

黄　浩　程　明**

刑事冤假错案，是刑事冤案、假案和错案的合称。所谓“冤案”，是无辜者被冤枉犯罪而被追究刑事责任的案件；所谓“假案”，是根本没有犯罪事实发生，却被编造或伪造了犯罪事实，而追究无辜者刑事责任的案件；所谓“错案”，是指办案人员在行使职权、办理案件中因故意或者重大过失造成认定事实或者适用法律确有错误的案件，或者在办理案件中违反法定诉讼程序而造成处理错误的案件。① 近年来，媒体陆续曝光了多起社会影响严重的冤假错案，杜培武、孙万刚等一个又一个人名的背后是一段又一段蒙冤、屈辱的经历。冤假错案不但撼动了司法的权威和公信力，也无情地拷问着社会的公平和正义，民众对刑事司法的忧虑日甚。因此，迫切需要对冤假错案形成的机理进行深入的调查研究，为预防、遏制冤假错案提出切实有效的解决方案。

一、刑事冤假错案实证研究的设计

虽然造成冤假错案的原因是多方面的，但是“中外刑事诉讼

---

* 本文为天津哲学社会科学研究2010年规划资助项目“公安预审工作中人权保障问题的研究”（课题编号：TJFX10－193）的阶段性成果。

** 黄浩，天津公安警官职业学院刑事技术系讲师、硕士；程明，天津公安警官职业学院刑事侦查系助教、硕士。

① 最高人民检察院《人民检察院错案责任追究条例（试行）》第2条，1998年6月。

的历史已经反复证明，错误的审判之恶果从来都是结在错误的侦查之病上的”①，因此侦查阶段的错误无疑是造成冤假错案的首要原因。本报告以侦查阶段导致案件错误的原因为研究主线，运用实证研究的方法，以刑事冤假错案为研究对象，剖析冤假错案频发的根源和一般规律，为完善侦查讯问程序、加强侦查办案监督、提高犯罪嫌疑人人权保障水平、预防冤假错案发生提供实证调查依据。案例实证研究的步骤如下：

（一）收集刑事冤假错案案例

通过网络、期刊和报纸等多种渠道，收集近年来已经被媒体曝光的刑事冤假错案案例。通过研究每起案件的基本情况，明确案例涉嫌的罪名、犯罪嫌疑人职业、错误羁押时间、主要致错原因、纠错途径、错判最高刑等重要信息，运用表格的形式进行归纳，建立供下一步实证研究需要的“刑事冤假错案案例库”。

（二）刑事冤假错案实证研究

以“刑事冤假错案案例库”中收集的案例为实证研究对象，运用分类、比较、统计、制图、案例列举等方法，比较直观地对冤假错案中犯罪嫌疑人的性别、职业身份、错误羁押时间，以及案件致错原因、纠错途径等重要信息进行归纳和综合分析，发现其中带有普遍性和规律性的特点，揭示侦查人员违纪、违法办案与发生冤假错案之间的必然联系。

二、建立“刑事冤假错案案例库”

广泛收集冤假错案案例，建立“刑事冤假错案案例库”是对冤假错案进行实证研究的基础。通过期刊、报纸、广播、电视以及网络媒体等多种渠道，广泛收集近年来发生在我国刑事领域的冤假错案案例，力求使所收集的案例真实、典型和准确，能够反映刑事诉讼的实际情况。

---

① 李心鉴：《刑事诉讼构造论》，中国政法大学出版社 1992 年版，第 179 页。

冤假错案可能发生在侦查、起诉、审判中的每个阶段，根据我国《刑事诉讼法》、《人民检察刑事诉讼规则（试行）》、最高人民法院《关于执行〈中华人民共和国刑事诉讼法〉若干问题的解释（试行）》和《公安机关办理刑事案件程序规定》等刑事法律法规的相关规定，对刑事诉讼中出现的七种情况作为选择入库案例的统一标准。这七种情况具体是：（1）犯罪嫌疑人已被刑事拘留，人民检察院未予批捕的，例如：山东泰安张某某“偷自行车”被刑讯致死案；（2）犯罪嫌疑人已被逮捕，人民检察院作出不起诉决定的，例如：云南王某某“故意杀人”案；（3）人民检察院提起公诉，人民法院对犯罪嫌疑人作出无罪判决的，例如：河北刘某甲、刘某乙“纵火”案；（4）人民法院一审判决有罪，二审改判无罪的，例如：河北张某某“故意杀人”案；（5）人民法院终审判决有罪，再审改判无罪的，例如：湖北佘某某“故意杀人”案；（6）被告人提出上诉被上级法院发回重审的案件中，原提起公诉的人民检察院撤回起诉的，例如：山东毕某某“故意杀人”案；（7）被告人提出上诉被上级法院发回重审的案件中，侦查机关作出撤销案件的，例如：河北李某某“故意杀人”案。

在大量收集冤假错案的基础上，研究每起案例的具体情况，运用上述选择入库案例的统一标准进行认真筛选，共收集、筛选到符合标准并具有一定代表性的入库案例 174 起。并对每一起入库案例中犯罪嫌疑人职业、错误羁押时间、主要致错原因、纠错途径等重要信息点进行研究、统计、归纳、列表，最后以表格的形式建立“刑事冤假错案案例库”（详见文末）。

三、刑事冤假错案实证研究

（一）案例涉及犯罪种类

如表 1 所示，在“冤假错案案例库”所选取的 174 起典型冤假错案案例中，就案例所涉及的犯罪种类进行统计，故意杀人案件 76 起、强奸案件 31 起、抢劫案件 24 起、故意伤害案件 7 起、爆炸案件 3 起、盗窃案件 5 起、其他案件 28 起。如图 1 所示，故意杀人、强奸、抢劫等严重暴力型犯罪案件在案例库中所占比例突出，其中故意杀人案件占比为43%、强奸案件占比为18%、抢劫案件占比为14%。而盗窃、抢夺、诈骗等多发型犯罪案件所占比例不足10%。

由此可知，冤假错案更易发生于故意杀人、强奸、抢劫等严重暴力型犯罪案件之中。分析其原因，严重暴力型犯罪案件的犯罪后果严重、社会影响大，各级领导往往要求"限期破案"，办案部门压力大。在这种情况下，办案部门为了尽快破案，不遵循实事求是原则、违反法定程序，通过刑讯逼供、引供诱供等方法收集证据，容易酿成冤假错案。

表1　案例涉及犯罪种类统计表

犯罪种类	故意杀人	强奸	抢劫	故意伤害	爆炸	盗窃	其他	合计
案件数（起）	76	31	24	7	3	5	28	174

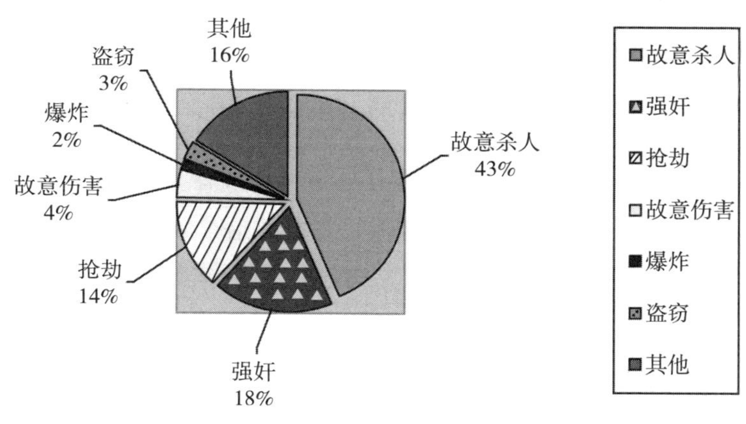

图1　案例涉及犯罪种类比例图

（二）案例涉及的省份

如表2所示，案例库中所选取的174起案例分别发生在中国大陆地区31个省级行政区划中的26个，只有北京、上海、宁夏、青海、西藏等5省、市没有案例收录。其中河南收录案件23起、河北收录案件14起、云南和黑龙江分别收录案件12起，其余省份收录少量案件。对于北京、上海等没有案件收录的地区来说，并非表明近年来没有冤假错案发生，只是由于收集案例的渠道和范围所限，才未有冤假错案收录。

由此可见，冤假错案不带有鲜明的地域性，而是具有一定的普遍性，在中国广大地域范围内都不同程度地存在冤假错案的情况，只是有的地区情况更为严重。

表2　案例发生省份统计表

省份	云南	吉林	辽宁	湖北	黑龙江	河南	广西	海南	湖南	安徽	山西	河北	四川	合计
案件数（起）	12	10	10	7	12	23	10	4	8	5	4	14	9	
省份	浙江	山东	重庆	江西	甘肃	福建	新疆	广东	贵州	江苏	天津	内蒙古	陕西	174
案件数（起）	6	6	2	3	6	5	2	6	2	1	1	1	5	

（三）犯罪嫌疑人、被告人性别

如表3所示，在案例库收录的174起案例中，涉及被冤屈的主要犯罪嫌疑人、被告人共210人，其中男性202人，女性8人。如图2所示，主要犯罪嫌疑人中96%为男性，只有4%为女性。

由此可见，绝大多数刑事冤假错案中的犯罪嫌疑人、被告人为男性，但女性在某些冤假错案中（见表4）可能单独或共同成为的犯罪嫌疑人。

表3　犯罪嫌疑人、被告人性别统计表

性别	男	女	合计
人数	202	8	210

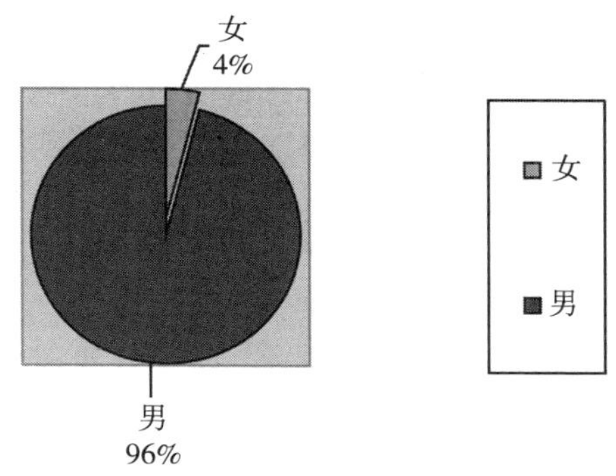

图 2　犯罪嫌疑人性别比例

表 4　主要犯罪嫌疑人、被告人包括女性案例列表

序 号	错案名称
1	四川陈某某“抢劫”案
2	河南正阳姚某某姐弟“故意杀人”案
3	辽宁抚顺史某某等人“引诱、容留妇女卖淫”案
4	辽宁隋某某“故意伤害”案
5	甘肃赵某某“强奸”案
6	河南巩义张某某等人“绑架敲诈”案
7	河南济源朱某某“流氓”案
8	河南康某某夫妻“容留妇女卖淫”案

（四）犯罪嫌疑人、被告人职业身份

如表 5 所示，对 174 起冤假错案案例中所涉及的 210 名主要犯罪嫌疑人、被告人职业身份进行分类统计，显示犯罪嫌疑人、被告人的职业身份多样，既包括农民、工人、学生等普通群众，也包括政府官员、警察、律师、经理、教师和科技人员等拥有一定权力、财富和社会地位的群体。如图 3 所示，210 名犯罪嫌疑人、被告人的职业身份构成比例为：农民占 58%、工人占 10%、无业人员占

6%、其他职业占26%。由于农民、工人、无业人员等社会中低层群众缺乏相关法律知识和维护自身权益的能力，更容易成为冤假错案的受害者。政府官员、警察、律师、经理、教师和科技人员等拥有一定社会地位和经济地位的职业群体成为冤假错案受害者的比例较低，但是在一些案件的特殊情况下，他们也可能成为冤假错案的受害者。

由此可见，无论何种职业、何种身份，在我国典型的纠问式侦查程序下，都可能成为冤假错案的受害者。因为任何一个无罪的自由民一旦被侦查机关认定为犯罪嫌疑人，就如同进入公、检、法流水作业的“犯罪加工生产线”，即使是掌握侦查办案权力的警察，甚至是公安局长，他们的挣扎、呼救也会变得非常微弱，最终成为冤假错案的受害者。因此，需要进一步加快刑事诉讼制度改革，保障犯罪嫌疑人、被告人的诉讼权利，这也是本课题报告研究的应有之义。

表5 犯罪嫌疑人、被告人职业身份统计表

职业	农民	工人	教师	学生	个体户	经理厂长	民警	政府官员	律师	技术人员	职员	无业	合计
人数	121	20	7	11	9	9	6	5	2	3	5	12	210

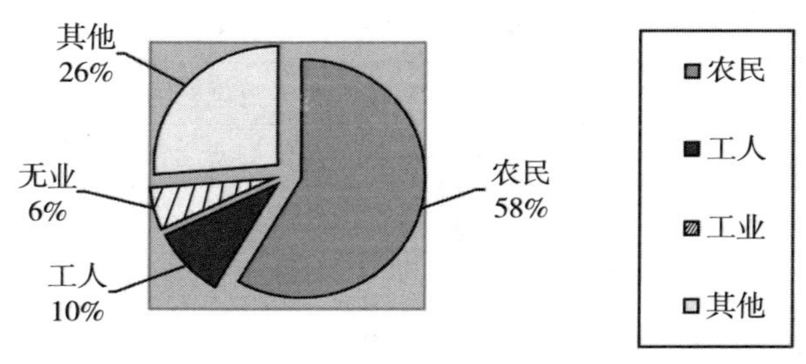

图3 犯罪嫌疑人、被告人职业身份构成比例图

（五）犯罪嫌疑人、被告人错误羁押时间

如表6所示，在收集的174起典型案例中，除个别案件中犯罪嫌疑人、被告人因刑讯致死或其他原因未被长时间羁押以外，有

167 起案例中的犯罪嫌疑人、被告人被较长时间的错误羁押。根据图 4 所示，犯罪嫌疑人、被告人错误羁押 1 年以内（30/167）和错误羁押 1 年到 3 年（48/167）的案件数量最多，此后随错误羁押年限增加案例数量逐渐减少。其中河北刘某甲、刘某乙叔侄在未经审判的情况下，被当地公安机关错误超期羁押长达 15 年；浙江陈某某、田某某等人“抢劫”案和安徽于某某“故意杀人”案中，犯罪嫌疑人被错误羁押 17 年之久，在所选取案例中错误羁押时间最长。此外，如表 7 所示，有 3 起案件中的犯罪嫌疑人、被告人在被法院判处死刑并执行后，确认案件系冤假错案，造成了错误剥夺他人生命无法挽回的严重后果。

案例中涉案的犯罪嫌疑人、被告人被大面积、较长时间的错误羁押，甚至被错误地剥夺生命，这是对他们及其家庭，以至整个社会公平正义的巨大伤害。

表 6　犯罪嫌疑人、被告人错误羁押时间统计表

错误羁押时间	1 年以内（含 1 年）	1～3 年（含 3 年）	3～5 年（含 5 年）	5～7 年（含 7 年）	7～9 年（含 9 年）	9～11 年（含 11 年）	11 年以上
案件数（起）	30	48	28	24	17	11	9

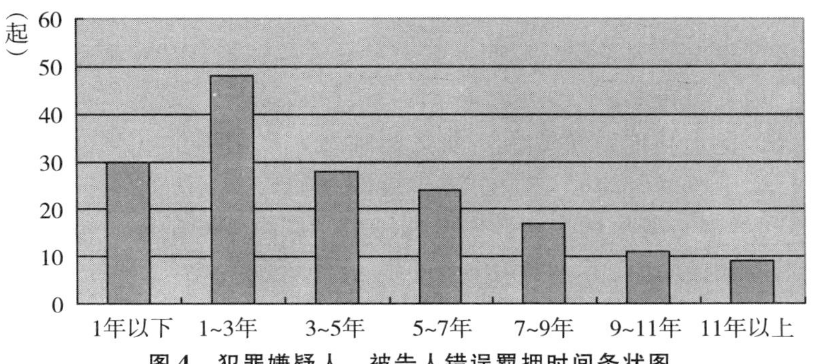

图 4　犯罪嫌疑人、被告人错误羁押时间条状图

表7 犯罪嫌疑人、被告人被错误执行死刑案件列表

序号	错案名称
1	湖南滕某某“故意杀人”案
2	内蒙呼格某某某“强奸杀人”案
3	河南魏某某“强奸”案

（六）冤假错案致错原因

在每一起冤假错案的背后都有许多发人深省的错误和教训，其中主要的致错原因包括：刑讯逼供、引供诱供、被害人虚假陈述、虚假证人证言、鉴定结论错误、犯罪嫌疑人虚假攀供、不当行政干涉、适用法律错误、办案人员徇私枉法等。有的冤假错案是由一种致错原因造成的，更多的冤假错案是由多种致错原因共同造成的。在对案例库中收录的174起案例逐一研究的基础上，分析导致案件错误的具体原因，并运用分类统计的方法，制作了案例致错原因统计表（见表8）。

如表8所示，刑讯逼供、引供诱供这一致错原因在162（162/174）起案例中出现，占案例总数的93%，可见刑讯逼供、引供诱供仍然是最主要的致错原因；鉴定结论错误（32/174）、虚假证人证言（55/174）和被害人虚假陈述（16/174）等致错原因在统计中出现得也较为频繁，说明办案人员在收集证据、认定证据的过程中，仍然存在片面收集有罪证据，盲目相信鉴定结论和言词证据的情况；至于其他致错原因，如犯罪嫌疑人虚假攀供（7/174）、不当行政干涉（9/174）、适用法律错误（6/174）、办案人员徇私枉法（6/174）等原因在统计中出现较少，说明其不是冤假错案发生的主要致错原因。

表8 案例致错原因统计表

序号	致错原因	案件数（起）
1	刑讯逼供、引供诱供	162

续表

序号	致错原因	案件数（起）
2	被害人虚假陈述	16
3	虚假证人证言	55
4	鉴定结论错误	32
5	犯罪嫌疑人虚假攀供	7
6	不当行政干涉	9
7	适用法律错误	6
8	办案人员徇私枉法	6

（七）无刑讯逼供案件

新中国成立以来，国家虽然一直旗帜鲜明地反对刑讯逼供，并且在《刑法》中确定了刑讯逼供罪，但是在司法实践中刑讯逼供仍然屡见不鲜，甚至在某一时期、某些地区刑讯逼供行为还比较严重。如表 9 所示和图 5 所示，在案例库收录的 174 起案例中，根据现有资料反映仅有安徽汪某某“故意伤害”案等 12 起案件基本确定犯罪嫌疑人在被讯问过程中没有受到刑讯逼供，占案例总数的 7%，其余的 162 起案件的犯罪嫌疑人都受到过不同程度的刑讯逼供，占案例总数的 93%。如表 10 所示，甚至有吉林白山赵某某“盗窃”案等 4 起案件中的犯罪嫌疑人，竟然在讯问过程中被刑讯致死。

由此可见，刑讯逼供加之引供诱供仍然是造成冤假错案的首要原因，必须下更大的力量坚决遏制刑讯逼供、引供诱供，才能有效减少刑事冤假错案。

表 9　无刑讯逼供案件列表

序号	错案名称
1	安徽汪某某“故意伤害”案
2	辽宁隋某某“故意伤害”案

续表

序号	错案名称
3	黑龙江张某某“强奸”案
4	吉林任某“故意杀人”案
5	吉林樊某某“故意杀人”案
6	重庆万州警察吴某“刑讯逼供”案件
7	山西吴某某“贪污、赌博”案
8	海南孟某某“贷款诈骗”案
9	辽宁陈某某“偷税”案
10	河南陕县刘某某“故意伤害”案
11	河南邓州马某某“故意伤害”案
12	吉林冯某某“故意杀人”案

表 10 刑讯逼供致死案件列表

序号	错案名称
1	江西万某某被刑讯逼供致死案
2	吉林白山赵某某“盗窃”案
3	广东邱某某被刑讯逼供致死案
4	山东泰安张某某“盗窃”案

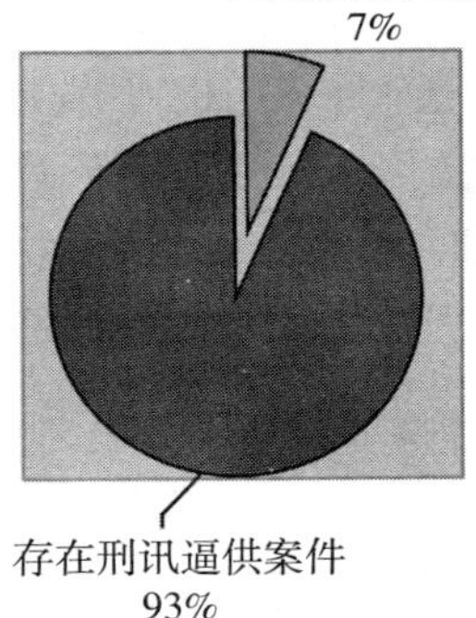

图 5 无刑讯逼供案件比例图

（八）虚假证人证言致错案件

证人证言是诉讼当事人、鉴定人和勘验检查人员以外的第三人提供的证言。证人证言是最为常见的一种言词证据，也是具有较强主观性的一种证据形式，既容易受到证言形成过程中证人的感知、记忆、表达等因素影响，又容易被外界利害关系所干扰，因此缺乏真实性的证言并不鲜见。如图 6 所示，在案例库中的 174 起案件中，有 55 起案件中存在虚假证人证言这一致错原因，占案例总数的 32%，是仅次于刑讯逼供的主要致错原因。

所谓虚假的证人证言主要是指证人向司法机关提供的与案件事实、情节不相一致的陈述。[①] 证人提供虚假证言不外乎两种情况：一是故意为之，二是无意为之。故意提供虚假证言，是证人在作证时故意隐瞒真相，作出与案件事实、情节不同一致的陈述，即“伪证”。例如，辽宁朝阳市长刘某某“受贿”案中，作为案件证人的港商张某某在接受办案机关询问过程中，故意作出了刘某某存在经济问题的伪证；无意提供虚假证言，是证人在感知、记忆表述案情的过程中，因生理或其他客观条件限制形成了不真实的陈述，即“错证”。例如，河南张某某“强奸”案中，作为案件目击者的 3 名小学生在对犯罪嫌疑人张某某进行辨认时，开始并没有指认张某某，在办案民警反复提示下，最终才错误地指认了张某某。[②] 无论是故意形成的“伪证”，还是无意形成的“错证”，虚假证人证言一旦作为案件证据使用，就极易造成冤假错案。

---

① 参见刘品新主编：《刑事错案的原因与对策》，中国法制出版社 2009 年版，第 244 页。

② 参见郭启朝：《男子身陷强奸冤案被判刑，另有疑犯供述是强奸者》，载《大河报》2005 年 4 月 14 日。

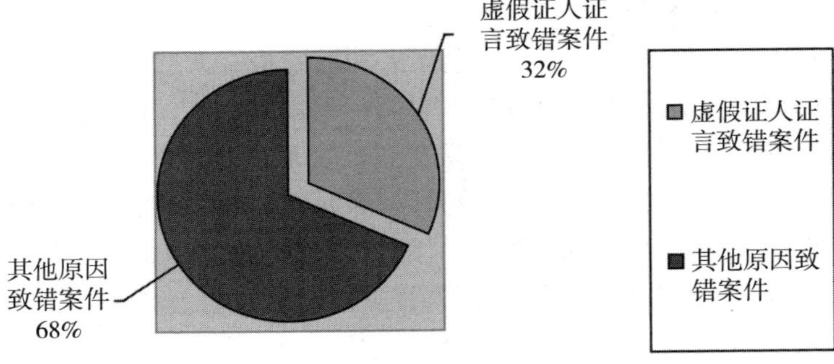

图 6　虚假证人证言致错案件比例图

（九）鉴定结论错误致错案件

刑事鉴定结论是具有鉴定资格的专业人员就刑事案件中的专门问题在观察、检验、分析等科技活动的基础上向司法机关提供的主观性结论。① 由于鉴定结论毕竟是鉴定人员基于自身认识和判断作出的主观性结论，因此鉴定结论存在错误的可能。错误的鉴定结论一旦作为案件证据使用，极易引发冤假错案。

如表 11 所示，在案例库中收录的 174 起案例中，云南杜某某"故意杀人"案等 32 起错案存在鉴定结论错误这一致错原因，如图 7 所示占案例总数的 19%，是仅次于刑讯逼供和虚假证人证言的主要致错原因。从导致鉴定结论错误的具体原因来看，既有人为故意将鉴定结论作假的情况，例如，辽宁李某某"故意杀人"案中，李某某衣领处的血迹最初法医检验的结论是"擦拭"形成的，后来卷宗材料上的"擦拭"却变成了"喷溅"；也有非故意造成的鉴定结论失真的情况，例如，陕西王某某"强奸"案中，法医错误鉴定王某某为 O 型血，与案犯精斑血型一致，直到王某某保外就医时才偶然发现其血型应为 B 型血；此外，还有一些案件的鉴定结论错误原因不明。

① 参见何家弘、刘品新：《证据法学》，法律出版社 2004 年版，第 181 页。

表 11　鉴定结论错误致错案件列表

序号	错案名称
1	云南杜某某“故意杀人”案
2	湖北吴某某“故意杀人”案
3	安徽赵某某“故意杀人”案
4	山西郝某某“抢劫”案
5	河北徐某某“强奸”案
6	陕西王某某“强奸”案
7	吉林景某“故意伤害”案
8	安徽汪某某“故意伤害”案
9	辽宁隋某某“故意伤害”案
10	四川陈某某“故意杀人”案
11	山东陈某某“故意杀人”案
12	河北宋某某“强奸”案
13	广西贺某某“故意杀人”案
14	河北徐某某“故意杀人”案
15	河南张某某“抢劫杀人”案
16	湖南姜某某“故意杀人”案
17	黑龙江杨某某“故意杀人”案
18	湖北黄某某“故意杀人”案
19	河北马某“故意杀人”案
20	甘肃杨某甲、杨某乙、张某某“抢劫杀人”案
21	辽宁陈某某“偷税”案
22	河南刘某某“故意伤害”案
23	山西岳某某“故意杀人”案
24	福建寿宁徐某某“诽谤”案

续表

序号	错案名称
25	湖北李某某“强奸”案
26	吉林冯某某“故意杀人”案
27	河南黄某“故意杀人”案
28	甘肃何某某、卢某某“故意杀人”案
29	河北李某某“故意杀人”案
30	云南范某甲、范某乙、范某丙“故意杀人”案
31	辽宁李某某“杀妻”案
32	新疆张某某“强奸”案

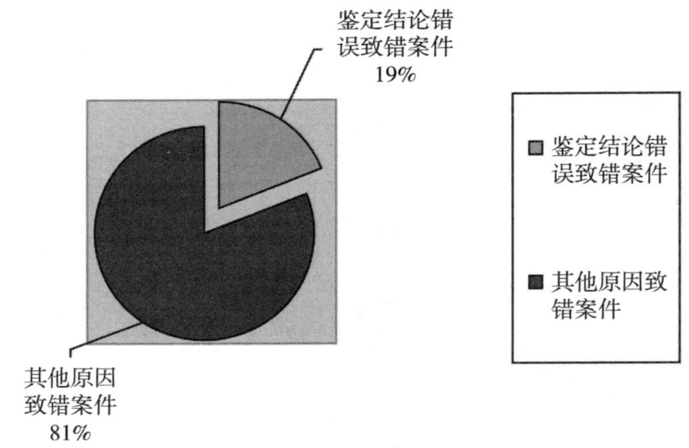

图 7 鉴定结论错误致错案件比例图

（十）被害人虚假陈述致错案件

在刑事证据体系中，被害人陈述可以作为直接证据证明案件事实真相。但不容忽视的是，被害人陈述往往容易受自身感情、心理、认知能力等主观因素的影响，带有较强的倾向性。被害人可能在陈述中故意夸大、缩小或隐瞒犯罪事实，也可能无中生有、捏造犯罪事实诬告陷害他人，形成虚假陈述。被害人的虚假陈述一旦作为证据使用，就容易导致发生冤假错案。

如表 12 所示，在案例库所收录的 174 起案例中，仅有黑龙江史某某“强奸”案等 16 起案件的主要致错原因是被害人虚假陈述，如图 8 所示，只占案例总数的 9%，可见被害人虚假陈述并不是刑事冤假错案的主要致错原因。但是，由于被害人虚假陈述属于直接证据，直接影响案件的定性及侦查方向，一旦出现被害人虚假陈述极有可能错误认定犯罪嫌疑人，如不及时发现、纠正错误极易形成冤假错案。例如，广西文某某“强奸”案中，被害人“小玉”在数次给自己的班主任文某某写情书求爱遭拒后，在母亲的陪同下向公安派出所报案说自己于某晚被文某某强奸 5 次。虽经法医检验报告证明，被害人“小玉”的外阴无出血、处女膜未见破裂，身上及内裤均未检出精斑，尽管“小玉”的多次陈述相互矛盾漏洞百出，但公安机关、检察院和法院仍然采信了“小玉”的被害人陈述，并以此为证据判处文某某有期徒刑 5 年。[①] 此外，如表 12 所示的 16 起被害人虚假陈述致错的案例中，有 14 起案件是强奸案件，占总数的 87.5%，可见被害人虚假陈述是强奸错案的主要致错原因。

表 12　被害人虚假陈述致错案件列表

序号	错案名称
1	黑龙江史某某“强奸”案
2	吉林吴某“强奸”案
3	四川李某某“强奸”案
4	陕西王某某“强奸”案
5	安徽汪某某“故意伤害”案
6	辽宁隋某某“故意伤害”案
7	四川朱某某“强奸”案

① 参见秦兴旺：《一个强奸犯的辛酸 17 年》，载《家庭导报》2006 年 10 月 18 日。

续表

序号	错案名称
8	黑龙江张某某“强奸”案
9	广西文某某“强奸”案
10	湖南刘某某“强奸”案
11	福建傅某某“抢劫”案
12	新疆张某“强奸”案
13	山西太原董某某“抢劫杀人”案
14	河南陈某某“抢劫强奸”案
15	河南魏某某“强奸”案
16	河南张某某“强奸”案

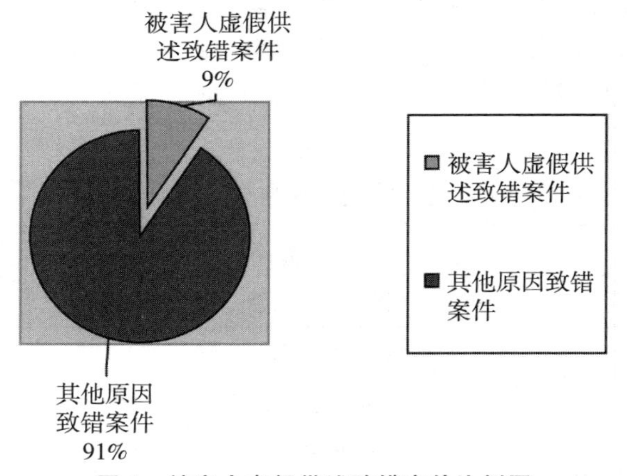

图8　被害人虚假供述致错案件比例图

（十一）虚假攀供致错案件

攀供是犯罪嫌疑人、被告人检举揭发他人犯罪行为的陈述。虚假攀供是犯罪嫌疑人、被告人诬陷他人是同案犯，或者是在共同犯罪中编造同案犯其他并未实行的犯罪行为，其中比较常见的是犯罪嫌疑人、被告人诬陷他人是同案犯，从而向侦查机关进行不实的检举揭发。[①] 如表13所示，在案例库所收录的174起案例中，仅有山东崔某某“故意杀人”案等7起案件是虚假攀供致错案件，如图9所示，仅占案件总数的4%，因此虚假攀供并不是刑事冤假错案的主要致错原因。但是实践中，在侦查一些只有共犯口供可以相互证明，而缺少其他证据相互印证的案件时，一旦出现虚假攀供，办案人员如果轻易相信，就极易造成冤假错案。

犯罪嫌疑人、被告人故意作出虚假攀供的原因多种多样，有的是从自身利益出发，为了减轻、免除自身的责任，戴罪立功，蓄意诬陷他人是同案犯，把自己的犯罪行为牵扯到别人身上，以求为自己开脱罪责。例如，河南陈某某“抢劫强奸”案中，犯罪嫌疑人宋某某在被抓获后，讯问中为了将罪责转嫁他人一口咬定是陈某某强奸、抢劫了被害人，使陈某某遭受98天冤狱之苦；还有的犯罪嫌疑人、被告人生性顽劣，自己东窗事发也要拉个垫背的，想要迷惑办案人员的思路，因此会进行虚假攀供。例如，河南王某某、周某某“故意杀人”案中，犯罪嫌疑人柳某某被抓获后，对杀人事实供认不讳，但几天后出于“拉个垫背的”想法，诬陷平日跟自己关系一般的王某某、周某某也一同参与杀人，欺骗办案人员。[②]

表13　虚假攀供致错案件列表

序号	错案名称
1	山东崔某某“故意杀人”案
2	河南王某某、周某某“故意杀人”案
3	云南邹某某“故意杀人”案
4	四川李某、何某、黄某、黄某某“故意杀人”案
5	江西费某、费某某“故意杀人”案
6	广西蒋某某“故意伤害”案
7	河南陈某某“抢劫强奸”案

① 参见刘品新主编：《刑事错案的原因与对策》，中国法制出版社2009年版，第237～238页。

② 参见文革、九州：《命案连环案中案，屈打成招终昭雪》，载《民主与法制》2001年第22期。

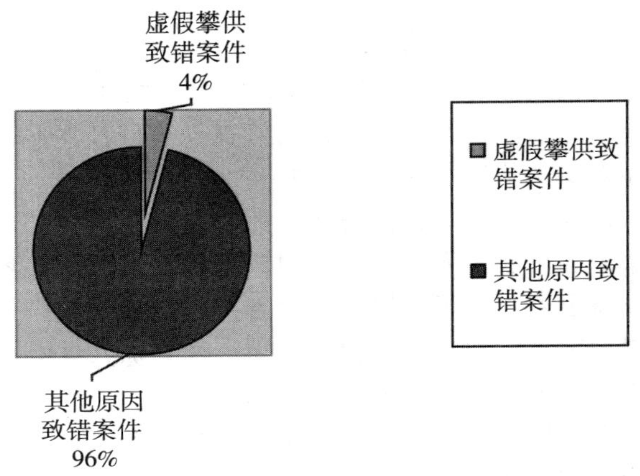

图 9　虚假攀供致错案件比例图

（十二）发现错案途径

刑事冤假错案的致错原因是多样的，同样冤假错案最终能够水落石出、大白于天下的途径也是多样的。通过对案例库中每起案例进行研究，归纳出常见的四种发现错案途径：

1. 上诉、申诉、上访。冤假错案中的犯罪嫌疑人、被告人及其家属、律师往往通过上诉、申诉等诉讼途径，或者通过到权力机关上访等非诉讼途径主动反映自己的冤屈，司法机关通过对上诉、申诉、上访案件进行复查发现错案。例如，云南孙某某“故意杀人”案，孙某某以故意杀人罪被判处死刑缓期两年执行，在服刑的 8 年时间内，孙某某及其家人通过不同形式向各级法院、检察院和人大等部门坚持申诉、上访，最终云南省高级人民法院启动再审程序纠正错误，宣告孙某某无罪。如表 14 和图 10 所示，案例库中主要通过上诉、申诉、上访途径发现错案的有 130 起（130/174），占案件总数的 75%。可见冤假错案中的犯罪嫌疑人、被告人通过自身努力上诉、申诉、上访这种由民到官、自下而上的被动方式，仍然是司法实践中主要的发现错案途径。

2. 意外发现真凶。有的冤假错案发生后，由于某种偶然原因使案件的真凶浮出水面，才使错案被发现，并得到纠正。例如，辽宁李某某“故意杀人”案，李某某以故意杀人罪被判处死刑缓期两年执行，在服刑 14 年后，通过一名监狱在押犯的检举，案件的真凶江某落网，才使冤案得以澄清，李某某最终被宣告无罪重获自由。如表 14 和图 10 所示，意外发现真凶为发现错案途径的案件有 36 起（36/174），占案件总数的 21％。

3. 被害人“复活”。在案例库中收录的几起杀人案件错案中，有的本已被确定死亡的“被害人”多年后又重新出现，从而发现案件重大错误，最终还犯罪嫌疑人、被告人以清白。例如，河南赵某某“故意杀人”案，赵某某因以故意杀人罪被判处死刑缓期两年执行，在遭受 11 年的牢狱之灾后，“被害人”重新出现，法院最终宣布赵某某无罪释放。如表 14 和图 10 所示，被害人“复活”为发现错案途径的案件有 4 起（4/174），占案件总数的 2％。

4. 司法机关主动发现。即通过公、检、法、监狱内部的检查、监督、制约机制，主动发现并纠正错案的情况。例如，河南陈某某“抢劫强奸”案，陈某某因涉嫌“抢劫强奸”被派出所传唤后，在讯问中遭受刑讯逼供，违心承认了犯罪事实。陈某某在被逮捕后，看守所民警发现其神情恍惚，立即对其进行询问，陈鼓起勇气讲述自己是被冤枉的，以及被刑讯逼供的经过。看守所向检察院汇报后，检察院介入此案启动监督程序，最终使错案被纠正，负有责任民警受到处理。如表 14 和图 10 所示，通过公、检、法、监狱内部的检查、监督、制约机制，主动发现并纠正的错案有 4 起（4/174），占案件总数的 2％。由此可见，在我国仍然以侦查为中心的诉讼模式下，公、检、法三机关的相互配合明显大于相互制约，现行司法机关内部检查、监督、制约机制难以达到有效防止、发现和纠正刑事错案的目的。

表 14　发现错案途径统计表

纠错途径	上诉、申诉、上访	意外发现真凶	被害人“复活”	司法机关主动发现
案件数（起）	130	36	4	4

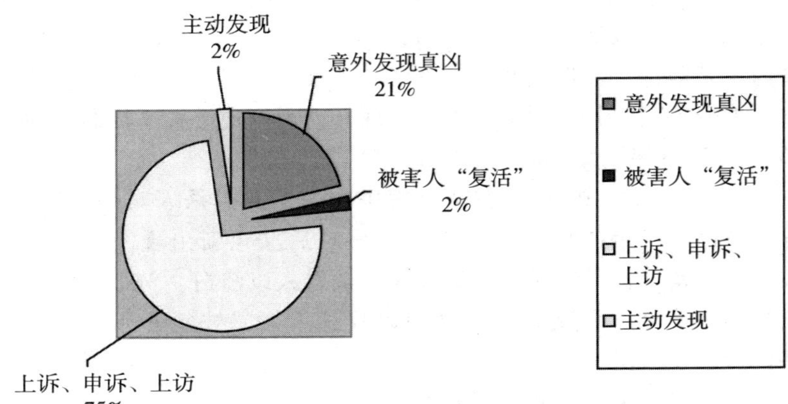

图 10　发现错案途径比例图

参考文献：

1. 孙长永：《侦查程序与人权保障—中国侦查程序的改革和完善》，中国法制出版社 2009 年版。

2. 樊崇义：《刑事审查程序改革实证研究——侦查讯问程序中律师在场（试验）》，中国人民公安大学出版社 2006 年版。

3. 林莉红：《程序正义的理想与现实——刑事诉讼相关程序实证研究报告》，北京大学出版社 2011 年版。

4. 刘品新：《刑事错案的原因与对策》，中国法制出版社 2009 年版。

5. 崔敏：《再论司法独立与诉讼公正——由佘祥林冤案谈诉讼体制改革》，载《东方法眼》2005 年第 5 期。

6. 李心鉴：《刑事诉讼构造论》，中国政法大学出版社 1992 年版。

7. 刘德伦：《理性分析刑讯逼供建立健全禁止机制》，载《山西警官高等专科学校学报》2002 年第 1 期。

8. 陈光中：《中国司法制度的基础理论专题研究》，北京大学出版社 2005 年版。

图书在版编目（CIP）数据

犯罪学论丛．第九卷/赵国玲主编．—北京：中国检察出版社，2016.1

ISBN 978-7-5102-1819-4

Ⅰ.①犯… Ⅱ.①赵… Ⅲ.①犯罪学-文集 Ⅳ.①D917-53

中国版本图书馆 CIP 数据核字（2017）第 009364 号

犯罪学论丛（第九卷）

主编　赵国玲

出版发行：中国检察出版社
社　　址：北京市石景山区香山南路 111 号（100144）
网　　址：中国检察出版社（www.zgjccbs.com）
编辑电话：（010）68682164
发行电话：（010）88954291　88953175　68686531
经　　销：新华书店
印　　刷：保定市中画美凯印刷有限公司
开　　本：A5
印　　张：10.125　插页 4
字　　数：281 千字
版　　次：2016 年 1 月第一版　　2016 年 1 月第一次印刷
书　　号：ISBN 978-7-5102-1819-4
定　　价：30.00 元